Bd. 2 der Reihe
Hermes' Wege

Diese Veröffentlichungsreihe befasst sich mit den Zusammenhängen von Politik, Medien und Gesellschaft.

Der vorliegende, zweite Band bietet ehemaliges Pressematerial in überarbeiteter Form, um die verbreitete These abwägen zu helfen, die „Mediengesellschaft" werde mittels einer „Ökonomie der Aufmerksamkeit" informiert. Die „globalisierten Medien" würden aus der „Nachrichtenflut" für den Bürger das „Wichtige" auswählen.
So sollen Ansatzpunkte für ein anderes Verständnis der Zusammenhänge zwischen Aufmerksamkeit und Vernachlässigung, Sensation und Alltag sowie „Ökonomie" und Demokratie gewonnen werden.

Rainer B. Jogschies

21 Hamburg 90

Reportagen
aus einem Stadtteil

Nachttischbuch

Originalausgabe
© Nachttischbuch, Berlin 2013

Alle Rechte liegen beim Autor. Gerichtsstand ist Berlin bzw. Hamburg.
Nachdruck und jegliches Kopieren, auch auszugsweise und digital, ist ohne vorherige,
schriftliche Genehmigung des Verlages nicht gestattet und honorarpflichtig.

Illustrationen: Vandam, Bruchlos, Gräf, Jogschies
Fotos: Hadler, Heinrich, Henrici, Hollander, Jogschies, Junius, Paysen
Coverfoto und Harburg-Fotos: Rainer Jogschies
Gestaltung: Vandam, Berlin; **Druckberatung:** Rolf Paysen, Hamburg
Kontakt: info@nachttischbuch.de
Satz: Natibu, Hamburg; **Herstellung:** Books on Demand, Norderstedt
Printed in Germany

Bibliografische Informationen

Die Deutsche Bibliothek verzeichnet diese Publikation in der Deutschen Nationalbibliografie.
Detaillierte bibliografische Daten sind im Internet über http://dnb.ddb.de abrufbar.

Bibliographic information published by Deutsche Bibliothek: Die Deutsche Bibliothek lists this publication in the
Deutsche Nationalbibliografie; detailed bibliographic data are available at http://dnb.ddb.de.

Information bibliographique de Die Deutsche Bibliothek: Die Deutsche Bibliothek a répertorié cette publication
dans la Deutsche Nationalbibliografie; les données bibliographiques détaillées peuvent être consultées sur Internet à l'adresse http://dnb.ddb.de.

ISBN-10: 3-937550-22-4
ISBN-13: 978-3-937550-22-0

Inhalt

1
Harburger gegen den Rest der Welt

2
Harburg als Rest der Welt

3
Alles wird schön um Harburg

1

Harburger
gegen den Rest der Welt

Von Clowns und anderen Helden

Am Anfang war ein Erbe. Nicht Omas klein Häuschen. Es war eher noch weniger. Aber es reichte. Vom Erbe konnte sich der spargelige Vorstadtjunge mit der großen Klappe und dem „Sid-Vicious-is-dead"-T-Shirt jedenfalls seinen Traum erfüllen: Endlich selber Rockstar werden! Einer aus Harburg. Einer, der nicht erst sterben musste, um berühmt zu werden.

Früher, in den Sechzigern, da ging es der Oma noch gut. Und auch Sid Vicious. Da war sowieso alles noch anders, viel besser, viel einfacher. Da brauchte einer nur ausgemergelt auszusehen. So, als wäre er sowieso bald tot. Hunger musste in der Stimme zu hören sein und die Wut darüber, dass man genau wie all die anderen auch arm war – bis auf die Reichen. Für die sang man ja auch nicht, sondern gegen die. Das war der Blues. Den hatte man. Oder man hatte ihn nicht. Dann war man allerdings erst recht arm dran.

Denn es genügte ansonsten schon eine laute Band. Lauter jedenfalls als alles andere drum herum. Das war oft nicht leicht. Da brauchte es manchmal große Verstärker. Manchmal sogar große Wände von Verstärkern. Und den Mut, dem Publikum Sorgen in dürren Songs entgegenzuschreien oder zu stöhnen. Notfalls konnte man sich hinter den Lautsprechermauern verbergen ...

All das wusste Carsten Pape, noch ehe er erbte. So war das. Das war was für ihn. Aber da gingen die Siebziger schon zu Ende. Lange vor jener unerwarteten Erbschaft hatte sich seine oft stark angeheiterte Combo *Zulu* im Hamburger Arbeitervorort Harburg eine erkleckliche und hingebungsvolle Fangemeinde erspielt. Und bald reichte der Ruf auch bis in den Landkreis und kleine Clubs in Hamburg.

Carsten hustete sich die Seele aus dem beinahe rachitischen Leib, nicht nur wenn er rauchend vom Smog sang. Carsten lachte, wenn das Publikum zum Reggae schunkelte – während er die vermeintlichen Wonnen eines neckermännischen Tourismus schilderte. Und „der Carsten" hatte ein schaurig trauriges Timbre, wenn er von der Liebe sang wie von einer fernen Insel aus Abenteuerromanen.

Aber leben konnte seine Band von solcher Musik nicht. Die Lehrlinge, Schüler und Studenten, die wie er vom Rockmusiker-Sein träumten, gingen bald auseinander – zerstritten, enttäuscht, versoffen, verkracht. Der Traum blieb, wie ein Kater.

Aber nun sprudelten die Achtziger aus dem Radio, aus den Diskotheken und den Frizzante-Kübeln. Da war alles anders. Da musste einer Geld mitbringen, um noch welches zu verdienen. Sogar im internationalen Rockgeschäft! Sogar nach der Punk-Revolte am Ende der Siebziger, die alles für alle möglich machen wollte ...

Sid Vicious, der Punk-Heroe, war nun schon lange tot, die T-Shirts mit seinem Konterfei verblichen und die Idee von einer „Musikrevolte" erst recht.

Besser war es in den Achtzigern noch, im Pop-Betrieb eine Frau zu sein. Wenn sie schon nicht eine trällernde Prinzessin wie Stephanie von Monaco war, dann sollte sie zumindest so gut aussehen wie die. Besser aber noch besser!

Jedenfalls müssten die Männer sie irgendwie „attraktiv" finden. Das durfte dann auch mal reichlich geschmacklos aussehen, so mit riesigen Silikonbeulen und ziemlich kurzen Beinen. Sie konnte dann sogar auf den Namen „Sam" hören.

Notfalls genügte es, bereits als Dreizehnjährige mit einem der damals schon „dienstältesten Rockmusiker" der Welt zusammengelebt zu haben. Da konnte man auch mal Marianne heißen.

Oder der kommende Star hatte mal kurz als „Sekretärin" bei einem bekannten Fotografen gejobbt, der vornehmlich Rockstars ablichtete. Dann reichte schon ein ganz kurzer Rock. Und fertig war die Nena.

Das alles traf auf Carsten aus dem kleinen Hamburger Stadtteil Harburg nicht zu. Da nutzte es nicht, dass er schon ein Jahrzehnt früher das passende Zeug zu einem Star gehabt hätte – nämlich nichts außer die Klamotten am Leib. Aber das mit dem Anschein von Ausdruck und Würde!

Immerhin hatte er nun unverhofft genug geerbt, um zwei Jahre lang hart an seiner „Karriere zu arbeiten".

Denn wer bloß etwas kann, aber kein Glück hat, der muss eben arbeiten – besonders, wenn er aus dem Nichts kommt.

Mit dem Geld ging es jedenfalls zunächst leichter. *Zulu* war rasch vergessen, auch wenn sich einige Weggefährten wieder einfanden zum neuen Stamm. *Clowns & Helden* hieß Papes „neue" Band. Bernd Westermann spielte Keyboards. Ein Partykumpel, Wolfgang Jensen, sang zweite Stimme.

Der hatte wie Pape auch so manches durchgemacht. Wolfgang war davor als Clown mit *The Tenement Funsters* viel in der Republik herumgekommen. Gemeinsam mit Joachim Bartels trat er auf, wo auch immer es ging: in „Freizeitzentren", in Kneipen, auf „Open-Air-Festivals". Manchmal mussten sie auch bei „Straßenfesten" ran. So war das: Es nannte sich dann „irgendwie was mit Kultur", beispielsweise „Kneipen-Kultur". Oder „Stadtteil-Kultur". Solch „Kultur" wurde so ähnlich verabreicht wie eine Sättigungsbeilage zu nahrhafterer Kost.

Da gab es dann Konzerte, die zwar vom Traum von Woodstock lebten, aber in oder neben abbruchreifen, teils besetzten Häusern abgehalten wurden. Sie zehrten von der jugendlichen Illusion des Gestaltens aus Ruinen, an Bordsteinen, die statt in die Ferne in eine verständnisvollere Nachbarschaft führen sollten.

Das Publikum war begeistert von der komödiantischen Show der Harburger. Schließlich verdienten die beiden so viel, dass sie sich einen „Roadie" leisten konnten. Genau wie eine richtige Rockband! Einen Mann von und für die Straße und sowieso für alle Fälle, der ihnen beispielsweise half, Kostüme zu sortieren, Licht und Sound zu besorgen, auch mal ein paar Biere und Zigaretten im Umkleideraum bereitzulegen.

Einer dieser Roadies war Carsten Pape für einige Zeit gewesen. Er, der mit seinen sonstigen Jobs auf dem Bau und auf dem Friedhof schon lange mehr als unzufrieden war.

Warum denn sollte ein Rockstar nicht als Roadie anfangen? Das war schon oft vorgekommen! Umgekehrt war es bedeutend schlimmer: als Sachenwegräumer zu enden.

Nun hatte er also geerbt. Eine Oma war eben doch vorbildlicher als Sid Vicious. Pape wollte selber wieder im Rampenlicht stehen. Die *Tenement Funsters* hatten sich gerade getrennt. Ihre Nerven lagen blank vom Nächtigen in immer anderen Wohngemeinschaften und dem kilometerlangen Nachdenken über komische Nummern. So witzig oder inspirierend sind deutsche Autobahnen und Landstraßen denn doch nicht.

Aber so recht losleben konnte Carstens neue Band noch immer nicht. Die *Clowns & Helden* waren zwar personell klein gehalten. Das war brav betriebswirtschaftlich gedacht, ohne dass es einer der Drei gelernt hätte.

Sehr klein: Da klopfte kein nervöser Kerl mit Stöckchen auf Tierfelle. Da schwang kein Wilder seine Mähne zu nicht endenden Gitarrensoli. Keine Livrierten bliesen ins Blech!

Vielmehr hatte Bernd Westermann, der auf der Bühne oft so aussah, als gehe er gerade einem Elektroingenieur-Studium nach, metrisch exakte Schlagzeugpassagen in seinen Computer eingegeben. Alles fein geordnet, alles digital, alles preiswert. Alle Klänge, die erst mühsam aus anderen Instrumenten hätten gezaubert werden müssen, kamen auch aus dieser Kiste – von der Gitarrenimitation bis zum Bläsersatz. Westermann kontrollierte alles auf dem Bildschirm, konzentriert und so aufregend wie Prinzessin Stephanie in Stein gehauen.

Fast wäre wieder nichts aus der erhofften „Karriere" geworden. Denn derartigen technoiden Pop gab es schon mehr als genug. Bands in England kündigten sich als „New Order" an. In Deutschland firmierte das Technikgedöns teils als „Neue deutsche Welle".

Da wurde Altes aus dem Schlagerabfluss ideal wieder hochgespült. Alles alte Hüte! Es fiel kaum auf.

Aber wenn dann einer bloß Pape hieß und aussah wie der jüngere Bruder von Otto Waalkes, dann war das nicht genug ...

Jedenfalls anfangs. Aber da war diese gebrochene, näselnde Stimme, leicht nervig und doch zärtlich – und dazu Wolfgangs Falsett, melodisch versetzt! Das hatte doch irgendwie was! Aber noch wusste keiner so recht, was.

Die *Clowns & Helden* produzierten eine erste Single selbst. Die trugen sie in einer Plastiktüte zu den Moderatoren in die norddeutschen Funkhäuser.

Acht Minuten und zwanzig Sekunden war der Titel „Wir sind hellwach" lang. Das wirkte „unprofessionell", war zu sperrig für die bereits verbreiteten, einschläfernden Werberahmenprogramme des ehemaligen Hörfunks. Die pflegten ansonsten nur noch die Verdaulichkeit von mitklatschbaren Dreiminuten-Songs, die sie oft nicht einmal zu Ende spielten. Schon erschollen Fanfaren, um weltbedeutende Nachrichten aus

Königshäusern und von vorgeblicher Prominenz kundzuzun. Auch Hofschranzentum zur Bonner Politik des dicken Kanzlers Kohl wurde in „einsdreißig" gepflegt. Ab den Achtzigerjahren war mit der Einführung des „privaten" Hörfunks und des sehr privaten Fernsehens nichts auf der Welt mehr so schwerwiegend, dass es nicht in anderthalb Minuten „angerissen" und für immer vergessen werden konnte.

Gleichwohl wurde der *Clowns*-Titel überraschend oft gespielt. Denn die anarchische Frische, exzessive Ehrlichkeit und eine kokette Kraftmeierei bestimmten den Song, wie dann auch alle weiteren von *Clowns & Helden*. Das Publikum spürte diese rückhaltlose Nähe. Es freute sich an Papes ungezwungener Offenheit und Intensität.

So wurde aus der zwar kleinen Erbschaft trotz kühler Technik und – nach gängigem Blick – katastrophaler Optik doch noch eine Karriere: *Clowns & Helden* erspielten sich rasch das Etikett der „beliebtesten Hamburger Band", gekürt vom Stadtmagazin *oxmox*.

Dann platzierten sie sich souverän beim Nachwuchswettbewerb des *Norddeutschen Rundfunks*, dem *Hörfest*. Die Drei kamen, sangen und siegten, wo auch immer Freude an Konzerten noch aufkam.

Schließlich besannen sie sich darauf, dass sie doch lieber eine „richtige" Band sein sollten, ganz so wie damals, als die Straßenjungs noch problemloser aufstiegen.

Sie holten sich die Harburger Gitarristen Martin Fischbach und Volker Radow ins Studio, beide waren begnadete, aber arbeitslose Instrumentalisten. Die Plattenfirma *Teldec* war inzwischen „aufmerksam" geworden; die Band war allerdings kaum mehr zu überhören mit ihrem zahlreichen quirligen Auftreten. Es wurde mit der Firma die Produktion von gleich drei Langspielplatten vertraglich vereinbart. „Von beteuerten Gefühlen und anderer Kälte" hieß die Erste.

Eine „Auskoppelung" daraus, der Titel „Ich liebe dich", brachte endlich den ersehnten Erfolg. Er war selbst für die Branche ungewöhnlich: Diese Single stieg schneller als üblich in den „deutschen Verkaufs-75". *Musikexpreß,* die tonangebende Zeitschrift für Popmusik, notierte sie bei einer Leserumfrage als „deutsche Newcomer des Jahres 86".

Die chaotische Videoclip-Sendung der *Allgemeinen Rundfunk-anstalten Deutschlands* (ARD), *Formel 1*, bat die *Clowns* zum Auf-tritt.

Im Februar 1987 kam dann der Durchbruch: „Platz eins" der *ZDF-Hitparade*. Das wiederholte sich sogar.

Es war eigenartig. Die Texte von *Clowns & Helden* waren nicht eben originell. Auf deren Zeilen konnten sich Viele aller-dings einen Reim machen. Eine gängige Poesie war zwischen den Zeilen herauszuhören. Klischees wurden auch nicht mehr bemüht als bei anderen Musikern in den Achtzigern, zu jener Zeit der zelebrierten Käuflichkeit als Gegenentwurf zu den ver-lorenen Illusionen und Ideen der früheren Rockgenerationen. Dabei sangen Carsten Pape und Wolfgang Jensen allerdings so ehrlich wie all jene, die wie sie immer nur „raus" wollten aus ei-ner Umgebung, die keinerlei Chancen für eine „Karriere" bot.

Sie seien eine „politische Band", erklärte „der Carsten" trotzig der *Hamburger Morgenpost*, einer Boulevardzeitung mit vor-mals sozialdemokratischen Eignern: „Über die Herzen der Leu-te in deren Köpfe zu kommen – gibt es etwas Politischeres?"

Nicht genug damit: Im *Musikexpreß* nannte er so etwas unge-lenk, aber ernstlich von sich überzeugt „gefühlspolitisch". Denn „die richtige Politik" sei wohl „nur von Rhetorikkursen und Mar-ketingkonzepten bestimmt".

Solche *Helden* des Hier und Jetzt wurden jedenfalls gemocht. Zumal die studentischen Straßenhelden der 68iger-Genera-tion sich gerade ihren „Weg durch die Institutionen" und rein in jene BAT-Verhältnisse bahnten, welche sie nun nicht mehr „um-stürzen" wollten. Die *Clowns*-Texte trafen gerade so heldenhaft das Lebensgefühl der Zuhörer: Jenes vage Unzufriedensein mit jenem Zustand der Welt, der landläufig nur noch „irgend-wie" war und mit „du, ich weiß nich'" kommentiert wurde. „Die Wahrheit" hieß die nächste Single folgerichtig.

Es wurde kein Erfolg, auch folgerichtig. Wie ehrlich darf wohl ein Popstar sein, der gerade noch Vorstadtjunge war? Vielleicht ist der stete Misserfolg sein Erfolg? Am Ende war vielleicht *Zulu* die erfolgreichere Band? Das afrikanische Wort „Zulu" heißt übersetzt schlicht „Mensch". Zum Menschen führt kaum ein Weg zurück vom „Helden" ...

Oder wie wird aus einem „Star" wieder ein Vorstadtjunge?

Anmerkungen

Diese Episode beruht unter anderem auf dem Beitrag „Wie macht man bloß mit Pop Karriere? – *Clowns & Helden*, eine Band aus Hamburg-Harburg, verkauft zurzeit die meisten Platten" für das *Deutsche Allgemeine Sonntagsblatt* (Nr. 11 vom 15. März 1987, Seite 27, Rubrik: Dies und Das).

Die *Clowns & Helden* trennten sich. Es war zu erwarten. Man war zerstritten. Man war pleite, weil „ein Freund" die Einnahmen der Band veruntreut habe. Die weiteren Erfolge blieben aus. Die Firma wollte keine dritte LP mehr riskieren.

Pape landete später noch einmal mit dem Elektropop-Duo *VoPá* den Hit „Komm wir reden über Sex" und später mit der Post-Punk-Band *Roh* Achtungserfolge. Der Redakteur Horst Königstein ließ Pape und seine neue Band, *Roh*, in einem „Videotagebuch" des NDR spuken.

Pape konnte damit und mit den noch sprudelnden Tantiemen aus „Ich liebe Dich", dem immer wieder gecoverten Song, (Steuer-)Schulden bezahlen. Er versucht sich inzwischen als Autor von Hör-CDs und tritt gelegentlich noch mit dem Hamburger Original „Lotto King Karl" und dessen „Barmbek Dream Boys" auf.

Jensen arbeitete als Hausmeister und schließlich als Erzieher. Immer wieder spielte er auf Festen alte Comedy-Nummern.

Sein früherer Partner, Joachim Bartels, war – nach Tank- und Toilettenreiniger, Videohändler und anderen Jobs – kurzzeitig Autor bei der ZDF-Volksmusikreihe die *Lustigen Musikanten* mit „Marianne und Michael".

Im Herbst 2003 machte eine Berliner Band um die Sängerin Judith Holofernes von sich reden, die denselben rebellischen Gestus und Wortwitz pflegt wie seinerzeit *Clowns & Helden*.

Sie nennt sich: *Wir sind Helden*. Ihr erster Hit war noch vor der Veröffentlichung des gleichnamigen Albums der Song „Reklamation", mit diesen Refrainzeilen:

„Es war im Ausverkauf, im Angebot, die Sonderaktion/– ´Tausche blödes altes Leben gegen neue Version´/ Ich hatte es kaum zu Hause ausprobiert, da wusste ich schon/An dem Produkt ist was kaputt – das ist die Reklamation/Guten Tag, guten Tag, ich will mein Leben zurück/ Guten Tag, guten Tag, ich will mein Leben zurück/ Guten Tag, ich gebe zu, ich war am Anfang entzückt/Aber euer Leben zwickt und drückt nur dann nicht/wenn man sich bückt/Guten Tag."

Kopfüber

Um seinen Kopf überragt Thomas E. die Menge. Er ist 193 Zentimeter groß, vermerken Polizeiberichte. Immer wieder ist das so zu lesen. Jedes Mal, wenn Thomas E. „erkennungsdienstlich behandelt" wird. Aber was ist denn da zu „erkennen"? Was ist daran „dienstlich"? Was wird da am E. „behandelt"? Und wie?

Thomas E. ist in Hamburg-Harburg jedenfalls oft „dienstlich" erkannt und „behandelt" worden. Als er sich beispielsweise im Herbst 1982 in der Nähe eines vorgeblich besetzten Hauses mit einem vorbeischlendernden, neugierig linsenden Passanten über den „spekulativen Leerstand" von Wohnraum unterhalten will, wimmelt ihn der unscheinbare Mann verärgert ab: „Sie kennen wir, Herr E.!"

Der Passant ist nämlich polizeilicher Zivilfahnder. So jemand wird nicht sogleich „erkannt". Er „erkennt" vielmehr! Aber dieses Mal ist er zur dienstlichen Behandlung der erkannten Person wohl nicht aufgelegt. Thomas E. wird ausnahmsweise nicht „behandelt".

Ebenfalls im Herbst 1982 erkennt der Hamburger Spitzenbeamte Helmut Raloff (SPD) in einer Menschenmenge Thomas E. auch sofort. So bekannt ist der Lange – unter fast zweihunderttausend Bürgern des Stadtteils Hamburg-Harburg!

Der Herr Raloff seinerseits ist der Behördenleiter im Bezirk, der größer als die Stadt Mannheim ist. Er hat deshalb viel zu tun und hätte nicht einmal im Dienst einen seiner kleinen Beamten in einer Menge erkannt. Aber solch einen großen Pappenheimer wie den E. natürlich! Raloff fordert den erkannten E. barsch auf, die öffentliche Sitzung des harburgischen Bezirksparlaments „mit seinem Tonbandgerät zu verlassen". Denn Thomas E. hält hinten im dicht gedrängten Publikum deutlich erkennbar ein Mikrofon in der Hand. Dessen Kabel hängt allerdings lose in einer Aktentasche neben ihm.

Ist der E. ein Reporter? Will er denn berichten über etwas, was ohnehin öffentlich ist? Nein, es sei bloß „Protest", sagt er im Nachhinein. Denn Amtsleiter Raloff und seine Mehrheitsfraktion der Sozialdemokraten hatten per Geschäftsordnung kurz zuvor beschlossen, jegliche Tonbandaufzeichnung im Saal zu verbieten. Was dem Gesetz nach öffentlich ist, nämlich die Sitzung der *Bezirksversammlung* in Harburg, soll nach deren Votum möglichst nicht veröffentlicht werden.

Demokratie ist nichts für jeden. Schon gar nicht für einen zu großen Bürger wie den E. – so etwas war offenbar vom Podium der präsidierenden Verwaltung und der Bezirkspolitiker sofort zu „erkennen" gewesen. Und wozu denn Pressefreiheit?

Im gleichen Herbst 1982 „erkennt" dann sogar noch ein einfacher Bürger aus Schleswig in Holstein den E. ohne Umschweife. Der Mann hat sich in Harburg unter starkem Polizeischutz zu einer „Tagung" des *Nordischen Ringes* eingefunden, einem in Deutschland „gemeinnützigen Verein", der sich laut Satzung „wissenschaftlich" für Rasse und deren Reinhaltung einsetzt.

Allerdings geht es dem Verein beispielsweise nicht um Hunde, sondern um Deutsche. Nach Aussage dieses Holsteiners solle es – unter hundert Gegendemonstranten gegen eine reine Rasse – eindeutig der zu lange Thomas E. gewesen sein, der gegen die Autotür eines der heranbrausenden Art-Erhalter getreten habe. Ist das denn eine Art?

Zwei Prozesse gegen den E. waren die Folge: einer wegen „Hausfriedensbruchs" und der andere wegen „Sachbeschädigung". In den langen „Klageschriften" ist auch von „Landfriedensbruch" und „Gewalt" gegen Personen und Sachen die Rede. Diese Verfahren zogen sich Jahre hin. Die *tageszeitung* aus Berlin titulierte Thomas E. in ihrer Hamburg-Ausgabe deshalb als „Justizdauerbrenner". Andere Zeitungen berichteten sogar bundesweit. Der Mann kam groß raus, noch mehr als ohnehin schon.

Den Betroffenen will diese Karriere allerdings nicht recht erfreuen. Der schlanke Glas- und Gebäudereiniger weiß nicht mehr, wie oft er schon mit der Polizei und dem Recht aneinander geriet: „Ich bin eben bei allen wichtigen Demos dabei."

Erinnern kann sich der 31-Jährige hingegen, dass es ihm beispielsweise wichtig war, gegen eine plakatierte „Lehrstellenaktion" von Hamburger *Springer*-Zeitungen zu protestieren. Thomas E. kettete sich deshalb in der Geschäftsstelle des *Ham-*

burger Abendblattes an. Damit solle doch nur die Auflage gesteigert werden: mit den vermeintlichen Lehrstellenangeboten. Die Angst wegen des allgemeinen Lehrstellenrückgangs werde aber dadurch noch größer. Die Angst und ihre Ausbeutung durch die Zeitung gehörten eigentlich an den Pranger!
Aber stattdessen landet dort doch wieder nur der herausragende Gebäudereiniger.

Seine „zweite Aktion" war – noch im selben Jahr – die Besetzung einer leer stehenden Lehrwerkstatt. „Ich liebe die gesunde Provokation", sagt Thomas E. mit einem freundlichen Lächeln in seinem hageren Gesicht. „Doch eine Aktion oder Demonstration darf kein Selbstzweck sein, sondern muss im Verhältnis stehen zu der Information, die man damit rüberbringen will." Er stürzt sich eben nicht einfach kopfüber in die Dinge.
Damit hat es Thomas E. nicht immer leicht. Verhältnismäßigkeit ist so eine Sache. Besonders, wenn man nicht „Herr der Verhältnisse" ist, wie man in Deutschland gern sagt.
Deshalb wohl musste der E. – Verhältnisse hin oder her – einige recht unverhältnismäßige Demonstrationen der bundesdeutschen Justiz hinter sich bringen.

Sein langer Leidensweg begann im Mai 1979. Die NPD gab bei einer „Veranstaltung" zur Europa-Wahl in der Harburger Fußgängerzone kund, dass „SPD, CDU und Gewerkschaften weggefegt gehören", weil sie am „Niedergang des Landes schuld" seien.
Die Bundesrepublik, so schrie beispielsweise der NPD-Kreisvorsitzende ins Mikrofon, sei von einem „SPD/DGB-Kartell" regiert. Das müsse weg, mitsamt den „verfassungswidrigen Parteien CDU und FDP".
Protestrufer wurden als „rotes Gesäuge" und „bolschewistische Schweine" vom Podium aus angebrüllt.
Aber es gab noch mehr zu brandmarken, was unrecht sei in Deutschland: „Die Ausländer vergiften die deutsche Rasse und Kultur."
Derlei Rede fand Thomas E. nicht so gut.

Andere hatten da wohl mehr oder weniger Abstand. Sie sahen zu. Und was sie da sahen!

Der E. solle „im bewussten und gewollten Zusammenwirken mit 100 Personen" doch glatt die „ordnungsgemäß angemeldete" NPD-„Kundgebung" zum „Europa der nationalen Kräfte" durch „lautstarke Sprechchöre" und „Protestrufe" sowie einen „Geschoßhagel von Eiern, Mehltüten und Farbbeuteln gestört" haben. So sachgerecht und so neutral wurde es in einer staatsanwaltschaftlichen Anklageschrift geschildert.

Denn das konnte in einer freiheitlich-demokratischen Grundordnung (FDGO) doch nicht angehen: „Protestrufe"! Kein Wort wurde dabei allerdings über die NPD-Hasstiraden verloren.

Wie aber ließen sich Herrenmenschen stören? Eigentlich ganz einfach, laut einfühlsamer Staatsanwaltschaft. Der Thomas E. habe nämlich – ebenso wie der mit ihm angeklagte Sozialpädagoge Bernd E. – unter hundert Gegendemonstranten „drei Eier gegen den Redner" der NPD geworfen.

Schlimmer noch: Er habe sogar getroffen. Und noch schlimmer: Einige gingen daneben.

Das sagten „auf Antrag" der *Hanseatischen Staatsanwaltschaft* eigens dafür vom Dienst freigestellte „Zivilfahnder" vor dem Amtsgericht Harburg aus.

Sie erkannten den E. auch gleich zweifelsfrei wieder. So, als hätten sie ihn immer schon und immer nur ihn im Auge gehabt. So, wie anscheinend auch all die anderen – ob im Dienst, ob in Uniform oder in Zivil, ob im Amt oder im Rahmen der Rassereinhaltung.

Die Anklage lautete also auf „Landfriedensbruch". Das ist ein schwerer Straftatbestand in Deutschland. Da ist harte Verfolgung geboten! Denn die Demokratie an sich soll damit geschützt werden.

Mitunter ist das Rechtssystem allerdings zerbrechlicher als rohe Eier.

Achtzehn lange Verhandlungstage suchte Thomas E. mithilfe seines engagierten Rechtsbeistandes Klaus Dammann fortan den jungen Harburger Amtsrichter Winterstein zu überzeugen, dass nicht von ihm eine „Gefahr für die öffentliche Sicherheit und Ordnung" ausgehe, wie es das Gesetz als „Straftatbestand" definiert. Vielmehr liege die Gefahr bei den verharmlosten alten und den unbeachteten „neuen" Nazis.

Doktor Dammann stieß auf taube Ohren.

Dabei ereignete sich am 26. September 1980 – just im Laufe des Verfahrens – ein mörderischer Bombenanschlag auf das „Münchner Oktoberfest", mit 13 Toten und zweihundert Schwerstverletzten. Der Attentäter Gundolf Köhler kam dabei um. Dies wurde in der Presse keineswegs als „Selbstmord"-Attentat bezeichnet; jene Floskel war noch nicht modern. Aber die überregionalen Medien mutmaßten sogleich, es habe sich dabei wohl um einen „Einzeltäter" gehandelt.

Nicht so einer also wie der E., der „im bewussten und gewollten Zusammenwirken mit 100 Personen" handelt.

Allerdings wurde auch berichtet, dass der angebliche „Einzelgänger" Köhler ein armer Verirrter gewesen sei. Er habe sich in der „Wehrsportgruppe Hoffmann" in Manövern „ertüchtigt". Aber war er ein Nazi? Nicht doch.

Die „Wehrsportgruppe" wurde jedenfalls, nachdem sich einige überregionale Zeitungen nicht mehr so ganz mit der „Einzeltäter"-These der Staatsanwaltschaft zufrieden gaben, vom Bundesinnenminister der sozial-liberalen Regierung, Gerhart Baum (FDP), verboten.

Die von Journalisten – und nicht von Zivilbeamten – mit Fotos dokumentierte Waffensammlung der „Wehrsportler" und deren „Übungen" mit Panzerwagen und in Uniformen hatten den „Landfrieden" bis dahin nicht gestört.

Da waren amtlich belegte Eierwürfe doch schon ganz etwas anderes! Da musste die „Härte des Gesetzes" genutzt werden.

Andersherum war es eben immer schon anders in Deutschland. Hoffmann und seine Truppe waren beispielsweise in Hamburg durchaus nicht ungern gesehen. Sie hatten in der Hansestadt einmal NPD-Veranstaltungen „geschützt": mit eigenen ausgebildeten Schlägern – gegen demonstrierende Demokraten.

Da war der Polizei viel Arbeit abgenommen worden. Hoffmann war dann sogar von hohen Hamburger Polizeioffizieren persönlich zu einer anderen Veranstaltung begleitet worden. Man half sich gegenseitig.

Derlei – von manchem als einseitig wahrgenommene – Umstände im Bundesland Hamburg änderten erst recht nichts an dem staatsanwaltlichen, bitterernsten Verfahren um drei geworfene und zerbrochene Eier in Harburg.

Der Verteidiger des Sozialpädagogen Bernd E., der versierte Anwalt Uwe Maeffert, musste allerdings lange bei den Zeugenaussagen nachbohren. Die Polizisten schilderten die angeblichen Attacken mit den Eiern leider recht wortkarg in einem schwer verständlichen Amtsdeutsch.

Wort um Wort dieser „Wahrnehmungen" der Beamten ließ Anwalt Maeffert deshalb umständlich und genauestens protokollieren, damit die Dramatik der Straftat unbedingt dokumentiert werde. Das Gericht lastete ihm dies allerdings als „Schikane" und „Verschleppung" an.

Dann ließ Maeffert – ganz der gewitzte *Advocatus Diaboli* – auch noch aus einem Buch einige Passagen verlesen, die er als Anwalt in ähnlichen Prozessen der Siebzigerjahre zusammengetragen hatte. Die darin zitierten Zeugenaussagen stimmten, obwohl sie von ganz anderen „Fällen" handelten, fast wörtlich mit denen nun vor dem Harburger Gericht protokollierten überein.

Dieser zunächst rätselhafte Umstand war allerdings leicht aufzuklären. Denn die Aussagen stammten alle von einem einzigen Polizeibeamten, der nun als Hauptmeister Hartwig wiederum vor Gericht aussagte.

Er war es, so stellte sich auf Befragen nun rasch heraus, der alle Zeugen der Anklage einzeln, jeweils vor der Verhandlung auf „ihre" Aussagen „vorbereitet" hatte: in jenem vermeintlich juristisch hieb- und stichfesten, unverkennbaren Polizeideutsch – eben jenes, das Maeffert schon in seinem Buch protokolliert hatte, lange bevor es nun vom Gerichtsschreiber erneut notiert werden musste. Es war also ein sprachlicher Klassiker! Im Land der Dichter und Denker lauter schönste Prosa von Polizisten.

Doch der Richter wollte den guten Hauptmeister partout auch noch nach dieser Entdeckung der zunächst schamhaft verborgenen Talente nicht von der Wahrheitsfindung entlassen. Warum sollte denn ein erfahrener Mann nicht im Dienst anderen Beamten Ratschläge geben und sie belehren?

Es dauerte lange, bis der Richter Winterstein schließlich „wegen Befangenheit" abgelöst wurde.

Er hatte zudem versucht zu decken, dass jene angeblichen „Aussagen" bloß müh- und armselig einstudiert worden waren. Da hätten die Beamten gar nicht erst dabei gewesen sein müssen, um zu bekunden, was ihnen ein Kollege eingebläut hatte. Es war ihnen so wohl ein wenig einfacher, der Wahrheitsfindung durch Auswendiglernen zu dienen – beziehungsweise genau so leicht, wie auf einen zu zeigen, der aus der Menge ragt.

Thomas E. war fassungslos. Da wollte man ihn „erkannt" haben bei mutmaßlichen Straftaten. Da standen ihm „Hüter" der deutschen Ordnung gegenüber, die offenbar kaum in der Lage waren, zu formulieren, was sie Unfassbares gesehen haben wollten: Angriffe mit rohen Eiern auf verletzliche Männer, die die Demokratie und „Gesäuge" wie ihn „weg" haben wollten!

Und er musste wegen der Gerichtstermine jedes Mal von der Arbeit fernbleiben. Und dann stellte sich das „Beobachtete" bloß als gepaukte Sätze von Polizei-„Zeugen" heraus, die bereits in einem Lehrbuch für Anwälte veröffentlicht waren?

Da hätte sich doch der Richter das Maeffert-Buch in der Bibliothek ausleihen können, statt auf Steuerkosten einen Beamten nach dem anderen während deren Dienstzeit „zur Einvernahme" vorzuladen.

Richter Winterstein aber, der ebenfalls ein erkleckliches Gehalt bekam während der Hilfsarbeiter Thomas E. bloß Lohnausfall hatte, musste erst nach einigem Hin und Her wegen „Befangenheit" diesen Prozess aufgeben. War dies der Rechtsstaat, für dessen Erhalt der Thomas E. demonstriert hatte?

Die Anklage und ihre staatsanwaltlichen Vertreter, die solche „Zeugen" präpariert und präsentiert hatten, blieben ohne Scham und Reue. Der daraufhin „neu bestellte" Harburger Amtsrichter Waldow hingegen sprach Thomas E. und Bernd E. nach so langer Prozessdauer zur allgemeinen Überraschung umstandslos frei – wegen „Notwehr".

Denn die bei der NPD-Veranstaltung reichlich anwesende Polizei hätte, so sein Urteil, allein schon nach dem „Versammlungsgesetz" gegen die „volksverhetzenden Äußerungen" der NPD „vorgehen" sollen, statt auf die „Verschmutzung der Fußgängerzone" zu achten. Oder ob erst fremde Einwirkungen den NPD-Hauptredner zum Eierkopf gemacht hätten ...?

Das war zu viel. Die unbelehrbare Staatsanwaltschaft ging wegen dieses schockierenden Urteils empört in Revision – nicht einfach so zur nächsten Instanz, sondern in einer „Sprungrevision" gleich vor das *Hanseatische Oberlandesgericht* (OLG).

Wohl noch aus einem weiteren Grund: Knapp eine Woche vor diesem Urteil zugunsten der beiden Harburger „Störer" war ein Medizinstudent beim OLG vom zuständigen Vorsitzenden Richter Dr. Georg Schmidt – ebenfalls in einer Sprungrevision – bereits als „Landfriedensbrecher" abgeurteilt worden. Der Student hatte beim *Evangelischen Kirchentag* 1981 in Hamburg einen Beutel mit Blut auf den Dienstwagen von Verteidigungsminister Hans Apel (SPD) geworfen. Erschwerend erkannte das Gericht in seinem Urteil, dass ihn eine „unfriedliche Menge psychisch unterstützt" habe. Die Verfolgung von angeblichen „Demonstrationsstraftätern" schien nach dieser Hamburger Definition für bundesdeutsche Staatsanwälte nun allerorten und nach Belieben möglich. Wo bliebe da noch die „Abgrenzung des Eies zur Papierkugel" als Gewaltmittel aus „unfriedlichen Mengen", so fragte der Hamburger Strafverteidiger Uwe Maeffert ratlos im darauf folgenden „Eierwerferprozess" vor dem *Hanseatischen Oberlandesgericht* ...

Die Antwort kam schnell. Höchstrichterlich und wie erwartet urteilte der Vorsitzende Richter, Dr. Georg Schmidt, dass „die physische Gewalt des Werfens", auch von rohen Eiern, den „Tatbestand des schweren Landfriedensbruchs" erfülle. Eine Äußerung wie „Die Ausländer vergiften die deutsche Kultur und Rasse" sei „durch die Meinungsfreiheit abgedeckt", weshalb sich keine demokratische „Notwehr" gegen die NPD oder andere ableiten lasse.

Im Gegenteil. Gegen den Thomas E. solle erneut verhandelt werden. Weil der doch schon gar nicht „einen Anlass zur Notwehr" gehabt habe. Der Richter Dr. Schmidt urteilte fallbeilscharf: „Er ist kein Fremdarbeiter."

Und selbst wenn der E. einer wäre! Einzelne Ausländer wären jedenfalls mit den NPD-Parolen „in ihrer Würde nicht herabgesetzt" worden, weil es sich nämlich um eine „generalisierende Aussage" handele.

Von behaupteter „Notwehr" gegenüber Rechten, die einen wie den E. am liebsten einen Kopf kürzer machen würden, war also ganz amtlich schon gar keine Rede. Man hat ja keine Geschichte in Deutschland, ist deshalb aber ungemein stolz darauf: Es gab eben immer schon Höheres zu verteidigen, insbesondere gegen jene, die „Notwehr" für sich reklamierten.

Somit wurde in Deutschland das Demonstrationsrecht per schlichter Richtersprüche in der energischen Strafverfolgungspraxis verschärft: weil in Harburg drei Eier geflogen waren. Und Nazis bekamen einen höchstrichterlichen, rechtsstaatlichen Freibrief.

Im Herbst 1983 ging es dann mit einem erneuten Verhandlungsmarathon vor dem *Amtsgericht Hamburg-Harburg* weiter. Die Polizeizeugen, die sich diesmal teils mit „Migräne" sowie mit „Aussage-Untersagungen" ihrer Dienstvorgesetzten den Verhandlungen entzogen, waren kaum mehr „rechtlich" brauchbar.

Aber der aus Verfahren gegen alte und neue Nazis bekannte Rechtsanwalt Rieger stellte sich der unerbittlichen Staatsanwaltschaft als „Nebenkläger" zur Seite gegen den vermeintlichen, großen „Landfriedensbrecher".

Der dritte bestellte Amtsrichter, der junge, gewitzte Volker Panzer, schüttelte während der langen Verhandlungstage nur noch den Kopf. Es war ein Possenspiel. Doch ein Ende war nicht in Sicht.

Schließlich – es ging auf Feiertage zu – stellte Panzer den Prozess abrupt ein, indem er dem Angeklagten Thomas E. Schokoladen-Ostereier reichte – mit der Mahnung, „künftig mit Lebensmitteln achtsam" umzugehen. Viereinhalb Jahre nach Prozessbeginn, fünf Jahre nach jener „Tat", die den „Landfrieden" gebrochen haben sollte!

Thomas E. war erleichtert. Die Nerven waren angespannt. Er hatte inzwischen den Job als Gebäudereiniger verloren, durch seine häufige Abwesenheit im Dienste der Rechtsfindung.

Für einen Verteidiger, Uwe Maeffert, ging der staatliche Spuk allerdings noch weiter. Im April 1984 wurde er vor einem von der Staatsanwaltschaft angerufenen „Ehrengericht" verwarnt, weil er im Prozess das rechte Auge des verantwortlichen Staatsanwaltes Dr. Ulf-Dieter Gerhardt „blind" gewähnt hatte.

Fünf Jahre nach den Eierwürfen lief dann noch ein von Maeffert angestrebtes Amtsenthebungsverfahren gegen Gerhardt an, weil diesem im Gerichtssaal ehemalige Häftlinge im Publikum in „KZ-Kleidung und ähnlichen Scherzartikeln" aufgestoßen waren und er sie des Saales verweisen lassen wollte.

Thomas E. dachte gar nicht gern daran, dass er sogar im bundesweit erscheinenden *stern* nur schlicht „der Eierwerfer" genannt wurde. Schlimmer jedoch war für Thomas E., dass ihn aus solchen Berichten „so viele Leute oberflächlich kennen und dadurch keine intensiven Beziehungen zustande kommen". So klagen ja auch viele Stars. Aber wie ist es, wenn einer gar kein Star ist und auch keiner sein mag?

Thomas E. ärgerte es, dass er seit jenem 5. Mai 1979, einem Tag im Europawahlkampf, fortan „bekannt wie ein bunter Hund" war: „In Harburg kennt mich nun wirklich jeder Polizist."

Und nicht nur jeder Polizist. Es war weit schlimmer als es sich jemand überhaupt nur vorstellen konnte, der mal Eier gekauft und nicht nach Hause getragen hatte.

Denn auch der Bezirksamtsleiter Helmut Raloff (SPD) hatte Strafanzeige gegen Thomas E. erstattet – zur Abwechslung mal nicht wegen Land-, sondern wegen angeblichen „Hausfriedensbruchs". Der Beamte hatte eben zu viel Verantwortung und brauchte viel Ruhe und Frieden im Rathaus.

Doch das *Harburger Amtsgericht* wollte nach dem Marathon zu umherfliegenden Eiern nicht auch noch über ein lose herumhängendes Mikrofonkabel verhandeln. Das Verfahren wurde dort zunächst nicht eröffnet.

Die Mühlen der Justiz mahlen eben langsam, aber gründlich. Nachdem dem E. schon kein „Landfriedensbruch" zu beweisen gewesen war, sollte offenbar wenigstens ein „Hausfriedensbruch" aktenkundig werden: Die Staatsanwaltschaft erzwang jedenfalls durch eine Beschwerde beim *Landgericht Hamburg* doch noch die „Aufnahme" eines Verfahrens gegen den geradezu unglaublichen, wenn auch unzulänglichen Versuch, eine öffentliche Sitzung eines örtlichen Parlaments im Rathaus auf Tonband aufzuzeichnen.

Recht so? Die *deutsche journalisten union* (dju) zumindest hatte gegen den Beschluss der „Beschränkung der Berichterstattung" durch die SPD/CDU-Mehrheit zahm „protestiert". Die Abgeordneten ließen sich davon jedenfalls nicht beeindrucken. Sie stellten sich hinter den Bezirksamtsleiter.

Und somit war nebenher bewiesen, dass es gar kein Kartell aus Gewerkschaften und SPD gab, wie es die NPD unter dem aufopferungsbereiten Schutz der Polizei und der Staatsanwaltschaft in der Fußgängerzone behauptet hatte, sondern bloß eines von Leuten, die sich ihre Demokratie gern so drehen, wie es ihnen gerade in ihren Kram passt.

Man wolle schließlich nicht, dass „Zitate im falschen Zusammenhang wieder auftauchen", begründete der SPD-Fraktionschef Michael Ulrich das denkwürdige Verbot von Tonbandaufnahmen in der nach dem Gesetz „öffentlich" abzuhaltenden „Bezirksversammlung Harburg".

Auch die Hamburger Staatsanwaltschaft und der hoch bezahlte Landrichter wägten gar nicht erst ab, dass das „Grundrecht auf Informations- und Berichtsfreiheit" nach Artikel 5 GG der Bundesrepublik Deutschland möglicherweise höherwertig sein könnte als die beliebige „Geschäftsordnung" eines kleinstädtischen Verwaltungsgremiums wie der *Bezirksversammlung* zu Hamburg-Harburg.

Der Harburger Amtsrichter Thomas machte im März 1984 gleichwohl kurzen Prozess. Er habe da mal bei der für Bezirksversammlungen zuständigen, übergeordneten *Behörde für Bezirksangelegenheiten, Natur und Umweltschutz* (BBNU) „nachgefragt" – und dann auch noch bei der Harburger SPD: Künftig sollten Tonbandaufnahmen jedenfalls wieder erlaubt sein – wie auch schon vor dem Verbot. Das hatte ihn stutzig gemacht: Warum sollte also ausgerechnet diese Episode mit dem E. „Hausfriedensbruch" sein, wenn doch vorher und nun nachher das erlaubt wäre, was der Beklagte hätte tun können, wenn er es durch Einstöpseln des Kabels in ein dazu benötigtes Gerät überhaupt gewollt hätte?

Der Verteidiger Uwe Maeffert sah die „Richtigkeit des Rechtsstandpunkts" seines Mandanten Thomas E. „damit bestätigt". Der Staatsanwalt hatte plötzlich „überhaupt keine Bedenken", das Verfahren auf Kosten der Staatskasse einzustellen.

Die Kosten für seinen Anwalt allerdings musste Thomas E. tragen – so wie den Ärger.

Thomas E. hatte „Recht bekommen".

Der Rechtsstaat kam ihn allerdings teuer zu stehen. Er verlor seinen Job. Immerhin musste der inzwischen Arbeitslose somit nicht mehr mit seinen Steuern für solche Beamten aufkommen. Das war ja auch schon was. Sein Ziel war es nie gewesen; aber vielleicht war das der Zweck der Übung.

a war allerdings auch noch die demolierte Autotür. Überraschend beantragte die Strafverfolgungsbehörde im März 1984 vor dem *Amtsgericht Harburg* einen „Freispruch" des E. – ob für oder gegen ihn, blieb unklar.

Denn der Kläger aus Schleswig hatte erklärt, er habe die Anzeige gegen den E. nur auf Anraten seines Rechtsanwaltes Rieger erstattet. Er selber, na ja, er könne wohl irren. Vielleicht sei es gar nicht der Herausragende gewesen.

Über derlei Niedrigkeiten muss Thomas E. wohl Zeit seines Lebens nicht nur dank seiner Größe hinwegsehen.

Anmerkungen

Das Portrait geht zurück auf den Beitrag „Einen Kopf zu lang – Prozesse gegen einen Demonstranten, der seiner Größe wegen auffiel", im *Deutschen Allgemeinen Sonntagsblatt* (Nr. 14 vom 1. April 1984, Seite 2).

Aktuell Deutsches Allgemeines Sonntagsblatt Nr. 14 · 1. April 1984 · 2

Prozesse gegen einen Demonstranten, der seiner Größe wegen auffiel

Einen Kopf zu lang

Weitere (hier teils miteinbezogene) Berichte erschienen im *vorwärts* (Nr. 46 vom 6. November 1980, S. 8): „Politik hat hier nichts zu suchen´ – Unerbittlich gegen Antifaschisten, nachsichtig gegenüber Neonazis" (mit Roland Kirbach), und *vorwärts* (Nr. 27 vom 1. Juli 1982, S.10): „Hamburg: Zwei Eierwerfer gefährden den Landfrieden – Justiz schränkt das Demonstrationsrecht ein", sowie in der *tageszeitung* „Tonbandaufnahmen in der Bezirksversammlung – Thomas E.-Prozess, der Dritte" (März 1984) und in der Gewerkschaftsjugendzeitung *´ran* (Nr. 9 vom September 1982, S. 18 f.): „Drei Eier und die öffentliche Sicherheit – Hamburger Justiz verfolgt unnachgiebig zwei Antifaschisten" und der Stadtillustrierten *Szene-Hamburg* (Nr. 10, Oktober 1980 S. 14-15): „Nazi-Gegner-Prozess: ´Rotes Gesäuge´ und die öffentliche Ordnung – Der Senat ist blamiert".

Thomas E. schlug sich danach lange Jahre mit Gelegenheitsarbeiten in Harburg durch. Er engagierte sich in zahlreichen Bürgerinitiativen und hat gelegentlich noch Konflikte mit Ordnungshütern.

Uwe Maeffert ist unter den deutschen Straf-
anwälten ein Star geworden; der Anwalt Dr.
Klaus Dammann betrieb bis 2011 eine große,
angesehene (Wirtschafts-)Kanzlei in Hamburg. Er machte sich auch mit geduldigen
Verteidigungen von Menschen einen Namen,
die „Berufsverbote" in der Bundesrepublik
bekommen hatten. Vor dem *Europäischen Ge-*
richtshof siegte er nach jahrelangen Prozessen.
Bürger, die während der Siebzigerjahre unter
der „sozial-liberalen" Bundesregierung zu
„Verfassungsfeinden" abgestempelt worden waren,
hätten beispielsweise in den Schuldienst aufgenom-

men werden müssen, auch wenn sie Mitglied einer immerhin nicht verbotenen Partei wie
der DKP gewesen seien.

Richter Volker Panzer wurde in andere Gerichtsabteilungen verschoben. Die Polizeibeamten
wurden wegen ihrer Falschaussagen und Manipulationen nicht einmal getadelt.

Im Februar und März 2005 kam es zu den „größten Polizeieinsätzen" in Harburg, wie die
lokalen Blätter jeweils schrieben. Hundertschaften mit Wasserwerfern „schützten" wieder
Nazi-Veranstaltungen.

Der deutsche Bundesinnenminister Otto Schily (SPD, ehemals *Grüne*), der Deutsche Bundes-
tag und der Bundesrat scheiterten am 28. März 2003 mit ihrem „Verbotsantrag" gegen die
NPD. Ihr Material hatte sich weitgehend auf Aussagen hoher NPD-Funktionäre gestützt, die
vom Verfassungsschutz Honorar bekommen hatten. Drei Verfassungsrichter sahen daher
keine Möglichkeit mehr zu einem rechtsstaatlichen Verfahren; es kam für einen Verbots-
beschluss keine notwendige Zweidrittelmehrheit zustande, obwohl sechs Richter ein Verbot befürworteten. Die NPD ging rechtlich und moralisch gestärkt aus dem Verfahren. Die
Verfassungsschützer mussten sich vorwerfen lassen, mit verfassungsfeindlichen Kräften zu
sehr zusammengearbeitet, ja sie finanziert zu haben. „Beobachtet" hatten sie jedenfalls zu
wenig. Im September 2003 wurde der 78-jährige Martin Löwenberg, ein Überlebender eines
deutschen Konzentrationslagers, vom *Landgericht München* zu einer Geldstrafe verurteilt. Er
hatte zu einer „ungenehmigten Demonstration" gegen Neonazis aufgerufen, die ihrerseits
eine genehmigte „Kundgebung" unter starkem „Polizeischutz" gegen die „Wehrmachtsausstellung" abhielten. In jener Wanderausstellung wurden bis zum Frühjahr 2004 die Verbrechen der *Deutschen Wehrmacht* dokumentiert. Junge und alte Nazis leugnen das Dokumentierte bis hin zu Gewalttätigkeiten gegen Menschen, die ihr Leugnen nicht teilen. In der Kla-
geschrift wurde der Rentner Löwenberg von der Staatsanwaltschaft, Abteilung „Politischer
Extremismus", als „Kfz-Häftling" tituliert. Die Anklagebehörde sah die „öffentliche Ordnung
und das Rechtsgefüge" durch dessen „anmaßenden Aufruf" und die abgehaltene, friedliche
Demonstration gefährdet.

Die Verhandlung darüber wurde – staatsanwaltlichen Äußerungen nach – durch Menschen in komischen „Klamotten", unverkennbar alten KZ-Häftlingsuniformen, „gestört".

Von einer Haftstrafe des Beklagten Löwenberg wurde letztlich offenbar nur abgesehen, weil der seinerzeitige Nazi-Hauptredner Martin Wiese zwischenzeitlich als „Terrorist" verhaftet worden war.

Zuvor war dieser bereits „aktenkundig geworden" aufgrund vieler gewalttätiger Delikte „im rechten Milieu", wie es immer so anheimelnd in Presseberichten heißt – gerade so als sei dies so etwas wie „Zilles Milljöh".

Er hatte, trotz monatelanger Beobachtung von Verfassungsschutz oder Polizei, ungerührt und unberührt 16 kg Sprengstoff organisiert, um einen großen Bombenanschlag auf das jüdische Gemeindezentrum in München vorzubereiten: Am 9. November 2003 sollten dabei der Innenminister, jüdische Funktionäre und hochrangige Politiker ermordet werden – bei einem Zusammentreffen anlässlich des 65. Jahrestages der „Reichskristallnacht", ein in Deutschland immer noch nach fröhlichem Polterabend klingender Name für einen blutigen Pogrom.

Die Festnahme ergab sich eher zufällig.

Der Generalbundesanwalt Kay Nehm reichte erst im Juli 2004 eine Anklage beim *Bayerischen Oberlandesgericht* ein.

Am 24. August 2004 schleuderten in Wittenberge Demonstranten Eier gegen den sozialdemokratischen Bundeskanzler Gerhard Schröder. Dies sei ein „Protest" gegen den „Hartz IV" genannten Sozialstaatsabbau, hieß es in bundesdeutschen Nachrichtensendungen und Berichten. Die „Würfe aus der Menge heraus" seien von der PDS und der NPD organisiert worden. Eine Woche später wurde in Zeitungskommentaren kolportiert, Schröder habe sich gefreut, dass auch sein „Widersacher", der ehemalige SPD-Parteichef und Wirtschaftsminister in seinem Kabinett, Oskar Lafontaine, als Redner der so genannten „Montagsdemos" in Leipzig mit Eierwürfen bedacht worden sei.

Am 19. September 2004 zog die NPD erstmals seit den Sechzigern wieder in ein Landesparlament ein, in Sachsen. Im Winter 2005 brandmarkten sie britische Luftangriffe auf Dresden als „Bombenholocaust" und versagten sich im Landtag einer Schweigeminute zur Befreiung der Konzentrationslager vor sechzig Jahren.

Rabenrufe

Der B. hatte eine Traueranzeige gelesen: „Diese Welt bot keinen Platz für ihn. Eine Überdosis Heroin setzte in einem Hotelzimmer in Amsterdam seinem einsamen und viel zu kurzen Leben ein Ende. Am 4. März 1984 starb ´Rabe´. In ohnmächtiger Trauer – P. . Die Beisetzung findet in aller Stille statt.“
B. fragte mich: „Was soll denn das? Was heißt da bloß ´bot keinen Platz´? In Amsterdam!? Sag, kanntest du den nicht?“
Den kannte ich. Ja! Und der B. kannte ihn doch auch. Was fragte er denn so?

Der Rabe hatte mich doch noch neulich angerufen und gefragt, ob er in unserer Rockband Schlagzeug spielen dürfe. Nein, der sah uns dann doch „zu wild“ aus. Man hatte außerdem „so Sachen gehört“. Das war gerade zwei Monate her. Nun hatte ihm in einer fernen Stadt eine Substanz „ein Ende“ irgendwie „gesetzt“? Wie das?
Der M., auch vom B. gefragt, ob er denn wohl mehr wüsste, erinnert sich: Sein eigenes Schlagzeug habe er dem neulich leihen und ihn sogar fahren sollen – zu einer ganz anderen Band. Da habe der Rabe sich vor seinen Augen erst einmal „einen Schuss gesetzt“. Ihm habe es die Sprache verschlagen, damals vor drei Monaten. Gewusst freilich habe er „das“ schon lange. „Du doch auch! Komm schon!“ Das war wohl wahr. Nur wie der Rabe wirklich hieß, das wusste wohl kaum einer.

Da war die Kneipe A., gleich ums Eck. In der saß der Rabe nachts sehr gern. Er trug schwarze Lederkluft. Und seine Blicke sagten oft, dass man ihn besser nicht ansprechen sollte. Dann saß er noch einsamer da als sonst, nahe den Toiletten auf einem Barhocker am Eck.
Es war nachts immer voll in der Kneipe A.: Die einen tranken, die anderen schon nicht mehr – hier endete die Welt.
Im fahlen Licht stand oft die A. am Tresen im A. – zunächst mal bei einem „kleinen Bier“. Den ganzen Abend war es immer nur so ein „kleines Bier“, eines nach dem anderen. Sie sah gern kantig aus mit ihren borstigen, kurzen Haaren. Die dunklen Augen blitzten, sobald sie von Beuys sprach.

Und V., ihr früherer Freund, gab sich sowieso gern als Gesamtkunstwerk. Er war „schön" anzusehen, so wie sie. Das sagten alle. Sie sagten oft: „Kein Mensch, den man so leicht vergisst." Er lachte viel und war doch sehr gereizt, besonders wenn die attraktive B. in seiner Gesellschaft war. Was für ein Mann! Er solle auch einmal bei einer Fete eine Pistole gezogen haben, hieß es anerkennend.

Und die R. – hatte die nicht einmal sogar mit diesen beiden zusammengewohnt? Oder war das vielmehr ihre Freundin, die D.? Eben. Die Kurzgeschorene! Ja genau! Die Ingenieurin mit dem schweren Motorrad! Man erinnert sich. So war das. Jeder hatte so seinen Ruf. Auch der Rabe.

Die Kneipe A. ist seit kurzem geschlossen. Kein Ort zur Nachfrage über das „Setzen" eines „Endes". Wie war das nun mit dem Rabe? Wer konnte mehr sagen in Harburg?

Der M. trifft einen, der noch anderes von dieser A. gehört hat – ja, die mit den kurzen Haaren, dem „kleinen Bier" und dem Beuys. Die solle sich jetzt wohl „mit Afrikanern einlassen", in Hamburg „drüben", jaja, in St. Georg, nicht „auf St. Pauli". Allerdings „nicht richtig" auf dem Strich, so nicht, nein. Die habe doch früher schon so gerne Bongos gespielt!

Naja, und in der Frauenbewegung hätten sie damals sowieso diskutiert, dass Prostitution die eigentliche Emanzipation brächte: Weil man über den eigenen Körper bestimme. Und ob und wann frau ihn verkaufe.

Außerdem brauchte sie das Geld wohl auch. Zwar hatte sie ein kleines Haus geerbt, worin sie mit dem V. gewohnt hatte, na, ihrem früheren Freund, und dessen Kumpan, dem H. – ja, na klar, der hatte doch mal die Pistole gezogen, sogar in der Kneipe A., das hätten doch alle gesehen! Ja, genau.

Doch seien da in der Wohngemeinschaft nacheinander alle Alltagsdinge mit dem Dasein der Droge geschwunden: Das Telefon war nicht bezahlt. Der Strom war auf einmal abgestellt. All das „Bürgerliche" eben, was sowieso zermürbte. Und schließlich wäre das gewählte „freie Leben" gar nicht mehr zu umgehen gewesen.

Der V. führe jetzt in einem umgebauten Armeelaster umher. Wo der H. bloß stecke, erfuhr der M. nicht. Von Rabe keine Spur.

Einer sagt dem M.: „Das mit dem Rabe war vorherzusehen. War wohl auch besser so." M. hat es nicht „gepeilt". Zehn Jahre lang sei ihm der Rabe über den Weg gelaufen.

Alle wussten „es". Denn der Rabe kam doch schon „zu" zu Feten. Er war „nicht ganz da", auch wenn sein Körper noch da saß.

M. sagt: „Er liebte das Motorradfahren." Dafür ausgerechnet habe der doch Schulden hier und da gemacht. Bald hatte er deshalb „nicht mehr allzu viel Freunde gehabt". Kein Wunder! Das habe sich rasch rumgesprochen: „Leih´ dem bloß nix!"

Irgendwann sei er sogar entmündigt worden, zu viel Schulden, zu uneinsichtig. Und dadurch wurde er dann auch noch den „Lappen los", wie es hieß, er fuhr fortan ohne „Führerschein". Da hätte sich ihm die düpierte Polizei als „Freund und Helfer" erboten. Er solle ihnen bei der Verfolgung mehrerer „Angelegenheiten" helfen.

Denn wer, wenn nicht er, wisse schon genau Bescheid über die A., den V., den H. oder die R.? Die kannten alle, aber keiner so gut wie der Rabe. „Wenn du erst einmal so mit dem Rücken an der Wand stehst, dann kannst du auch lieber gleich mit dem Hintern an der Wand stehen wie die A.", sagt der M. achselzuckend.

Von der R. erfahre ich auch noch etwas durch ihre Schwester, als ich sie nach dem Rabe frage. Sie sorge sich um sie. Aber eigentlich wisse sie nicht, was „vor sich" gehe.

Wie alle. Aber alle reden davon, was sie wissen. Wie alle.

Von Rabe wisse sie nichts, nicht einmal, dass er die R. gekannt hätte. Es sei „wieder alles in Ordnung": Die R. arbeite wieder im Krankenhaus und habe gerade ein Kind bekommen.

Damals vor zwei Jahren, na ja schon, da hatte die R. sich selber in eine gefürchtete, psychiatrische Klinik am Rande der Stadt eingewiesen. Niemanden habe sie da noch erkannt.

Und umgekehrt war es auch so. Da waren sie einander noch fremder gewesen, die Schwestern.

Auch ihre Wohnung war schon aufgelöst worden, von ihren Eltern, die die Welt nicht mehr verstanden. Jedenfalls nicht mehr und nicht weniger als sonst.

Da war dann auch die bei der R. lebende Ingenieurin, na, die mit den langsam grau werdenden Stoppeln, in einen alten Reisebus umgezogen. Sie kreiste in Harburg.

Warum das alles denn nur so komme, fragt mich der M. mit einem einwachsenden Achselzucken. Warum nur? Schlimm, nicht wahr? Da sei die hohe Arbeitslosigkeit, sage ich, der Abbau von Sozialleistungen obendrein, und sowieso.

Schlimm, alles schlimm! Kummer darüber dürfe man gar nicht erst zeigen. Sonst würde man gleich als alter „Nullbockdepp" beschimpft werden, als „totaler Loser".

Das leuchtete dem M. ein. Das leuchtete sowieso fast jedem ein. Man konnte es gar nicht oft genug wiederholen. So einleuchtend war das. So sehr.

Da wäre dann ja auch noch diese allgemein aggressive Stimmung untereinander, die sich auch im Hass auf „Rausländer" Luft schaffe. Dann nicht zu vergessen das Hetzen um Habe, das „letztendlich" zwischen Mann und Frau Schuldenberge gebäre. Mindestens.

Vielleicht spiele auch noch die verdammte Strenge als angebliches „Prinzip" elterlicher „Liebe" da eine Rolle: Dass es einem wie ihm in allen gottverdammten Harmoniehimmeln immer zu eng gewesen sei. Verdammt! So stickig.

Da waren wir froh über solche Abwägbarkeiten. Und über Gott und die stinkende Verdammung. Denn die verwunderte Trauer über den einen verlorenen Weggefährten war damit „irgendwie" gemildert – und vielleicht auch schon mal vorab für manch andere oder anderen. Übung macht die Meister. Die „dahinter" stünden, die müsse man „aufdecken", schwang sich der M. auf. Natürlich würden „die Großen verschont", wandte ich ein. Denn welche Chemiefirma auch immer, als Einzige auf der Welt, die chemische Substanz zur Herstellung von Heroin produziere, würde an diesem giftigen Monopol mächtig verdienen. Das wüsste jeder! Auch die Diktaturen in Südamerika lebten nur noch von der hiesigen Sucht.

Das Buch mit solchen Argumenten kannte der M. auch. Jedenfalls hatte er davon „genügend" gehört. Es hieße „Weltmacht Droge" und sein Autor, Hans-Georg Behr, werde ja selber „von den Bullen gejagt" – wegen „ein paar Gramm Haschisch"!

Es sei, sage ich dem M. traurig, eben nicht so ein Publikumserfolg gewesen wie die rührende „Christiane F."-Story im *stern* – die sei halt hübscher und dazu ein Mädchen, das beschützt werden wolle, trotz oder wegen ihrer Drogensucht.

Die sei doch zudem saniert durch die *stern*-Artikel und das anschließende Buch von den „Kindern vom Bahnhof Zoo". Und polizeilich „irgendwie auch tabu": Die jedenfalls würde so schnell keiner mehr verfolgen. Auch wenn sie längst wieder an der Nadel hinge.

Lebt die eigentlich noch, fragt der M. und kaut an seinen Fingernägeln.

In Harburg träfen sich die Händler im „Café C.". Das hatte der M. irgendwo gehört. Zumindest stünden da ja ganz große Schlitten draußen. Und mit der viel zu jungen Wirtin für das riesige, teure Lokal sei das auch „nicht ganz koscher"! Wahrscheinlich Geldwäsche. Höchst wahrscheinlich. Sehr.

Doch wusste später einer ganz Anderes zu berichten: Die schnellen, die sauberen Träume kaufe man sich lieber im Klo des „Schnellfraß"-Restaurants „McDoof". Bei „den Türken und Marokkanern", die sich dort „den ganzen Tag" rumtrieben: „Die essen doch gar kein Fleisch!"

Das verstand ich. Na klar doch: Dort war es „unverdächtig" und anonym. Es bot sich doch kein besserer Platz auf dieser Welt an, als das verhasste „McDoof" – für die eine Chance, ein einsames Leben einzutauschen gegen einen rauschhaften, kurzen Traum vom Leben. Diese Minuten zählten mehr als das lebenshungrige und doch tödliche Zittern nach dem Stoff.

Das passte doch alles zusammen: Schnell essen, schnell krank werden, schnell sterben. Scheiß drauf! Wen kümmert´s denn noch? Alles Kacke.

Der Rabe sei noch einmal zu dem M. gekommen, vor kurzem noch. In Ahrensburg, vor den „Toren der Weltstadt Hamburg", habe er sich bei dem Verein „Jugend hilft Jugend" erkundigt. Er, ausgerechnet er.

Denn nach einer Langzeittherapie habe ihm nicht mehr der Sinn gestanden. „In einem Hotelzimmer soll der gestorben sein?", fragt mich der B. so ungläubig, als könne man seinen Freunden schon nicht mehr glauben.

„In Amsterdam", bestätige ich kopfschüttelnd. „Schlimm. Mehr habe ich auch nicht gelesen oder gehört. Schlimm."

Der B. sagt: „Natürlich. Klar."

Die Beisetzung fand in aller Stille statt.

Anmerkungen

Diese blumenlose Trauerbekundung war aufgeschrieben in der Kranzbinde „Rabes kurzes Leben, trostlos und leer. Heroin-Tod in Harburg: Alle haben es gewusst" im *Deutschen Allgemeinen Sonntagsblatt* (Nr. 23 vom 3. Juni 1984 auf der „Report"-Seite. S. 20).

Mittlerweile sind einige der in diesem Stückchen Aufgetretenen ebenfalls tot: An Heroin verendet oder bei einem nächtlichen „Diskothekentrip" mit Freunden „verunfallt" – unter ihnen auch die „R.". Ihre Schwester hatte nach der ersten Veröffentlichung im *DAS* noch „rechtliche Schritte" einleiten wollen – wegen der „Verleumdungen" und unzureichender Anonymisierung.

Der M. erlebte in seiner Band dann einen anderen Schlagzeuger als den Rabe, nämlich den R.: Der war, wie auch der M., Stammgast in der Gaststätte A. und in einem Café. Erst als der stets trommelnde R. seiner Freundin das Nasenbein brach und sie auch sonst schwer verletzte, warfen ihn seine „Mitmusiker" raus.

Er starb später nachts an eigenem Erbrochenem.

Nach wie vor gilt es als lässliche Sünde „in der Szene", wenn beispielsweise chronische Haschisch-Raucher anderen ihre Droge aufdrängen oder sie gar anderen „besorgen". Eher wird sich schon das Rauchen beim Essen verbeten.

Noch wenn ihr Verhalten bereits Borderline-Symptome zeigt, wird im tödlichen Geschwafel der selbstgefälligen Szene eher derjenige geächtet, der eben das angesprochen hat.

Mittlerweile kontrollieren Cliquen von Drogendealern die Straßen Heimfelds. Ihre schweren Limousinen patrouillieren häufiger als die Polizei.

Heroin-Tod in Harburg: Alle haben es gewußt

Rabes kurzes Leben, trostlos und leer

Von Rainer Jogschies

Bhatte die Traueranzeige gelesen: „Diese Welt bot keinen Platz für ihn. Eine Überdosis Heroin setzte in einem Hotelzimmer in Amsterdam seinem einsamen und viel zu kurzem Leben ein Ende. Am 4. März 1984 starb ‚Rabe'. In ohnmächtiger Trauer – P. Die Beisetzung findet in aller Stille statt."

B. fragte: „Was soll denn das: ‚bot keinen Platz'? In Amsterdam?! Sag, kanntest du den?"

Den kannte ich. Und B. kannte ihn. Er hatte uns angerufen und gefragt, ob er in unserer Rockband Schlagzeug spielen dürfe. Nein, das sah uns „zu wild" aus. Man hatte so Sachen gehört. Das war zwei Monate her.

M. erinnert sich. Sein Schlagzeug habe er ihm fahren wollen, zu einer anderen Band. Da habe Rabe sich vor seinen Augen erst einmal einen Schuß gesetzt. Ihm habe es die Sprache verschlagen, damals vor drei Monaten.

Gewußt freilich habe er es schon lange: „Du doch auch?" Das war wohl wahr.

Da war die Kneipe A., in der Rabe nachts sehr gern saß. Er trug schwarze Lederkluft, und seine Blicke sagten oft, wenn man ihn besser nicht ansprechen sollte. Dann saß er noch alleiner als sonst.

Es war nachts immer voll in der Kneipe A. Die einen tranken, die anderen waren schon weiter. Im knappen Licht stand oft die A. am Tresen bei einem kleinen Bier. Sie sah gern kantig aus mit ihren kurzen Haaren. Die dunklen Augen blitzten, wenn sie von Beuys sprach.

Und V., ihr früherer Freund, gab sich gern als Gesamtkunstwerk. Er war so schön anzusehen wie sie – kein Mensch, den man [...] in der Gesellschaft. Er [...] sehr gereizt, besonders wenn der B. in seiner Gegenwart [...] war. Der soll einmal bei einer Fete eine Pistole gezogen haben, hieß es.

Und die R. – habe die nicht einmal sogar mit den beiden zusammengewohnt? Oder war das ihre Freundin D., die kurzgeschorene Ingenieurin mit dem schweren Motorrad?

Die Kneipe A. ist geschlossen. Kein Ort zur [...]

zwei Jahren hatte sie sich selber in eine [...] fürchtete psychiatrische Klinik eingewiesen. Niemanden habe die erkannt und [...] gekehrt.

Auch ihre Wohnung war aufgelöst worden von ihren Eltern, die die Welt nicht mehr verstanden als sonst. Da war die bei ihr [...] bende Ingenieurin in einen Reisebus [...] gezogen.

Warum das nur so komme, fragte mich M.

Da sei die hohe Arbeitslosigkeit, sagte [...] der Abbau von Sozialleistungen obend[...] und Depression dürfe man gar nicht zeigen, wenn man nur Nullbock [...] Platzen geschimpft werden wolle.

Das leuchtete dem M. ein. Da wäre [...] auch noch diese allgemein aggre[...] Stimmung gegeneinander, die an [...] auf Rausländer Luft schafft. Das Ha[...] um Habe, das zwischen Mann und [...] Schuldenberge gebäre. Vielleicht der [...] Strenge als Prinzip elterlicher Liebe [...] es einem in diesen verdammten Z[...] niewänden zu eng geworden sei.

Da waren wir froh, denn die Trauer [...] einen verlorenen Weggefährten [...] mildert.

Die dahinter stehen, müsse man a[...] ken, schwang sich der M. auf. Na[...] würden die Großen verschont, wäre [...] nin. Denn welche Chemiefirma au[...] mer als einzige auf der Welt die che[...] Substanz zur Herstellung von Hero[...] duziere, würde an dem Monopol n[...] verdienen. Das wüßte ein Jeder. A[...] Diktaturen in Südamerika lebten [...] von dieser Sucht.

Das Buch kannte der M. auch. [...] „Weltmacht Droge", und der Auto[...] Georg Behr werde selber von dem [...] gejagt wegen ein paar Gramm Has[...]

Es sei, so sagte ich denn M. freue [...] nicht so ein Publikumserfolg gewe[...] die Christiane F. Die sei zustände [...] die würde so schnell keiner me[...] gen.

In Harburg trägen sich im Caf[...] Händler, habe der M. gehört. Z[...] stünden große Schlitten draußen [...] der viel zu jungen Wirtin sei hub[...] koscher.

Doch wüßte einer anderes zu b[...] Die schnellen, sauberen Träu[...]

Das Kreuz mit dem Gewissen

In der Kirche am Kriegerdenkmal ist es noch ruhiger als ohnehin, in der Woche. Nur in den angrenzenden Gemeinderäumen herrscht hektisches Treiben. Man trifft sich konfus. Man bespricht sich. Denn es ist etwas Unerwartetes geschehen: Im Kirchenschiff, am Kreuz, hängt ein erschöpfter Mann, vollbärtig, langmähnig. Er ist da angekettet. Er ist still. Wie tot.

Auch die, die ihn dort besuchen, sind still. Sie beten nicht.

Am 2. Januar 1980 hatte der 22-Jährige „seinen Dienst" im „Sanitätsbataillon" der Scharnhorstkaserne in Harburg antreten sollen. Doch er floh. Irgendwohin, bis er nicht weiter wusste – und dann wieder „nach Hause" zurückkehrte.

Dort, in der Eißendorfer *Mergellstraße*, suchten ihn schon die „Feldjäger". Bis zur katholischen Kirche, gleich um die Ecke in der *Marienstraße*, wäre er mit viel Laufen wohl gerade noch gekommen. Aber es war zu spät. Er wurde mitgenommen – und floh schon bei nächster Gelegenheit.

Dreizehn Tage später kettete er sich lieber gleich ans Kirchenkreuz der nahen, evangelischen *St. Johannis-Gemeinde*, die er von Besuchen in deren Teestube und der dortigen Diskothek gut kannte. Der Pastor, den viele beim Vornamen nannten, würde ihn nicht ausliefern. Nicht „der Christian".

Der Mann am Kreuz erzählt leise: „Ich wollte vor dem Prüfungsausschuss für Kriegsdienstverweigerer einfach so antworten, wie es mir mein Gewissen sagt." Es war nicht viel, was er da zu sagen hatte. Dem Ausschuss, der ihn „anhörte", war es jedenfalls zu wenig.

Und nun wiederholt sich der Mann am Kreuz. Weil es „einfach so war" und weil er so oft danach gefragt wird. Wieder und wieder. Er erzählt besorgten Gemeindemitgliedern und vereinzelten Reportern monoton. Sie schütteln über so viel Gebrochenheit und Naivität den Kopf: Was glaubt denn der! „Ungeschult" und ohne die „seelische Unterstützung anderer Kriegsdienstverweigerer gesucht" zu haben, wie es beispielsweise in der *Johannisgemeinde* angeboten würde, hatte der doch gleich zweimal den Fragen vor einem Gewissensprüfungsausschuss nicht standgehalten.

Die scheue Vollwaise wurde also amtlich „abgewiesen". Kein Wunder! Abgestempelt als einer, dessen Gewissen geheuchelt sei und somit wohl doch zum Töten tauge. Denn das Gewissen eines solchen Hilfsarbeiters, zumal ohne Schulabschluss, überzeugte solche Prüfer eben selten. Es klang einfach nicht gut genug für sie, die Gottesdienste gewohnt sind.

Seele braucht Sound. Jedenfalls glaubten das noch diejenigen, die sowohl energisch an Gott glauben als auch ans Töten.

So grämte sich Andreas Kobs nun am Kreuz: „Während der Beratung hab' ich mich immer gefragt: War ich gut genug?"

Der Kobs war aber kein Schauspieler. Doch spielte für ihn ein großes Theater. Es spielte ein Stück mit ihm bloß als Komparsen. Er musste sich nicht um seine Rolle sorgen. Die Dramaturgie war einfach: Im März 1979 wurde sein „Antrag auf Anerkennung als Kriegsdienstverweigerer abgelehnt". Sein ungelenker „Widerspruch" dagegen wurde im Mai 1979 „zurückgewiesen". Am 31. Oktober 1979 wurde ihm „mitgeteilt", dass er „voraussichtlich zum 2. Januar 1980 eingezogen" werden würde. Am 6. Dezember „erging" dann der entsprechende „Einberufungsbescheid". So liefen Tragödien seit Jahren, immer wieder.

Der schlichte gesetzliche Gang hatte aus dem rechtsunkundigen „Kriegsdienstverweigerer" Andreas Kobs einen „rechtskräftig abgelehnten Antragsteller" gemacht, welcher daher „Wehrdienst zu leisten" habe.

Eine letzte Chance – ein Verfahren in dritter Instanz vor dem *Hamburger Verwaltungsgericht* – hatte Andreas Kobs „verpasst": Durch den quälend schleichenden Tod des Vaters und eine missglückte Liebe war er unstet geworden. Durch Wohnungswechsel hatte ihn der letzte, entscheidende Gewissensbescheid erst gar nicht mehr erreicht.

Erst am 18. Dezember 1979 teilte Andreas Kobs dem *Kreiswehrersatzamt* mit, dass er jedenfalls sein Verfahren noch nicht für abgeschlossen halte: „Es schien mir geradezu unlogisch, dass mein Gewissen nicht ausreichen sollte, den Kriegsdienst zu verweigern, wohl aber, ihn zu tun."

Andreas Kobs „beging" das, was auch nach zwei Weltkriegen nicht ohne nationalistischen Pathos im deutschen Gesetz immer noch „Fahnenflucht" heißt. Die vorgesehene mögliche „Höchststrafe" von fünf Jahren Gefängnis schreckte ihn nicht, das zu tun, „woran ich glaube".

Wie „begeht" sich aber so eine schwere Straftat, wenn man so unerfahren ist? Der „Wehrpflichtige" Andreas Kobs zum Beispiel war einfach „untergeschlüpft", wie es die „Feldjäger" nennen. Und zwar in einem „Unterschlupf", der – bis dahin noch unverfänglich – die Wohnung eines Freundes war.

Er diskutierte dort mit dem Freund und anderen verschworenen Besuchern tage- und nächtelang, ob dieser Entschluss zum „Abtauchen" denn richtig sei. Ob „es beim *Bund* vielleicht doch gar nicht so schlimm" sei? Ob er sich „stellen" solle? Oder ob es eine andere Chance für sein Gewissen gäbe?

Vielleicht hätten die ja recht, die von „Drückebergern" sprachen! Sein ganzes Leben habe er sich doch bisher „gedrückt" – vor der Verantwortung, vor der Ausbildung, vor der Liebe, vor dem Tod, vor dem Leben.

Sein Gewissen wurde immer schwerer. Enttäuscht von sich und der Welt, die von ihm enttäuscht war, verließ er nach 13 Tagen sein „Versteck", um sich vor den Augen der entgeisterten Pfarrgemeinde nach der ersten Lesung des sonntäglichen Gottesdienstes von Freunden ans Kreuz ketten zu lassen.

Die Lokalzeitung berichtet. Sie zitiert ein „altes Gemeindemitglied": „Mir stand das Herz still." Sie habe doch auch schon die Taufe und Konfirmation „des Jungen" miterlebt. Ihm blieb nun die entscheidende, nicht-kirchliche Weihe verwehrt: als „Kriegsdienstverweigerer" staatlich anerkannt zu werden.

Andreas Kobs „trat" in den Hungerstreik. Das machten gerade alle so. Es wurde ja für alles Mögliche und Unmögliche „in den Hungerstreik getreten", sogar gegen den Hunger.

Täglich besuchten ihn Freunde, auch solche, die sonst nie in eine Kirche gegangen wären.

Anderer Besuch musste vorerst draußen bleiben: Die *Bundeswehr* hatte mittlerweile vergeblich die Staatsanwaltschaft um einen von der Polizei in der Kirche zu vollstreckenden Haftbefehl ersucht. Die Exekutive schickte daraufhin „Unterhändler", die „nach Feierabend" und „ganz privat" ein möglichst unauffälliges und für K. „vorteilhaftes Ende der Aktion" zu finden suchten.

Doch Andreas Kobs bestand auf seiner „einzigen Forderung": Anerkennung als Verweigerer des Kriegsdienstes.

Der christdemokratische Fraktionsvorsitzende in der Harburger Bezirksversammlung, Günter Boyer, griff mit einer Presseerklärung daraufhin dies praktische Christsein an: „Der Schutz von Gesetzesübertretern ist nicht Aufgabe der Kirche und wird daher von mir nicht unterstützt. Ich halte die Protestaktion in der *Johanniskirche* für unüberlegt und verurteile das Verhalten aller Beteiligten. Sollte diese Aktion weiterhin geduldet oder gefördert werden, müsste ich persönlich mein Verhältnis zur *Evangelischen Kirche* überdenken und dementsprechende Konsequenzen ziehen."

Auch der Harburger CDU-Bundestagsabgeordnete Carl Damm, stimmte spektakulär in den Anti-Kirchenchor ein: „Herr K. hat überhaupt keinen Grund für seinen spektakulären Auftritt in der Kirche. Ihm geschieht kein Unrecht." Niemand dürfe sich durch „spektakuläre Auftritte und Weigerungen" einen „Vorteil" verschaffen vor den „Hunderttausenden, die ihren Wehr- und Zivildienst ordnungsgemäß leisten".

Selbst die Sozialdemokraten mochten sich nicht schützend vor den verfolgten und angegriffenen Andreas Kobs stellen. Deren Harburger Fraktionsgeschäftsführer Rüdiger Schulz hielt „das Verhalten" der Kirche für „sicherlich problematisch". Er mutmaßte, dass „die spektakuläre Aktion" des Andreas Kobs „vielleicht überzogen" sei. Andererseits wäre aber auch ein Einsatz von „Feldjägern" und Polizei in der Kirche „überzogen".

Schließlich waren sich auch die Kirchenoberen der Sache nicht mehr sicher, die ihre Gemeinde-Pastoren wie „selbstverständlich" unterstützten.

Was war schon selbstverständlich, wenn sich ein junger Mann der "Wehrpflicht" entzog? Der evangelische Probst Lyko verstieg sich ohne weitere Würdigung der Person zu dem Urteil, dass K. zwar kein „Agitator" sei; allerdings habe er „auf allen nur möglichen Ebenen Formfehler begangen". Nach dem Gesetz sei er ein „Krimineller".

Am 18. Januar 1980 lud die *Evangelische Kirche* „ausschließlich" unter jenem erkannten „Druck ablehnender Öffentlichkeit", aber auch nach einer Fülle von „Sympathie-Kundgebungen" aus lokalen und überregionalen Friedensgruppen eine „Außerordentliche Gemeindeversammlung" zu einer öffentlichen Klärung ein.

Es ging munter zu: Zwei *Bundeswehr*-Offiziere „appellierten" an den Kobs, „doch gleich mitzukommen". Es würde „dann alles gar nicht so schlimm". Filmendes Fernsehen und aufmerksame Presseberichterstattung hatten aber für ein „Geschenk" gesorgt, das von einem Reporter in der überraschten Runde „verkündet" wurde wie ein Urteil des „Jüngsten Gerichts": Das *Hamburger Kreiswehrersatzamt* habe sich auf insistierende Nachfrage dieser Medien zu einer „erneuten Anhörung vor dem Prüfungsausschuss" bereit erklärt. Als wäre Andreas Kobs am Kreuz doch gleich viel redegewandter geworden ...

Der inzwischen von Freunden des Mannes am Kreuz hinzugezogene Anwalt Winfried Günnemann konnte jedoch für seinen angeketteten Mandanten kein „freies Geleit" zur „Prüfung auf militärischem Sicherheitsgebiet" erhandeln.

Polizei und „Feldjäger" verweigerten diesen zivilen Dienst. Am Ende würde der „Kriminelle" noch fliehen! Dann sollte er doch lieber am Kreuz verrotten.

Andreas Kobs brach „seinen" Hungerstreik in dieser aussichtslosen Lage ab. Wenigstens körperlich wollte er den seelischen Strapazen einer erneuten „Verhandlung" genügen können.

Er wurde „vorübergehend" in der nahen *Bundeswehr*-Kaserne „untergebracht", um „erneutes Anketten" zu verhindern.

Wenige Tage später trat der vierköpfige Prüfungsausschuss zusammen. Überraschend war er diesmal auch mit zwei älteren Damen besetzt. Die reagierten sogleich wohlwollend auf den Geschwächten.

Sie waren sogar noch gewogener, als die von Gemeindepastoren und -mitgliedern zwischenzeitlich eilends verfassten Gewissensgutachten vorgelegt wurden: Andreas Kobs sei eben schwach. Doch habe er mit seiner Aktion einen Schritt der Stärke getan.

Ach, so „stark" sind die Schwachen, mag sich da mancher gedacht haben. So oder so ähnlich stand es danach auch in Kommentaren der lokalen und überörtlichen Zeitungen.

Lediglich die Starken waren schwach. Als gegen Andreas Kobs vor dem „Kreiswehrersatzamt" erneut verhandelt wurde, da lichteten Militärs im ersten Stock mit Teleobjektiv aus dem gegenüberliegenden Haus des Presseoffiziers sorgfältig alle

Freunde und Bekannte des Kobs ab, vorsichtshalber. Die hatten ihn zur „Anhörung" begleitet, um ihm „wenigstens Mut zu machen". Doch der hatte ihn längst und für immer verlassen.

Am 24. Januar 1980 wurde Andreas Kobs „von der *Bundeswehr* beurlaubt" – „unbesoldet", denn er wolle ja nun mal nicht „dienen". Ohne Sold, solange bis er eine „Zivildienststelle" anträte und so bewiese, wie denn sein letztlich unbewiesenes Gewissen aussähe.

Wovon der Hilfsarbeiter Andreas Kobs solange leben würde, wenn er einem Arbeitgeber nicht einmal sagen konnte, ob und wann er ersatzweise „zur Fahne gerufen" werde, wurde er vor dem „Prüfungsausschuss" nicht gefragt. Solche Profanität gehörte nicht zu einer ehernen „Pflicht" wie der eines "Dienstes an der Waffe", mit dem Deutschland die Welt schon zweimal erfolgreich und folgenlos das Fürchten gelehrt hatte.

Dem „beurlaubten" Soldaten und endlich „anerkannten" Kriegsdienstverweigerer Kobs war „sein" leises Gewissen geblieben. Ordnungsgemäß, aber nur ersatzweise. Denn fortan wurde er gesellschaftlich als „Ersatzdienstleistender" verhöhnt.

Anmerkungen

Der Bericht beruht im Wesentlichen auf dem Portrait „Wie man sein Gewissen vorzeigt. Ein Fahnenflüchtiger am Kreuz und die Stärke eines Schwachen" im *vorwärts* (Nr. 7 vom 7. Februar 1980, Rubrik: Deutschland, S. 8).

Der vermeintliche „Deserteur" Andreas Kobs leistete seinen über zweijährigen „Ersatzdienst" ab. Danach fuhr er in Sommern Speiseeis aus, an die Baggerseen rund um Harburg, sowie in den ihm vertrauten Straßen Eißendorfs und Heimfelds. Bald erkrankte er schwer, erkannte keine Freunde mehr, verwahrloste und lebte bis zu seinem unbeachteten Tod einige Jahre mittellos und einsam in einem sozialen Problemgebiet am Rande der „sanierten Innenstadt" Harburgs.

er Pastor Christian Arndt verließ die Gemeinde auf sanften Druck. Er arbeitete in kirchlichen „Sonderprojekten" wie beispielsweise in der Gegend um die besetzten Häuser in der Hamburger *Hafenstraße*. Als der Milliardenerbe Jan-Philipp Reemtsma, der die *Wehrmachtsausstellung* initiiert und finanziert hatte und die *Hafenstraßen*-Häuser hatte kaufen und für ein Wohnprojekt zur Verfügung stellen wollen, von Verbrechern entführt wurde, trat Arndt für dessen Familie erfolgreich als Vermittler zu den Gangstern auf. Kobs Verteidiger Winfried Günnemann wurde später einer der prominentesten (Strafrechts-)Anwälte der Bundesrepublik.

Der NS-Marinerichter Hans Filbinger, „furchtbarer Jurist" der frühen und zu späten Stunde, wurde im Mai 2004 der Ehre halber zum „Wahlmann" der *Christdemokraten* für den *Bundespräsidenten* bestimmt: Weil es galt, das höchste demokratische Amt der *Bundesrepublik Deutschland* zu besetzen, so, wie es im In- und Ausland nicht anders erwartet wurde.

Er hatte im *Dritten Reich* als Vertreter der Anklage und als bis zuletzt an den Endsieg glaubender Richter an zahlreichen (Todes-)Urteilen gegen angebliche „Deserteure" mitgewirkt: auch noch im Mai 1945, also unmittelbar vor dem Ende der NS-Herrschaft. Als dies bekannt wurde, trat er 1978, erst nach massiver Medienschelte, von seinem langjährigen Amt als Ministerpräsident Baden-Württembergs murrend zurück.

Auf seiner Homepage ließ er noch im Jahr 2004 dazu verteidigend anführen, dass harte Strafen gegen „Fahnenflüchtige" notwendig seien, um die Moral der Truppe „aufrecht" zu erhalten. Dies sei keineswegs ein Kennzeichen für Nationalsozialisten.

Ein Gewissen hatte dieser Mann also auf jeden Fall. Ein gutes sogar, wie er meinte. Das brauchte jedenfalls auf keine Prüfung zu warten – außer der der launigen Medien.

Und dieses Gewissenhafte ehrten seine Parteigenossen bei den *Christdemokraten* um die Fraktionsvorsitzende Angela Merkel, indem sie ihm Respekt bekundeten und einen wie ihn für moralisch befähigt hielten, den höchsten Repräsentanten der Bundesrepublik mitzubestimmen ...

Wie man sein Gewissen vorzeigt
Ein Fahnenflüchtiger am Kreuz und die Stärke eines Schwachen
Von Rainer Bruno Jogschies

Seit dem 24. März 1999 sind deutsche Soldaten, die einst nur Deutschland „verteidigen" sollten, wieder an Kriegseinsätzen im Ausland beteiligt.

Eine Koalition aus Sozialdemokraten und ehemaligen „Friedensbewegten" bei den *Grünen* hatten zunächst pauschal der Bombardierung des ehemaligen Jugoslawiens zugestimmt, auch ohne ein völkerrechtlich notwendiges UN-Mandat, vorgeblich um damit den „Kosovokrieg" zu beenden.

Später, seit dem 7. Oktober 2001, wurden deutsche Soldaten auch nach Afghanistan abkommandiert; ihr bis heute andauernder Kriegseinsatz war immerhin im Dezember 2001 vom Sicherheitsrat der Vereinten Nationen nachträglich mandatiert worden.

Am 1. Januar 2011 wurden letztmalig Wehrpflichtige zum „Dienst an der Waffe einberufen". Seit dem 1. März 2011 wird kein Bundesbürger gegen seinen Willen zum Kriegsdienst rekrutiert. Die Christdemokraten unter Angela Merkel gaben (in einer Koalition mit den „Liberalen" der FDP) ihre traditionelle preußische Position, so wie sie hier in dieser Reportage tragisch deutlich wurde, plötzlich sang- und klanglos auf. In Werbeanzeigen für den Militärjob ist nun von „Karriere", nicht von „Moral der Truppe" oder „Gewissen" die Rede.

Eine Entschuldigung bei den bis dahin kriminalisierten, körperlich und seelisch und gepeinigten „Wehrdienstverweigerern" blieb allerdings aus.

Saubermann vom Dienst

Draußen qualmt es. Drinnen sitzt Herr Schnitter. Der passt dort auf, dass es nicht schon drinnen zum Himmel stinkt. Erich Schnitter ist einer jener ungezählten „Beauftragten", die sich in einem Betrieb um die Einhaltung des *Bundesimmissionsschutzgesetzes* (BImSch) kümmern.

Beauftragt hat ihn 1975 sein Betrieb, die *Hamburger Phoenix Gummiwerke AG*: Ob er „so nebenbei" die „Aufgaben" als „BImSch-Beauftragter" übernehmen wolle, war er vom Vorstand gefragt worden. „Damals ahnte ich noch nicht, auf welches Abenteuer ich mich da einließ", sagt Erich Schnitter. Inzwischen sagt er das auch so nebenbei.

Sechsundzwanzig Jahre war er damals schon im Betrieb. Gerade erst ein Jahr zuvor war das „Bundesimmissionsschutzgesetz" in Kraft getreten. „Ich wusste nichts über die Aufgaben und Vielfalt der Probleme, die damit verbunden waren."

Der „Immissionsschutzbeauftragte" soll auf „umweltfreundliche Produktion hinwirken"; dazu soll er die „Einhaltung der gesetzlichen Vorschriften im Betrieb überwachen" und die Arbeitnehmerschaft entsprechend „aufklären". Wenn man diesen „Gesetzestext wörtlich nehmen würde" – darüber sei er sich voll im Klaren, sagt der 53-jährige Maschinenbauingenieur Schnitter – dann hätten ja „nur Supermänner" eine Chance.

Also so einer wie *Superman*: Der war im Comic-Alltag auch bloß der kleine Angestellte Clark Kent, jener allerdings gut aussehende Reporter, dafür mit vorgeblicher Sehschwäche.

Aber welcher Supermann arbeitet schon lieber in einer zum Himmel stinkenden Gummifabrik als in einer Redaktion? Einer alten Anlage zudem, die früher mal mit Turnschuhen und später mit Autoreifen zumindest deutschlandweit bekannt wurde. Zu einer Zeit immerhin, als es noch Schuhe aus Leder gab und Autos, die besser nicht auf über achtzig Stundenkilometer beschleunigt werden sollten!

Mit seiner Stirnglatze, den grauen Schläfen, dem Bäuchlein und mehr noch mit seinem väterlichen Tonfall verwirklicht der freundliche Herr Schnitter nicht gerade das weltbekannte *Superman*-Geschäft, täglich die Welt zu retten.

Aber er „setzt" das kaum bekannte Gesetz auf seine Weise um: Mit „Umsicht und Sachverstand, aber auch mit dem notwendigen Maß für das betrieblich Machbare", sagt er. Auf so etwas würde *Superman* wohl nicht kommen.

Auf andere „Maßnahmen" noch weniger. Da lässt Erich Schnitter beispielsweise instruktive Tafeln „an die Meisterbuden oder neben die Waschbecken hängen", eben dort, „wo man sich halt so trifft". Auf Deutsch, Englisch, Türkisch und Portugiesisch steht dort zu lesen, was man „nicht" tun sollte und was zu tun ist, wenn es trotzdem getan wurde. Na, und sonstig Wissenswertes.

Mit zwanzig Nationalitäten hat es Herr Schnitter in „seinem" Betrieb zu tun. Aber auch manche Menschen, die gut deutsch sprechen, wollen ihn einfach nicht verstehen.

Da hat beispielsweise ein junger Betriebsleiter neulich noch den Herrn Schnitter forsch gefragt: „Ist das ihr Bier?"

Dem nüchternen Schnitter waren nämlich „Verunreinigungen" aufgefallen auf dem „Vorfluter" der *Phoenix*, einem stillen Bächlein, das ansonsten für die da draußen „Seeve" heißt. Bei seiner Inspektion des Werkgeländes hatte Herr Schnitter in der Nähe einer Fanggrube für Lecköle zudem einen Schlauch entdeckt – gerade lang genug, um damit entweder ein städtisches Siel zu erreichen oder den „Kühlwasserauslauftrichter" des Walzwerkes. Da plätscherte dann wohl das alte Öl in den dafür nicht vorgesehenen „Auslauf", die seichte Seeve.

Wäre es ins „städtische Siel" geleitet worden – es wäre nicht weiter aufgefallen! „Schriftlich und förmlich" klärte Herr Schnitter nun den jungen Walzwerksleiter über „die Pflichten eines BImSch-Beauftragten" auf, „mit Durchschlägen" für den „Vorstand der *Phoenix*-Aktiengesellschaft" und die Vorgesetzten jenes ertappten Mannes, dem nur wichtig ist, wem das Bier gehört. Sogar auf einer Betriebsleiterversammlung brachte Herr Schnitter den Fall auf die „Tagesordnung".

Aber ob ihm dort jemand ohne Bier so richtig zugehört hat? Reden kann so ein Immissionsschutzbeauftragter „ja viel"!

Das weiß der Herr Schnitter zur Genüge: Er habe jedenfalls „das Recht auf seiner Seite".

Aber die Paragraphen klängen nur zu vollmundig. „Weisungsbefugnisse" habe er keine.

Er solle zwar „nach innen wirken", so wolle es das Gesetz – aber dies nicht etwa als „Betriebsbeschäftigter der Staatsanwaltschaft". Wird im Werk gegen das Gesetz verstoßen, beispielsweise Lecköl ins städtische Wasser geleitet, muss er das noch lange nicht den Behörden anzeigen, die dann für eine Ahndung zuständig wären – wenn sie es nur wüssten.

So nett kann Strafverfolgung in Deutschland sein. Beide Augen werden zugedrückt, wenn es lediglich um Aller Umwelt geht.

Als einsamer „Kassandra-Rufer", gewissermaßen nach BImSch-Norm, fühlt sich Erich Schnitter dennoch nicht. Wenn er schon kein *Superman* auf Racheflug gegen die Bösen im Land der Saubermänner und reinen Westen sein kann und will, so hat er sich „als Durchschnittsmensch", wie er von sich sagt, doch wenigstens „all die Macht verschafft", die ein Angestelltenleben so zu bieten hat.

Denn Herr Schnitter ist nicht nur der kompetenzlose „Beauftragte", wie ihn das *Bundesimmissionsschutzgesetz* als Feigenblatt für die hemmungslos fortgesetzte tägliche Chemievergiftung des Landes scheinbar treu sorgend vorsieht. Er überwacht auch noch den „Arbeitsschutz" – und zwar als „Fachkraft für Arbeitssicherheit". Ein anderes Gesetz schreibt dies großen Betrieben, ebenso zahnlos, vor.

Er ist zudem – wieder ein anderes Gesetz, aber noch dieselbe Person – der gesetzlich vorgesehene „Beauftragte für Abfallbeseitigung", obendrein noch „der Abwässerbeauftragte".

Nicht genug dieser „Aufträge", ist Herr Schnitter überdies der „Leiter des Werkschutzes". Außerdem hat er sich zum "Betriebsrat" wählen lassen. Und er ist in dieser Rolle sogar in den Aufsichtsrat seiner Firma abgeordnet worden.

Somit finde sich dann „immer irgendwie eine Möglichkeit", in der „einen oder anderen dieser vielen Rollen wirksamer" aufzutreten. Noch wirksamer, als es sich der Gesetzgeber und andere Träge der öffentlichen Verantwortung gedacht haben und denken – ein seltener Fall in bundesdeutschen Betrieben. „Ich will was bewegen", sagt Herr Schnitter und meint das ganz redlich, wie alles, was er sagt.

Vor zwölf Jahren, so erinnert er sich, hat er mal eine Legislaturperiode lang für die CDU in der *Bezirksversammlung* Hamburg-Harburg „die Parlamentsbank gedrückt".

Doch „immer nur über neue Zebrastreifen entscheiden", während die Hamburger Stadtregierung „alle wichtigen Weichenstellungen an sich riss", wollte er nicht: „Die Zeit tut mir leid."
Seit zehn Jahren sitzt er – man muss sich ja auch um die Kollegen kümmern – im Hauptvorstand der *Industriegewerkschaft Chemie*. In der „Berufsgruppe der Techniker und Ingenieure" wurde er schließlich sogar deren „Bundesvorsitzender".

Sein Werk ist „sauber", schwärmt BImSch Schnitter. Das war nicht so einfach. Denn nicht nur die Handlungsbefugnisse waren klein, sondern der Handlungsrahmen machte klein. „Schwierige Zeiten" lägen hinter der *Phoenix AG*, seufzt der Betriebsrat Schnitter. Die Hälfte der Belegschaft musste in den letzten zehn Jahren „abgebaut" werden.
Nicht wegen der in Deutschland angeblich so „strengen Umweltschutzauflagen", wie Unternehmensverbände bei solchen und allen anderen Gelegenheiten immer wieder gleich voreilig behaupten. Nein, vielmehr weil das Unternehmen „zu 55 Prozent von der Autoreifenproduktion abhängig" war, weiß der Hauptvorständler Schnitter.
Vergangenes Jahr wurde „der letzte Reifen gefertigt", sagt der Aufsichtsrat Schnitter. Aber noch sind die 5.300 Beschäftigten – bei aller Sauberkeit im Laden – voll vom umweltzerstörenden Auto abhängig: Sie produzieren mit der Hälfte der „Personal-Kapazität" nun Spezialkunststoffverkleidungen. Der BImSch-Beauftragte Schnitter hat Nutzen aus den Produktionsumstellungen gezogen, denen der Betriebs- und Aufsichtsrat Schnitter nur gelähmt folgen konnte. Alles ist noch sauberer geworden als vorher.

Sogar der größte Brand der Nachkriegsgeschichte in Hamburg war im Jahr nach der Bestellung des BImSch-Beauftragten Schnitter, 1976, für den Umweltschutz „geradezu ein Glücksfall": Das zentrale Mischwalzwerk wurde „beim Wiederaufbau endlich mit einer modernen Filteranlage versehen".
Pech hatte Herr Schnitter allerdings, als er einen anderen „alten Emittenten" im Betrieb loswerden wollte: Er verhandelte mit den stadteigenen, allerdings faktisch vom SPD-Genossenfilz kontrollierten *Hamburgischen Electricitäts-Werken* (HEW) über eine verbilligte Stromgroßabnahme.

Doch nach zwei Jahren „erfolgloser Überzeugungsarbeit" musste die *Phoenix AG* aus Kostengründen wieder einen Dampfkessel zur eigenen Stromerzeugung aufstellen. Solche Rückschläge stimmen den Durchschnittssupermann Schnitter traurig.

Wütend wird er selten, dann aber heftig. Beispielsweise als er im Spätsommer 1983 neben einem Umweltschützer auf einer geschlossenen „Sondermülldeponie" im niedersächsischen Münchehagen, nahe Hannover, steht.
Nach einer wochenlangen polizeilichen Fahndung waren dort jene rätselhaft „verschwundenen Giftfässer" vermutet worden, in denen Überreste aus dem italienischen Seveso eingedost worden waren. Nun dümpelten sie hier irgendwo im Schutt, in einem giftigen Gebräu aus Dioxinen, Furanen und anderem.
Ein ehrenamtlicher Umweltschützer aus dem Landkreis und dessen Rechtsbeistand Reiner Geulen aus dem fernen Berlin, Kompagnon des bekannten Strafverteidigers Otto Schily, reden am Rand der Grube von der „kriminellen Energie der Ablagerer". Sie sind auf einer gemeinsamen „Exkursion", die während einer Tagung der *Evangelischen Akademie Loccum* die Zeit zwischen den Mahlzeiten verkürzt. Denn Umweltfreunde und „Abfallentsorger", die sich da zum Gespräch „auf neutralem Boden" treffen, umstreichen sich als seien sie feindliche Generäle: Man kennt sich nicht, man mag sich nicht – und ahnt bei allen Vorurteilen gegeneinander auch nicht, was da noch so alles in dem ruhigen Dorf begraben liegen könnte.
Schnitter wütete. Denn „die Anklage" auf jener Deponie war Herrn Schnitter beispielsweise „zu pauschal", sagt er danach, schon fast wieder beruhigt, beim Kaffeetrinken. So „kann man das nicht sagen" – jedenfalls nicht einem, der sich so bemüht wie er. Er jedenfalls habe als BImSch-Beauftragter „Recycling" in „seiner" Fabrik eingeführt. Kupfer-, eisen- und zinkhaltige Metallhydroxid-Schlämme werde man allerdings eben „nur auf solchen Sonderdeponien los".
Müll erfordert einen besonderen Realismus. Und was kann realistischer sein als eine Chemiefabrik mitten in dieser modernen Welt? Seveso ist ja nicht überall; da sei „falsch reagiert" worden. Und was da auf der Deponie in Münchehagen möglicherweise geschehen sei, könne doch nicht verallgemeinert werden!

Ein bisschen Ausnahmen gibt es immer. Sonst bräuchte es wohl keine Regeln. Oder war das umgekehrt? Sonst bräuchte es jedenfalls keine BImSch-Beauftragten. Aber wozu braucht es denn unbeauftragte „Umweltschützer"?

Die *Phoenix AG* stellt alltäglich „Integralschaumteile für Autos", Fördergurte, Schläuche, Bodenbeläge, Sport- und Freizeitschuhe und vieles andere her. Dagegen kann ja wohl niemand etwas einwenden.

Allerdings ist der blaue Planet ja nicht nur für Automobilisten, Jogger, Gärtner und andere da. Schon gar nicht in Harburg.

Es gibt noch Krieg, wenn auch schon einige Zeit nicht mehr in Deutschland selbst. Anderswo, wo sie nicht so friedliebend sind wie die Deutschen, schon immer. 1979 waren seine Schatten jäh zu sehen – und sie fielen dunkel wie gewohnt als übergroße Rauchsäulen über Harburg. Damals fragte ein „Untersuchungsausschuss" der *Hamburgischen Bürgerschaft*, wo in der Hansestadt noch Kriegs- und Gift-Material liegen könnte: Auf dem Hof einer verlassenen, kleinen Klitsche hatten nämlich zuvor Kinder mit herumliegender Kriegsmunition gespielt, darunter auch rostende Giftgasgranaten. Als dieser Abenteuerspielplatz dann endlich den Behörden ins Auge fiel – oder besser gesagt, ihnen fast um die Ohren geflogen wäre – fanden Polizisten beim Absperren des brachen Geländes eine Unzahl still rostender Giftfässer und verseuchte Pfützen mit einem Cocktail unbeschreiblicher, gefährlicher „Substanzen". Dieser „Stolzenberg-Fall", an dem – wie sich nach langen aufwendigen „Recherchen" der Beamten und der Parlamentarier herausstellte – eigentlich niemand so recht Schuld hatte, weitete sich unversehens aus.

Denn offenbar nahm die Chemiebranche, als deren ehrenwerter Vertreter Stolzenberg bis dahin gegolten hatte, den Umgang weder mit Grundstoffen noch fertigen Giften so recht ernst. Wozu denn beispielsweise die *Phoenix-AG* den seit dem Ersten Weltkrieg in internationalen Konventionen „geächteten Gaskampfstoff" Lost und das ebenfalls verbotene Nervengift Tabun benötige, fragten sich verdutzte Parlamentarier, als sie darüber eine Mitteilung erhielten.

Behörden und Firmenleitung wiegelten ab. Es sei doch kein Grund zur Besorgnis, wenn da nur auf den ersten Eindruck seit Jahrzehnten gegen internationales Recht verstoßen werde.

Die *Bundeswehr* bestelle eben keine Turnschuhe, sondern auch mal Gasmasken und ähnliche Schutzkleidung, die dann „auf Dichtigkeit erprobt" werden müssten, bekamen die Abgeordneten zu hören. Damit waren die Hamburger Parlamentarier zufrieden. Es ist ja sowieso allgemein bekannt, dass die Dichtigkeit von Tauchermasken nur in dem Meer zu prüfen geht, in dem man niemals zu ertrinken wünscht.

Dass solch vorsorglicher „Schutz" der Soldaten durch Gasmasken freilich der Bevölkerung in Harburg und auch weiten Teilen Hamburgs nichts nützen würde, wenn die Fabrik im Frieden mal wieder in Flammen stünde und das Giftgas durch Explosion oder Ähnliches frei würde, störte schon nicht mehr. Dazu sitzt man nicht auf den harten Bänken eines „Feierabendparlamentes" wie der *Hamburgischen Bürgerschaft*! Nur im Labor würden die international verbotenen Substanzen verwendet, versichert der BImSch-Beauftragte Schnitter auf Nachfrage. Aber Anderes oder „Genaueres" könne er „nicht sagen". Denn er habe sich ja „nur um die Produktion, nicht aber um die Forschung zu kümmern".

Da ist nach dem Gesetz niemand zuständig. Es ist eben nicht vorgesehen, dass jemand Giftgas „immittiert".

Genau gegenüber der Gummifabrik mit den Giftgasreserven haben Hauseigentümer und kleine Gewerbetreibende in ihrem Wohngebiet den Verein „Lebendiges Phoenix-Viertel" ins Leben gerufen. Für die ist der Herr Schnitter immer ansprechbar. Denn die hätten „das gleiche Anliegen" wie er, sagt Herr Schnitter. „Es ist unsere Welt, in der wir leben und die wir gestalten wollen! Lassen sie uns auch in Zukunft unseren Beitrag leisten, damit die Welt nicht nur für uns, sondern auch für unsere Kinder lebenswert bleibt", fasst Herr Schnitter seine Ziele auf der *Loccumer Tagung* zum „Umweltrecht in der Bundesrepublik" vor seinen Fachkollegen und den streitlustigen Umweltschützern zusammen. Herr Schnitter hat drei Kinder, die allesamt „ihre Reifeprüfungen ausgezeichnet bestanden". Der stolze Vater hatte, beruflich bedingt, allerdings nie die Zeit, zu deren Abiturfeiern zu kommen. Bei all dem Engagement für die Umwelt ärgert sich Erich Schnitter bisweilen, dass seine Familie „nichts" von ihm habe: „Das war schmerzlich, nicht einmal zum Abtanzball der Kinder zu gehen!"

Anmerkungen

Das Portrait des angestellten Umweltschützers geht im Wesentlichen zurück auf das Feature „Saubermann vom Dienst. 'Ich will was bewegen.' – Wie Erich Schnitter in seinem Betrieb für Umweltschutz sorgt" im *Deutschen Allgemeinen Sonntagsblatt* (Nr. 42 vom 16. Oktober 1983, Rubrik: DS-Aktuell, Seite 5).

Die *Phoenix*-Fabrik ist noch weiter geschrumpft, ein Großteil der giftigen Produktion wurde aufgegeben oder ausgelagert. So ist die Umwelt besser geschützt denn je.

Weite Teile des Werkgeländes wurden 2003 zudem abgerissen; in anderen, zumal denkmalgeschützten Fabrikhallen befindet sich inzwischen eine private Ausstellung zeitgenössischer Kunst, die *Falkenberg-Sammlung*, benannt nach einem rasch mit einem Patent reich gewordenen, kunstsinnigen Advokaten.

In 2004 wurden sodann die letzten Fabrikreste an den Gummikonzern *Continental* verkauft, so, wie seit Jahrzehnten von den Mitarbeitern und Lokalpolitikern befürchtet.

Das Phoenix-Viertel beherbergt immer noch eine große portugiesische Gemeinde. Es sind sozial gestrandete Familien jener „Gastarbeiter", die in den Sechzigerjahren von den großen Gummifabriken wie die *New-York Hamburger Gummi-Waaren Compagnie* oder *Balatros* in Harburg zu Tausenden angeworben wurden.

Als am 10. September 2004 daran erinnert wurde, dass vor vierzig Jahren der „millionste Gastarbeiter" in Deutschland ankam, bildete der *Deutschlandfunk* auf seiner Homepage eine Gruppe Männer ab, die mit ein paar Habseligkeiten den Harburger Bahnhof verlassen. Traurig und doch erwartungsfroh sehen sie auf die riesige *Phoenix*-Fabrik direkt gegenüber.

In jenem erinnerungsträchtigen Herbst 2004 wurde an eben dieser Stelle eine Shopping-Mall eröffnet, das *Phoenix-Center*.

Dorthin zogen viele Geschäfte aus der ehemals sanierten Harburger Innenstadt. Sie ist inzwischen völlig verödet, verdreckt und teils verwaist. Die fremden Arbeiter sind vergessen.

Menschen am äußersten Rand des Zwanzigsten Jahrhunderts

Manchmal ändert sich die Welt so schnell. Man kann es gar nicht sehen. Eben war sie noch so wie gewohnt, schon ist alles anders. Weg ist, was man sah. Da ist, was man vorher nicht sah. Wer kann das schon vorhersehen!
Nachsehen hilft dann nicht mehr, besonders wenn man ohnehin das Nachsehen hat. Da nützen keine alten Fotos, die man auf den Schoß legt. Sie sind nicht mehr zu deuten, weil sie immer den falschen Zeitpunkt zeigen. Einen, an dem es schon zu spät oder noch zu früh ist. Einen, an dem der Blick verstellt oder zurück nicht mehr möglich war. Zudem weiß man schon nicht mehr so genau, was denn da auf den Fotos zu sehen ist, weil die Gefühle Streiche spielen. War es wirklich so schön, was man mit dem Innersten sah? Oder übersah? Was steckte noch gleich hinter dem, was nun auf Papier belichtet oder an die Wand projiziert wurde? Das Herz müsste mitbelichtet werden!

Ach, gäbe es doch nur Polaroids für die Seele! Es wäre das zu sehen, was im Augenblick des Geschehens schon vorbei war – und doch wäre es wohl erinnerlich, obwohl es fast so schnell vorüber ging als wäre es nie geschehen.
Eigentlich lohnte es sich wahrscheinlich am ehesten, nur das Ungeschehene ausgiebig im Innern zu betrachten, so zu beäugen, als wäre man selber mal schnell daran vorbeigeeilt: ohne es bei Zeiten genügend zu beachten. Sonst verfällt man rasch in Kummer über Geschehenes oder Vertanes.
Schlimmer noch ist es, wenn man nach eigener Meinung richtig tat, was man tun wollte, musste oder konnte. Wenn dennoch alles weg ist, ganz so wie beim Vertanen – und nicht einmal Seelenpolaroids blieben. Wenn es sie denn gäbe!
Oder gibt es sie? Menschen sind ja vielleicht solche Abbilder? Sie zeigen, was keine Kamera je erfassen kann. Sie sind, was sie waren und sein werden – in jener Sekunde, in der sie im Bild sind, in der Sekunde, in der andere sehen, dass etwas von ihnen bleiben wird, wenn längst alles andere vergessen ist. Diese wenigen Minuten wirken nur durch sie.

Man kann sie sehen und – wenn man Glück hat – durch sie hindurch auf das, was sonst nicht zu sehen wäre. Oft erst dann, wenn sie sterben. Dann ist es zu spät.

Man müsste Menschenlesen können. Einige Menschen begreifen das nicht; sie kämen nie im Leben darauf, sich für möglicherweise un- oder unterbelichtetes Fotopapier zu halten. Sie sind nicht dumm, aber sie glauben wohl, nur die Dinge sterben. Sonst würden sie ihren Tod bereits im Sterben der Dinge um sie herum sehen: Wie sie verschwinden ohne die geringste Erinnerung – und ohne das Licht des Morgens, die Sonne des Frühlings, den Schatten der Bäume im Sommer, die leuchtenden Blätter im Herbst und das Glitzern des Schnees.

Manche haben es nie gesehen. Und sie werden es nie sehen: Weil dann alles schon verschwunden ist, was sie nicht gesehen haben.

So war das mit einem ganzen Dorf, einem der wenigen Dörfer am Rande der *Hansestadt Hamburg*, einem der letzten im ohnehin rändischen Stadtteil Harburg: Altenwerder. Es verschwand, ehe es die Welt so recht gesehen hatte.

Es lag nahe Finkenwerder, Francop und Moorburg. Pralles Obst, saftige Wiesen und üppige Gärten umsäumten die kleinen Häuser, Bäche schlängelten zwischen den Feldern, hin zum Strom. An dessen Ufer landeten morgens die Fischer von ihrem Elbfang an.

An einem solchen Ort kennen sich alle. Außerhalb kennt sie kaum einer. Nicht, wer sie sind, und nicht, was sie waren.

Wer kannte ihn? Den Heimatdichter, nur mal so beispielsweise. Ich erzähle ihm von meiner Polaroid-Idee. Er seufzt, so als schnäuze er sich. „Man wird hier systematisch mürbe gemacht." Auch keine Antwort ist eine gute Antwort.

Eigentlich hat Wilhelm Mohr Drucker gelernt. Seit seiner Pensionierung 1976 ist der inzwischen 68-Jährige damit beschäftigt, nun seinen Berufskollegen Arbeit zu geben: Er verfasst Heimatgedichte. Seine Bücher, gesalzen mit Umweltschutzgedanken, gibt er im Eigenverlag heraus. Ihn erreichen Bestellungen sogar aus Amerika, Kanada und Holland von dortigen plattdeutschen Vereinen.

So sind sie in der Ferne, sehnsüchtig. So ist auch er, zuhause.

Als Vorsitzender des *Heimatvereins Francop* geht es ihm allerdings wie in seinen Gedichten um mehr als nur das Althergebrachte, die verschwundene Tradition und die peinliche Nostalgie. „Was der Senat hier diktatorisch anordnen möchte, ist kleinlich gedacht. Häfen gehören an die See, nicht mitten ins Land, hundert Kilometer von einer Flussmündung. Bei europäischem Denken ist die geplante Hafenerweiterung hier längst überholt. Es gibt doch schon große Häfen: in Belgien, in Holland, in Bremerhaven …"

Wilhelm Mohr leidet unter der Zerstörung der Welt vor seiner Haustür. Ihre Zerstörer nennen sie allerdings bloß noch „Umwelt". Es gibt für jene keine Welt – allenfalls lästige „Umwelt".

Denn Zerstörer sind immer der Mittelpunkt. Alles andere ist nur „um" sie. Alles um sie herum ist also allenfalls noch Beiwerk, das auch mal „weg kann", wenn es „weg muss".

Da stört sie mal vielleicht ein seltenes, ufernahes Becken, in dem sich Süß- und Salzwasser mischen; beispielsweise, weil ein weiteres Flugzeugwerk darauf gebaut werden könnte, das seit der Nazizeit sowieso immer schon und wieder „zu klein" gewesen ist. Da stören plötzlich mal weidende Kühe, wo zehntausende Autos täglich auf breiten Bahnen auf einer riesigen Betonbrücke über dem moorigen Land dahinbrausen könnten – dort sollen statt knorriger Weiden bald wuchtige Stahlstelzen für Transportrohre auf den Wiesen stehen.

Überhaupt stört sie solche Heimat. Schon über das Wort „Heimat" müssen sie lachen. Die steht doch stets im Weg, wo alles nur noch „durchgeleitet" werden soll! Wo das Wegkommen das Wichtigste ist.

Nur nicht stehen bleiben! Das Wegkommen ist der Fortschritt. Das Ankommen ist längst aus den Augen verloren.

Wilhelm Mohr versteht genau das nicht: „Das Mühlenberger Loch in der Elbe wollen sie uns zuschütten, das letzte Süßwasser-Rückzugsgebiet für seltene Vögel und Fische. Die Moorautobahn A 26 soll sich hinter dem Haus durch die Landschaft fressen. Und bis 1983 soll eine riesige Pipeline entlang der Elbe als neuer Transportweg fertiggestellt sein. Jetzt sollen die Elbdörfer auch noch mit Kanalisation beglückt werden! Obwohl unsere Entwässerungsgräben sauber genug sind! Pro Haushalt wird das voraussichtlich 35.000 DM kosten. Damit wollen sie uns systematisch kaputt machen."

Wilhelm Mohr erfährt durch seine intensive schriftstellerische Beschäftigung mit der Vergangenheit der Elbdörfer die Änderungen besonders leidvoll. „Die Luft ist durch *Reynolds* und die *Hamburger Stahlwerke* übel geworden. Das Klima hat sich durch die Abdämmung der Alten Süderelbe nachhaltig verändert. Das kann so nicht weitergehen."

So wie viele seiner Nachbarn freut er sich in diesen Tagen an jedem noch so kleinen Erfolg der Fischer von nebenan, die mit Demonstrationen auf der Elbe und im Hamburger Hafen auf das Flusssterben und den brutalen Betonierungswahnsinn aufmerksam machen. Ihre Fische dürfen sie nicht mehr vermarkten, weil die zu vergiftet sind. Mohr runzelt die Stirn. „Die Wohnqualität ist in Altenwerder und in Moorburg zwar äußerlich recht schlecht geworden, aber ich möchte hier nicht fort. Ohne Pathos: Ich will hier sterben."

Außerhalb, da draußen in der so fortgeschrittenen Welt, wo der Weg das Ziel ist, es also kein Ziel mehr gibt, sondern nur noch Wege, da kennt keiner mehr solche Menschen. Sie scheinen fort, ohne dass noch ein Schritt von ihnen zu sehen wäre. Wer kennt den Zimmermann beispielsweise noch?

Harald Olsen, 50, trägt am liebsten seine Handwerkerkluft, auch abends, auch sonnabends. Er ist eben stolz auf seinen Beruf. Der knorrige, kleine Mann ist früh gealtert. Warum, erzählt sein Gesicht. Es ist traurig und trotzig; es ist schon älter als sein Körper. Noch fühlt er sich jung. „Den Sturm vom Senat werd' ich schon überstehen", sagt er laut zu sich selbst. Er glaubt sich. Aber wer glaubt es ihm schon, der nichts und niemandem mehr glaubt?

Er hat „auf dem Bau" gelernt, alles, auch „nicht mit seiner Meinung zurückzuhalten": „Den Herren Senatoren werden wir schon die Wacht am Rhein blasen!" Das sagt er so, als müsse man das auch an der Elbe gleich verstehen – und auch so, als würde es wahr. Als könne es gar nicht anders kommen. Es ist ja kein majestätisches „Wir" in dem saloppen Satz – aber solch eines, das die Hoffnung nährt, der kleine Mann, der Olsen wörtlich ist, werde sich mit den Seinen irgendwann noch durchsetzen können.

Wer durch Moorburg fährt, findet Olsens klein Häuschen sofort. Nicht etwa, weil daran Zimmermannsarbeiten in auffälliger Güte zu besichtigen wären. Nein, Harald Olsen hat in letzter Zeit lieber überall Bretter mit bunten Parolen angenagelt. So wurde es eine Villa Kunterbunt seines Widerstands. Sein Handwerk ruht indes, weil ihm „die Politik" an die Substanz und an die Seele geht. Harald Olsen will „sein" Moorburg nicht verlassen. Deshalb bäumt sich der gebeugte Mann auf: „Ich hab mein Häuschen schuldenfrei! Miete will ich bei den heutigen Preisen nicht zahlen müssen."

Frau Olsen sucht die vier Kinder, weil der Fotograf Sebastian Kusenberg die wackere Familie in Ruhe und in ihrer Umgebung ablichten will – kein Polaroid, sondern ein sorgsam aufgenommenes Bild für eine Schwarz-Weiß-Reportage. Es finden sich mit Mühe drei der Racker. Aber das Dorf ist klein, und so laufen nach und nach statt des Vermissten einige Jungen und Mädchen aus der Nachbarschaft hinter Frau Olsen zusammen. Der Fotograf überlegt achselzuckend, ob er das Weitwinkelobjektiv einschrauben solle.

Harald Olsen hat noch eine Idee: „Wollen sie nicht auch mit aufs Bild?", ruft er einer vorbeikommenden Nachbarin munter hinterher. „Nein, nein, ich war doch grad im Fernsehen", ruft sie panisch zurück und ist im Nu verschwunden. Keine Spur mehr von ihr. Der Körper entweicht geisterhaft auf einem klapprigen Rad.

Die Moorburger haben „schon was auszuhalten", stöhnen sie. Die „Medienfritzen", wie sie sagen, gäben sich ihre Türklinke „doch gegenseitig in die Hand". Nicht, weil sie so interessante Menschen wären. Sondern weil es gegen „die da oben" ginge. Doch „die da oben" schweigen. Jedenfalls hört man unten nicht viel. Immer nur, wenn es „zu spät" ist. „Ist doch allens Blödsinn, wat die da plan'. Die Hafenerweiterung ist doch kein Fortschritt. Für mich ist das ein kolossaler Niedergang!" Es ist so „kolossal", dass es Harald Olsen ziemlich „persönlich" nimmt. Er engagiert sich. So gut er kann. Aber er merkt dabei, dass „Faulheit das Grundübel der Politik" ist. „Die ham im Harburger Bezirksparlament kaum die Hand hochgekriegt, als sie über unser Schicksal abgestimmt haben", schnarrt er. Das faltige Gesicht wellt sich noch mehr. Gerne spielt er eine Tonbandkassette von diesen „historischen zehn Sekunden" vor. Man braucht es nicht zu sehen, es bedarf keiner historischen Momentaufnahme, keines gestellten Fotos.

Man hört es: Ein Bezirksversammlungsvorsitzender nuschelt die Schularbeiten herunter. Man möge „abstimmen gemäß Antrag" Pipapo zur „Hafenerweiterung" erst in Altenwerder, dann in Moorburg. Die Abgeordneten absolvieren die Pflicht mit einigem Rascheln, wie es in einer Klasse kurz vor der Pausenklingel entsteht. Als würden sie ihre Heftlein einpacken. Sonst kein Ton.

Das sei damals auch im „Freien Radio" zu hören gewesen, dem Sender, „dessenwegen doch die Peilwagen der Post durch Harburg fuhren"; keiner wisse, wer das aufgenommen habe, wo doch jede Tonaufnahme verboten gewesen sei. Im „richtigen Radio" wurde hingegen „all das Gesabbel" vorab gesendet, die vorgeblich großen Pläne vom großen Hafen, aber nicht die Sekunden, als es ernst wurde. Da war Stille. Ganz kurz nur ...

Einige Sekunden, dann war das Dorf planerisch weg. „So schnell lassen wir uns in Moorburg nicht vertreiben", sagt Olsen. Er steht breitbeinig. Seine Frau wuselt im Garten. „Wir haben hier die Flut ausgehalten. Den Sturm vom Senat werd' ich auch noch überstehen."

Und auch andere kennt man außerhalb wenig. Den Pastor beispielsweise: Gerade erst vier Jahre hat Moorburg den Seelsorger. Da soll seine Kirche aus dem Dorf verschwinden! Edlef Paulsen, 44, hatte sich mit seinen vier Kindern auf ein neues Zuhause gefreut. „Ich komme selbst vom Lande. Vielleicht habe ich deshalb hier so schnell eine Heimat gefunden. Die Moorburger sind ein besonderer Schlag Menschen. Ich habe noch nie so eine Dorfgemeinschaft erlebt. Wir sind hier mit offenen Armen aufgenommen worden."

Pastor Paulsen predigt gerne. Es ist nicht wörtlich das, was in der Bibel steht. Und wenn schon.

Auf dem Land geht es auch anders. Da versteht man ihn auch so. Wo viele Hirten sind, da muss ein Hirte nicht mit dem Stammbuch wedeln. Er predigt einen „neuen Lebensstil", wie er meint.

Die Moorburger griffen „seine Ideen und Initiativen" jedenfalls gerne auf. Für ausländische Kinder, die hier am Rande der Stadt stranden, weil die reichen Hamburger sie woanders nicht haben wollen, wurde beispielsweise ein Schularbeitenzirkel organisiert. „Ehrenamtlich", sagt er, „versteht sich."

Denn das „gemeinnützige" Wohnungsbauunternehmen, das im Auftrag der Stadt hier nach und nach die Häuser aufkauft und mit „Asylanten und Sozialfällen vollstopft", hat „für sowas kein Geld". Und „die Parteifritzen", die sich „ein warmes Auskommen" an der Spitze dieses Unternehmens „zugeschanzt" haben, „denken gar nicht daran", staatliche Hilfe auf den parlamentarischen Weg zu bringen.

„Die" sollen ja später sowieso alle wieder weg. Dann, wenn sie unfreiwillig geholfen haben, „die Moorburger zu vergraulen". Ihr Dorf soll nach dem Willen der „Stadtväter" nicht ihr Dorf bleiben. Erst werden die Häuser gekauft. Dann werden die Verbliebenen auf der Straße nicht mehr mit ihren Nachbarn reden können. Sie kennen die Sprachen nicht, die plötzlich hier gesprochen werden. Sie kennen die Themen nicht, die „die" bereden. Die arbeiten woanders, wenn sie überhaupt Arbeit finden oder „arbeiten dürfen", was „Asylbewerbern" beispielsweise „untersagt" ist.

Pastor Paulsen ist nicht grimmig darüber, wie es kommt. Es sei eine Herausforderung. „Wir haben hier ja auch kein Altenheim oder ein Jugendhaus. Aber ich züchte Ponys, aus Hobby, hinterm Gemeindehaus. Damit können die Kinder noch spielen." Er strahlt. „Das klingt jetzt vielleicht nach romantischer Verklärung. Aber als Christen dürfen wir die Schöpfung nicht zerstören. Hier habe ich einen aktuellen Auftrag. Denn die gewachsene Dorfgemeinschaft ist in unserer Zeit ein hohes Gut."

Paulsen sagt das so rundheraus. Und er meint es auch so. Nicht wie die anderen weltlichen Schöpfungsbewahrer, die seit langem wieder von „hohen Gütern" reden, von „Wertewandel" und „neuem Konservatismus", der sich „mit der Ökologie versöhne", vom „Gewachsenen", von „der Heimat" und der „Gemeinschaft" – und die täglich alles tun, um genau das zu verscherbeln. Jene handeln bloß mit diesen Gefühlen. Die sind Geld wert, selbst und gerade dann, wenn man sie verkauft.

Edlef Paulsen erfährt das jeden Tag. Allerdings nicht, wenn er in die Zeitung sieht und liest, was die Parteien in der *Harburger Bezirksversammlung* gerade wieder „ausgeheckt" haben.

Er hat sich „um anderes zu kümmern": um die Menschen. Denn er muss auch jene betreuen, die bereits gegangen sind oder vertrieben wurden: die Altenwerderaner. Ihr Dorf ist bereits abgerissen. Ihre Obstbäume und Gemüsegärten sind mit giftigen

Sanden aus der Elbe zugeschüttet. Nur die Kirche Altenwerders steht noch: inmitten einer Wüste aus schwermetallhaltigem Schlick. Er „betreut" diese „Umgesiedelten", die noch den Friedhof aufsuchen oder in den Gottesdienst kommen, obwohl sie längst in der Plattenbau-Trabantenstadt Neuwiedenthal an Harburgs Rand wohnen.

Doch welchen Trost gibt es, wenn jemand seine Seele verloren fühlt? „Das Leid dieser Leute ist unvorstellbar. Wie gern würden manche zurück!" Seine Gemeinde in Moorburg gibt der Pfarrer schon deshalb „noch lange nicht" auf. Solange die Kirche im Dorf bleibt, will er „sich engagieren".

Die lokalen Politiker schelten so etwas als „Kirchturmpolitik". Gemeinhin würde doch wohl eine „Politik" so genannt, die kleinlich nur das eigene Wohl kennt, aber keine großen Zusammenhänge – von der Spitze aus – sieht.

„Als die Medien sich des Themas annahmen, haben sie erst ´ganz objektiv´ über die Notwendigkeit der Räumung berichtet. Vor Ort haben viele Journalisten dann bemerkt, dass die wahre Kirchturmpolitik im Hamburger Rathaus gemacht wird. Da ist nichts so objektiv, wie es uns als Notwendigkeit verkauft wird. Daher schreiben so viele nun scheinbar für uns – weil auch ein Teil ihres Lebens zerstört werden soll."

Heiliger Zorn flammt auf und verraucht gleich wieder. Paulsen ist kein Eiferer. Aber mal aufregen kann er sich schon.

Er will „das Thema nicht ruhen lassen". Deshalb spricht er überall, wo er hinkommt, an, „wo er herkommt" – und dass er da „eigentlich nicht weg" will. „Auf dem nächsten *Kirchentag*, in Hamburg, da wird sich eine Arbeitsgruppe mit dem Problem befassen."

Dafür wird Edlef Paulsen, der Dorfpastor, schon sorgen, nämlich ausgerechnet in der Arbeitsgruppe „Kirche in der Großstadt". Denn das Motto des *Kirchentages* von 1981 ist sein Lebensmotto: „Fürchtet Euch nicht!"

Und wer kennt außerhalb schon eine Dorflehrerin? Keine zwei Stunden Ruhe habe sie in letzter Zeit bekommen, sagt sie. Von Schlaf gar nicht zu reden. Thea Bock blinzelt über ihre schmalen Brillengläser. Es ist kein nervöses Augenflackern wie es sich manchmal bei Müdigkeit einstellt. Ihre Augen sind wach. Sie suchen nach Zustimmung.

In den vergangenen zwei Wochen – „nach dem einsamen Beschluss des Senats, ein Stück Hamburg in einem Hafenbecken
verschwinden zu lassen" – hat Thea Bock all ihre Kraft darauf
verwendet, dass ihr Zuhause „nicht von der Landkarte verschwindet". Die Frau ist immerhin Erdkundelehrerin in Moorburg. „Ich hol´ nur die Leute zusammen", sagt sie.
Tochter Andrea murrt von irgendwo hinten, wo es ständig klap-
pert. Denn so viele Teetassen abgewaschen wie derzeit hat sie
ihr kurzes Leben lang nicht. Sie lernt dabei. Millionärin wie all
die Tellerwäscher in den USA wird sie dadurch wohl nie. Es ist
nicht unbedingt Häuslichkeit, die der Teenager oft verkrampft
lächelnd erträgt. Sie erfährt von der Mutter eine Gastfreundschaft gegenüber Fremden, die nicht hohl ist: Wer kommt, wird
aufgenommen – mit offenen Armen und offenem Herzen, das
gleich auf der Zunge liegt. All die Sorgen und Ängste sprudeln
heraus. Zurück bleiben tief geränderte Teetassen, die Teenager
Andrea mürrisch schrubbt.
In Moorburg ist das nichts Neues. Es fiel nur früher weniger
auf.

Denn da war man unter sich. Und wenn einer zu Besuch
kam, dann musste man nicht fürchten, dass man sich erst
mit gegenseitigen Vorurteilen zu begegnen hätte. Sonst wird
Gastfreundschaft schnell zur Plage.
Aber nun ist es anders. „Als beispielsweise der WDR hier drehen
wollte, hatten die sich wohl mehr eine Unschuld vom Lande als
Gesprächspartnerin vorgestellt." Thea Bock, 42, zuckt mit den
Achseln. Die Frau Lehrerin ist immer zuerst gefragt worden,
wenn einer „von draußen" kam. Sie freut sich ja, wenn „jemand
sich für Moorburg interessiert". Aber es muss schon „Hand und
Fuß" haben.
Thea Bock kann Hand und Fuß wohl benutzen. Sie war früher
Turnerin und bescherte der Hansestadt bei großen Sportwett-
kämpfen ein paar Medaillen. Die Stadt hat es ihr vergolten mit
einer Sondererlaubnis, ohne den ordentlichen Studienweg
Lehrerin zu werden – für Sport und Erdkunde. Das kann sie: auf
dem Boden bleiben.
Sie argwöhnt gleich, wenn ihr etwas abgehoben vorkommt.
In den vergangenen Jahren habe sie ihre „Illusionen über den
Aufbau unserer Demokratie verloren."

Andere im Dorf hatten so etwas gar nicht erst: „Illusionen". Ihnen war gleich klar, dass „die da oben machen, was sie wollen". Jeder hat so seine Weisheiten und Lebenserfahrungen.

Thea Bock trennt sich nicht gerne von ihren Hoffnungen. Aber von „den Politikern" erwarte sie „keine Sachauseinandersetzung" mehr: „Die haben blauäugig ihre popeligen Ideen im Kopf. Selbst wenn sie dir in Einzelgesprächen recht geben. Bei Beschlüssen stimmen sie gegen dich. Da zählen keine Argumente." Das hat sie erfahren müssen. „Die Thea", wie sie im Dorf genannt wird, weiß das inzwischen leider genau.

Denn selbst außerhalb, wo sie bloß noch „die Bock" genannt wird, gilt sie immer wieder als „Anlaufstelle" für alles, was „mit Moorburg" zu tun hat. Da rufe dann schon mal ein „namhafter", aber „ungenannt bleiben" wollender Lokalpolitiker an, um sein „schlechtes Gewissen" irgendwie doch noch zu erleichtern: Es spräche „ja inzwischen so viel gegen die Hafenerweiterung" – das sei ihm „mittlerweile auch deutlich". Aber das Gespräch endete mit dem Satz: „Wundern sie sich morgen beim Zeitungslesen nicht, wie ich heute Abend abstimmen werde." Thea Bock kennt „solch schleimige Tour zur Genüge": Dass da Männer „mächtig tun" – und dann doch anderes „machen müssen", als sie vorgeben, zu wollen. „Manchmal hab´ ich das Gefühl, dass Politiker nur begreifen, wenn Fensterscheiben klirren."

Thea Bock kokettiert keineswegs mit „Gewalttätigkeit". Die wird seit den Siebzigerjahren „den Alternativen", „den Protestlern" und „Bürgerinitiativenspinnern" immer gleich in parlamentarischen Reden und vielen Medienberichten unverhohlen propagandistisch untergeschoben: Die Demonstration sei „ohne Zwischenfälle", „ohne Ausschreitungen" oder dergleichen Nichtgeschehenes „verlaufen", heißt es dann erleichtert. So, als wäre dies der Normalfall. Das sind heutzutage gute Nachrichten: zu etwas, was nicht stattgefunden hat!

Dass der Begriffsstutzigkeit und fehlenden Courage durch Steinwürfe auf die Sprünge geholfen werden könnte, hält Frau Bock für noch unwahrscheinlicher, als dass ihre Argumente durchschlagen. Unlängst machte ihr allerdings ein „sehr alter Bürger auf der Straße ein recht überraschendes Kompliment", das sie „im Stress" zwischen eigenem Engagement und „Demontage" ihrer Tätigkeit „irgendwie" aufbaute: „Mit ihnen zusammen wäre ich gern Chaot!"

Wer von außerhalb kennt beispielsweise noch den Pensionär vom Deich? Wer, der nicht auch Pensionäre dort kennt, wo er zu Hause ist? Wer, der noch nicht vergessen hat, wie eine Straße einmal hieß, wo darauf die Häuser einmal standen, wo die Menschen darin einmal lebten und arbeiteten. Wer sie waren. Und wo sie nun sind, da inzwischen alles anders ist? Nahe dem Dorf „Moorburg" lag „Altenwerder". Mit dem Rad auf dem Deich gerade zehn Minuten auseinander, entlang einem natürlichen Fischteich, in dem Kinder planschten, vorbei an einem lauschigen Obsthain bis zum kleinen Elbhafen, wo Fisch direkt vom Kutter verkauft wurde.

Die Bewohner des Fischerdorfes wurden vom Hamburger SPD-Senat ohne Rücksicht auf Verluste vertrieben. Viele grämen sich in ihrer neuen Heimat, in „Neuwiedenthal" oder „Hausbruch". Sie beneiden die wenigen, die sich nicht haben politisch erpressen lassen – deren Haus noch nicht Bruch ist.

Zu jenen wenigen, den letzten Altenwerderanern gehört Johannes Boelke. Er ist 72 Jahre alt. Ruhig sitzt er in seinem Sessel am Fenster und sieht hinaus. Auf Häuser auf der anderen Straßenseite, auf zugenagelte Fenster oder Trümmer.

Nur in den verlassenen Gemüsegärten, den inzwischen verwilderten Blumenwiesen und den nun ungepflegten und nicht abgeernteten Obstbäumen wimmelt Leben; Igel und Stare treffen auf verwilderte Haustiere. „Hier im Dorf ist so manches schief gelaufen. Naja, jeder macht Fehler. Manche Fehler lassen sich schwer wieder gutmachen. Den Moorburgern möchte ich jedenfalls mit meinen bescheidenen Kräften helfen – damit sie es uns nicht so schlecht nachtun."

Es gäbe schon genug, die „schlechttun" – und es auch nie besser können würden. Mit solchen „Büttel der Regierung" übt der pensionierte Gewerbelehrer allerdings Nachsicht. „Ich selber hab nie viel von der Administration gehalten. Ich bin eigentlich mehr ein philosophischer Typ."

Neben seiner Arbeit als Lehrer hat Boelke selbst die Schulbank gedrückt. Fünfzehn Semester studierte er Philosophie, von der Antike auf. Da kommt „die Moderne", zumal „die von der Verwaltung geprägte", schlecht weg.

Was sei das denn für ein „20. Jahrhundert"? Früher habe man es sehnsüchtig erwartet. Es habe nach „Befreiung" von Aktenstaub und Unterdrückung geklungen. „Die Frage der Integration in diesen Staat ist keineswegs gelungen. Eher bemerkt man eine fortschreitende Vernachlässigung der Bürger. Unsere Möchtegernstaatsmänner müssen noch viel lernen."

Es regt den Alten auf, wenn sich beispielsweise der Harburger SPD-Bürgerschaftsabgeordnete Werner Weinrich „hinstellt" und „wie staatsmännisch" sagt: „Die Zumutbarkeitsgrenze bei den Betroffenen ist fast erreicht."

Das sei doch wohl kein Mitgefühl. Es klinge vielmehr deutlich wie eine „Selbstrechtfertigung", warum er dennoch eine solche Politik weiterhin begehe. „Was will der Herr uns denn noch alles ´zumuten´, wenn im Fall der Hafenerweiterung nur ´fast´ die ´Grenze des Zumutbaren´ überschritten wäre?"

Johannes Boelke treibt nicht Rechthaberei um.

Er geht einem Streit allerdings auch nicht aus dem Weg, wenn es nach seiner Lebenserfahrung „Not tut".

Deshalb will er seine Heimat „bis zum Letzten" juristisch verteidigen. Selbst um seine spätere Grabruhe prozessiert er. Die *Nordelbische Kirche* habe ihm zwar 1978 Rechte an seinem Familiengrab für die nächsten 25 Jahre überlassen. Da war von der Hafenerweiterung noch keine Rede.

Dann aber habe sie „einfach so" den Altenwerder Kirchhof „dem Staat" überlassen. Johannes Boelke „denkt gar nicht daran", sich eines Tages „auf einem Schiffsanleger einbuddeln zu lassen". Doch er denkt daran, dass es so kommen könnte.

Er besteht deshalb vor der Zeit auf seine Ruhestätte. „Ich war früher selbst im Kirchenvorstand aktiv, wie die Frau Bock heute in Moorburg. Eigentlich bin ich damals nur wegen Äußerlichkeiten ausgetreten. Ein Mann wie Pastor Paulsen macht mir aber Hoffnung. Der sabbelt seinen Oberen nicht nach dem Mund."

Die Vögel singen draußen als wär' es ein Orchester. Aus der Ferne fiepsen menschenleere Raffinerieanlagen.

Der Pensionär seufzt leicht. Er schöpft aus einem über die Jahrzehnte gepflegten Idealismus und seinem manchmal von Bekannten als schrullig gedeuteten Individualismus. „Ich bin mein Leben lang ein Stehaufmännchen gewesen. Manchmal bin ich innerlich schon sehr müde. Aber so werden mich jedenfalls Politiker und Beamte nie zu Gesicht bekommen."

Der Hobbyphilosoph weiß Rat. Und er gibt gern Weisheiten weiter, immer wenn er „nicht vordergründig" werden möchte.

Dem Karrierebeamten Helmut Raloff, der „seine Lorbeeren mit der Zerstörung Altenwerders verdient" habe und der „nun als Dank dem Bezirk Harburg als wohldotierter Amtsleiter vorsteht", hält er ein Pestalozzi-Zitat entgegen, welches „den Juristen treffen" solle: „In den Abgründen des Unrechts findest du immer die größte Sorgfalt für den Schein des Rechts."

Das waren nur einige wenige Menschen am äußersten Rand des 20. Jahrhunderts, dort, von wo aus man unerwartet in einen Abgrund einer unversehens flacher werdenden Welt sehen konnte. Man konnte kaum sehen, wie sie sich änderten. Noch weniger, was oder wer sie änderte. Am wenigsten, was sie änderten. Wenn sie denn etwas änderten, indem sie darauf bestanden, dass es so blieb, wie es war. Aber nichts blieb, wie es war. Alles änderte sich rascher, weil die meisten außerhalb wegguckten. Es ist schon wieder lange her. Es war im Jahr 1981. Bis dahin gab sich ganz Hamburg als eine einzige und einzigartige Industriestadt. Ganz Hamburg? Nein! Ein von unbeugsamen Moorburgern bevölkertes Dorf hörte nicht auf, dem Eindringling zu widerstehen, wie spleenige Gallier dem Cäsaren. Rund um das friedliche Dorf: düster qualmende Kokereien, ein überdimensionales Öl- und Kohlekraftwerk, ein hoch subventionierter, stinkender Stahlbetrieb sowie ein rostrot staubender Metallumschlagplatz. „Das Drecksnest kriege ich auch noch!" sagte General Davoust, ein Heerführer Napoleons. Allerdings schon im Jahre 1814, nach der Völkerschlacht bei Leipzig. Denn das kleine Moorburg hatte seinen Vormarsch auf Hamburg gebremst. Ende Januar 1981 wiederholte ausgerechnet der Hamburger Senat undankbar die unvollendete Drohung. Eine Schlacht wolle man vermeiden. Gesetze sollten genügen. Nach der einsamen Entscheidung schlagzeilte die senatstreue, ehemals SPD-eigene *Hamburger Morgenpost*: „In Moorburg wird für den Hafen geräumt!"

Bereits seit den Zwanzigerjahren sollte das letzte Stück friedlicher Dorfidylle, fünf Kilometer Luftlinie vom Rathaus entfernt, immer wieder mal fortschrittsgläubiger, aber kleinstaaterlischer „Hanse-Tradition" geopfert werden. Andere Verwendungszwecke gab es reichlich für die angestammten Obstplantagen, Felder und Großgärten.

Nur politischen Realismus gab es sehr wenig: „Beim Anflug auf den Flughafen können wir noch einen Blick auf den Hamburger Hafen werfen. Keine Smog-Schicht beeinträchtigt dabei die Sicht. Obwohl Hamburg noch nie sehr stark unter einer ´Dunstglocke´ zu leiden hatte (...) ist die Luftverschmutzung trotz der vielen Industriebetriebe nicht stärker als vor dreißig Jahren. Die schon vor den Siebzigerjahren eingeleiteten und forciert durchgeführten Maßnahmen des Umweltschutzes haben sich bezahlt gemacht. Nicht zu übersehen ist die erhebliche Ausdehnung des Hafenindustriegebietes Hamburg-Süderelbe, das sich vom Köhlbrand als Grenze des alten Hafens weit nach Westen erstreckt, im Süden durch die Autobahn Hamburg-Stade-Cuxhaven-Neuwerk begrenzt, die nördlich neuer, großer Wohngebiete liegt. Wir sehen weite, von großen Industriebetrieben genutzte Flächen. Allen gemeinsam ist, dass sie einen Standort am seeschiff-tiefen Wasser gesucht und gefunden haben, der ihnen gleichzeitig die Vorteile der unmittelbaren Nachbarschaft zu einer großen, wirtschaftlichen, kulturellen und gesellschaftlichen Metropole vermittelt."

So etwas Grauenvolles fantasierte beispielsweise der Präses der *Behörde für Wirtschaft und Verkehr* der Freien und Hansestadt, der ehrenwerte Senator Helmuth Kern. Was anderen Albtraum war, nahm er ernst und wollte es zu Gold machen. Im Jahre 1970 war in dem Sammelband «Hamburg auf dem Weg ins Jahr 2000» nachzulesen, wie er und seine gierigen Genossen sich die schöne neue Welt vorstellten: Überall Arbeitsplätze, an denen nicht sie schuften mussten, und überall „Seeschifftiefe", die durch fortwährendes Ausbaggern und „Aufspülen" der von der eilfertig angesiedelten Industrie vergifteten Elbschlämme gewährleistet wurde – bis zur völligen Verwüstung.

Diese euphorische Zukunftsperspektive der „Megalopolis" Hamburg, jenes dickleibige, silberglänzend und abwaschbar eingebundene Zukunftswerk landete zu Weihnachten 1979 auf Grabbeltischen einer großen deutschen Kaufhauskette: für eine Mark. Alles Makulatur. Abkaufen wollte ihm das nun kaum noch einer.

Damit waren die Pläne allerdings nicht vom Tisch! Erst an jenem Weihnachten 1979 erfuhren die Bewohner der Elbdörfer, die laut dem unverkäuflichen Buch bald verschwunden sein sollten, dass der Wirtschaftssenator Steinert das Werk seines Vorgängers Kern vollenden wolle. Kern stand nämlich inzwischen, gewiss rein zufällig, ausgerechnet jener Aktiengesellschaft vor, die ein riesiges Containerterminal in dem abgeräumten Elbdorf Altenwerder betreiben will.

Ein „Konzept zur Räumung von Moorburg-Mitte, Moorburg-West und Francop-Ost" wurde dem Senat „zur Kenntnis gegeben". Die betroffenen Bewohner erfuhren davon erst aus der Zeitung.

So war es auch ein Jahr später. Die so genannte „Medien-Öffentlichkeit" diskutierte gerade noch, ob und mit welchen Folgen die eigentlich stadteigenen, aber in „Genossenhand" verfingerten *Hamburgischen Electricitätswerke* (HEW) sich am Bau des Atomkraftwerkes Brokdorf nahe der Hansestadt hätten beteiligen dürfen – trotz gegenteiliger SPD-Beschlüsse. Mittendrin entschied der SPD-Senat ein neues „Hafenerweiterungsgesetz", das die napoleonische Schleifung der Elbdörfer einschloss.

Die lokalen Politiker machten lange Gesichter zu dem – im Juristendeutsch – „Generalgesetz", welches nichts konkret benannte oder begründete, sondern beliebig handhabbare Vollmachten an die Verwaltung erteilte.

Die Harburger Politiker fühlten sich schon vor Verabschiedung in der „Hamburgischen Bürgerschaft" überrumpelt. Zwar stimmten auch sie – von der Ministerialbürokratie mit exponentiellen, irrwitzigen Wachstumszahlen beschwatzt – der „Hafenerweiterung" zu. Allerdings erstritten sich die Harburger Sozialdemokraten – mehr eifrig wie Schacherer als engagiert wie Politiker – eine „Rücknahme" der „Erweiterungsfläche" um glatte vierzig Prozent. Dies spiegelte eher unfreiwillig die Willkür der Flächenwahl und -größe wider.

Ab da sollten per einfachem Landesgesetz 1.256 Bewohner, 22 gewerbliche und vierzehn landwirtschaftliche Betriebe „umgesiedelt" und weitere 550 ha für die „Ansiedlung von Umschlag-Betrieben und hafengebundenem Gewerbe" erschlossen werden. 480 ha Fläche besaß die Stadt bereits.

Das war auch so eine Geschichte: Der Vorstand der „Interessengemeinschaft Moorburg", der sich jedenfalls laut Vereinssatzung „für die Erhaltung Moorburgs" gemeinnützig engagiert, hatte den Ausverkauf nämlich bereits eigennützig gemanagt:

Mitglied Walter Stüven kaufte im Namen seines Arbeitgebers *Niederelbische Volksbank*, aber versteckt im Auftrag der Hansestadt, die Grundstücke – gegen eine Vermittlungsgebühr in Höhe von drei Prozent des Verkaufserlöses in Multimillionenhöhe. Er wurde für den gezielten Betrug an den übertölpelten Eigentümern nie belangt.

„Die Fehler von Altenwerder werden wir in Moorburg nicht wieder machen", kommentierte zum Jahresbeginn 1980 der Hamburger Bürgermeister Hans-Ulrich Klose (SPD). Er stellte sich kaltschnäuzig den erregten Diskussionen im betroffenen Bezirk. Senator Steinert ließ sich sogar in den betroffenen Dörfern sehen. Doch beruhigten die dreisten Auftritte dort nicht. „Finkenwerder wird für die Hafenerweiterung jedenfalls nicht benötigt", informierte Klose beispielsweise „seine" Bürger.

Dasselbe hatte drei Jahre zuvor auch für Moorburg „gegolten" – und wenig davor auch noch für Altenwerder. Und welche „Fehler" von Altenwerder sollten denn ausgerechnet nach einem weiteren Generalgesetz und einem selbstherrlichen Senatsbeschluss aus der Welt sein? In Altenwerder war der „Sonderbeauftragte des Senats", der Beamte Helmut Raloff, zuständig für das, was im Nachhinein bloß unausgesprochene „Fehler" gewesen sein sollen: Er schüchterte die Menschen erfolgreich ein, bis sie verkauften. Er wurde nach Abschluss der finster gedungenen „Ankäufe" von seiner Partei dankbar für solche „Fehler" zum Bezirksamtsleiter für Harburg befördert, jenem Amtsbereich, der den Moorburgplänen auch noch zustimmen sollte.

Erst der Altenwerder Obstbauer Schwartau brachte die „Hafenerweiterung" zum Stillstand: Er hatte nicht verkaufen mögen – da sollte er einfach enteignet werden. Er klagte gegen solche „vorzeitige Besitzeinweisung" durch die Hansestadt. Das *Hamburgische Verwaltungsgericht* widersprach dem städtischen Enteignungsversuch und gab der *Anwaltskanzlei Benoit & Benoit* Recht, die schlicht ein „rechtsförmiges Bauplanverfahren" verlangt hatte. Das gab es bis dahin nicht. Wozu auch, in einem Rechtsstaat? So arbeiteten die selbstherrlichen Behörden dann seit 1981 plötzlich ungewohnt schwitzend, während die 56 verbliebenen Dorfbewohner in Altenwerder mit ihren 1.256 Leidensgenossen im Nachbardorf Moorburg noch zitterten.

Anfang 1983 reichte die Moorburger Bürgerinitiative sogar Klage beim *Bundesverfassungsgericht* in Karlsruhe ein. Mit Erfolg: Das Gericht folgte deren Begründung im Urteil! Eine staatliche „Landbevorratungspolitik", wie sie die Hansestadt mit der „Hafenerweiterung" ganz „generell", also ohne „konkrete Aussagen über die tatsächliche Inanspruchnahme" durchführe, verletze „fundamentale Bürgerrechte". In einem zukünftigen Enteignungsverfahren könne daher beispielsweise „keine konkrete Güterabwägung vorgenommen" werden. Auch das im *Bundesbaugesetz* verankerte „Recht der Mitsprache" verliere seinen Sinn. Denn wer bereits „umgesiedelt" sei, wäre dann kein „rechtlich Betroffener" mehr, weil er schon woanders wohne. Er könne dann einem Bauplan am alten Wohnort nicht widersprechen. Zuvor, als er rechtlich noch hätte widersprechen können, gab es aber noch keinen Bauplan, sondern lediglich die Drohung eines Beamten, dass der Eigentümer sich sowieso nicht dagegen werde wehren können ...

Während im Bezirksamt Harburg deshalb in einem mühseligen Verwaltungsverfahren alle „Teilbebauungspläne" für Altenwerder bis Ende 1983 wieder aufgehoben sein sollen, durfte sich die *Harburger Bezirksversammlung* zunächst mit Plänen befassen, die scheinbar gar nichts mit jener nicht formgerechten „Hafenerweiterung" zu tun haben: Ein riesiges „Spülfeld" soll in Moorburg für zweihundert Jahre „errichtet" werden.

Auch diese Idee war keineswegs neu. Schon gar nicht war sie gut oder wurde durch Ablagerung besser. Die Hamburger Umweltinitiative *Projektgruppe 78*, ein überparteilicher Zusammenschluss, warnte jahrelang vor dieser „Planung": Denn bereits der räumlich bescheidenere „Hafenentwicklungsplan" von 1976 gab für die Hafenbecken 260 ha Fläche an.

Bei einer erwünschten „Seeschiffstiefe" von 13,5 m würde also ein Aushub von 35 Millionen Kubikmetern Schlick „erforderlich", dessen „anschließende Unterbringung als Aufhöhungs- und Gründungsmaterial ausgeschlossen" sei. Bei einer „Aufspülung" könnten nämlich wegen des hohen Schlickanteils jährlich nur ein bis zwei Meter je Feld aufgespült werden. Bei geplanten „Aufhöhungen" bis zu fünf Metern müsste „ohne die erforderliche Austrocknungs- und Setzungszeit" sieben bis acht Jahre lang „aufgespült" werden.

So weit, so stinkig. Doch die „Projektgruppe 78" hatte noch ganz anderes als das Geplante rechnerisch überprüft.

Durch die „Unterhaltsbaggerungen" im noch nicht erweiterten Hafen fielen in Hamburg bereits jährlich „über 2 Millionen Kubikmeter Mischboden" an, für die zu den bisherigen „Spülfeldern" weitere zwei Felder mit einer Fläche von 100-150 ha „notwendig" wären; für „eventuelle Reparaturen am Spülgerät" müsste noch einmal eine „entsprechende Fläche bereitstehen". Bei einer „Aufhöhung" auf fünf Meter entstünde so binnen zehn Jahren ein „Flächenbedarf" von mindestens fünfhundert Hektar.

Damit nicht genug. Neben einer „routinemäßigen Vertiefung der Elbe" entsprechend der jeweils modischen „Seeschifftiefen" war seit langem eine „Verbreiterung der Fahrwassersohle von 200-300 m" im oberen Elbbereich und eine „Beibehaltung der Fahrwassersohle" im unteren Bereich von den Behörden „geplant". Zusätzlich wurde eine „Verbreiterung der Kurven" für erforderlich gehalten. Durch diese „Maßnahmen" würden über die Jahre ca. fünfzig Millionen Kubikmeter „Fein- und Mittelsande" anfallen. Der Anteil der „ständigen Unterhaltsbaggerungen" müsste sich verfünffachen und auf jährlich 10 Millionen Kubikmeter erhöhen. Es dürfte aber nur ein Drittel der anfallenden Sandmassen auf See „verklappt", also trotz allen Giftes in die „Deutsche Bucht" gekippt werden.

Die sozialdemokratischen Regierungen und ihre mit Genossen über Jahrzehnte durchsetzte Verwaltung beerdigten die Hansestadt so allmählich unter Giftschlamm. Die Grabinschriften lauten dann behördlicherseits „aufgespült", „ausgehoben", „ausgebaggert", „Standortvorsorge" und dergleichen mehr.

Die bewusste Umweltzerstörung vor Augen, offenbarte der Senat, wie er ansonsten die Welt bewahren mochte: „Mit Moorburg wird einer der letzten Reste der ursprünglichen Elbmarschbesiedlung der Hafenerweiterung weichen." Deshalb sollte über Moorburg eine Dokumentation erstellt werden, die „bodengeschichtliche, urgeschichtliche, kunstgeschichtliche, volkskundliche, baugeschichtliche und allgemeine geschichtliche Daten festhalten" soll. Siebenhunderttausend DM soll diese Erinnerung die Steuerzahler kosten.

Die Gegenwart hingegen verschlingt allein für die Abräumung Altenwerders von der Landkarte weit über 135 Millionen Mark. Die Hamburger *Kulturbehörde* hatte noch andere Sorgen, „denkmalpflegerische": Acht Fachwerkhäuser, zwei Fachwerkscheunen und die über achthundert Jahre alte *Maria-Magdalenen-Kirche* sollen für knapp fünf Millionen Mark „möglichst an einen gemeinsamen Standort transloziert" werden. Vorgesehen haben die Beamten die Stationierung der schönen Bauten an einer Durchgangsstraße der nahe gelegenen Betonschlafstadt Neuwiedenthal.

Da kann dann bald manch einer sagen: Denk mal – und neulich lebten da noch Menschen in diesen fremden Bauten, an einem anderen „Standort", den sie ungeniert, ja schwärmend „Dorf" nannten.

Als am Morgen nach der Senatsentscheidung die Boulevardblätter voll von euphorischen Räumungsankündigungen waren, wurde Frieda Ernst zu Grabe getragen. Siebenundsiebzig Jahre alt war sie geworden, in Moorburg geboren, dort verheiratet und dort gestorben.

Ihre Verwandten bereiteten sich – noch voller persönlicher Familientrauer – sogleich auf den anonymen Tod ihrer Dorfgemeinschaft vor.

Nach dem Leichenschmaus kam gleich der Kater.

Ob er in der Nähe des Hafens neue Arbeit finden werde, fragte sich Sohn August Ernst, der Fuhrunternehmer im Dorf. An Arbeitsplätze ist im „schnellsten Containerhafen der Welt", von dem seeschiffstiefe Politiker gern fantasierten, nämlich auch gedacht. Aber die sollen erst später und dann zu Abertausenden kommen. Woher auch immer.

An August Ernst denkt vorerst nur die *Finanzbehörde* – wegen der hohen Abfindung für dessen verlorene Heimat: Da sind noch gut „Vermögenssteuern" abzuzwacken.

Anmerkungen

Teile dieser Portraits erschienen als „Der Tod einer Dorfgemeinschaft" in der *Szene Hamburg* vom März 1981 (Seiten 18-23), weitere in anderen Publikationen.

Thea Bock wurde später Bürgerschaftsabgeordnete der *Grün-Alternativen Liste* (GAL). Im Untersuchungsausschuss zum „Giftberg" in Georgswerder trieb sie 1981 die Ermittlungen als Einzige nennenswert voran. Nach einiger Zeit wechselte sie deshalb als „Expertin" zur *Grünen*-Fraktion nach Bonn. Später konvertierte sie zur SPD und bekam einen Posten in der Hamburger *Kulturbehörde*. Manche Moorburger schimpfen über die „Verräterin".

Sie heiratete noch in Moorburg, unter anderem mit der *tagesthemen*-Moderatorin und später zur Talkshow-Größe aufgerüschten Sabine Christiansen und deren damaligem Mann und Produzenten Theo Baltz als Gästen. Dann zog sie nach Hamburg.

Johannes Boelke starb bald. Sein Sohn Werner verkaufte nach langen Jahren der Zermürbung, die er mit einer Handvoll letzter Altenwerderaner durchlitt, das Haus und das Land.

Die Containerterminals wurden auf Schutt gebaut. Es arbeiten seit 2002 kaum Menschen in jener Industriewüste aus maschinengesteuerten Löschvorrichtungen und offen liegendem Dreck und Giften. Der Güterverkehr aus diesem Areal lässt die Menschen entlang der Bahnstrecke durch Harburg und den Fernstraßen nach Cuxhaven und Hamburg nun nachts nicht mehr schlafen. Stäube färben das umliegende Land. Es stinkt, surrt und kracht.

Im März 2005 deutete der CDU-Wirtschaftssenator Gunnar Uldall an, Moorburg werde für eine Hafenerweiterung womöglich doch wieder „benötigt". Die Containerumschlagzahlen sprächen dafür. Metallkisten lassen solch politische Argumente leicht hohl klingen. In Koalitionen mal mit der SPD, mal mit der CDU nickten die ehemaligen Umweltschützer der „Grün-Alternativen Liste" (GAL) fast alles ab, wogegen sie sich einst profiliert hatten, unter anderem die fortgesetzte Elbvertiefung und Giftschlammaufspülung sowie den Bau des größten Kohlekraftwerks Deutschlands in Moorburg, einer bis dahin unbekannten Bergbauregion – die Güterzugströme dorthin und die Aschebeseitigung sowie die Belastung der Luft störte sie nicht. Die ehemalige Lehrerin und Zweite Bürgermeisterin Krista Sager bekam über die Landesliste der „Grünen" ein Bundestagsmandat; die ehemalige Lehrerin und Zweite Bürgermeisterin Christa Goetsch ist noch in Hamburg, gut versorgt.

Hans-Ulrich Klose zählt inzwischen zu den bestbezahlten Politikern in Berlin. Er gehört nicht mehr zu den „Linken" in der SPD, die im Land etwas „verändern" wollten, sondern zu den „Falken", die ab und an „deutsche Interessen" sogar im Ausland bedroht sehen und deshalb auch kriegerische Aktionen befürworten.

71

Nachdem Klose als Hamburger Bürgermeister wegen seines Genörgels zum Bau des Atom-kraftwerks Brokdorf abgehalftert worden war, schusterte ihm seine Partei den früheren Wahlkreis Herbert Wehners zu, und zwar ausgerechnet Harburg. Er legte sich dazu einen jedenfalls formal tauglichen Wohnsitz im verfallenden Harburg-Wilhelmsburg zu, wo später auch Klaus von Dohnanyi parteilich angesiedelt werden musste, um ihn als Bürgermeister sicher ins Amt hieven zu können. Wen interessiert schon Glaubwürdigkeit? Wen kümmert Wilhelmsburg wirklich? Verächtlicher und selbstherrlicher konnte eine Partei nicht mit ihrer Klientel und „ihrer" Stadt umgehen … Der Stadtteil Harburg verkam, die privaten Einkünfte der Parteifunktionäre in Politik, Verwaltung und stadteigenen Unternehmen mehrten sich maßlos. Die Lokalpolitiker versorgten sich ebenfalls mit Pöstchen und Pensionen, Michael Ul-rich folgte beispielsweise Helmut Raloff als wohlbestallter Bezirksamtsleiter schamlos nach. Der *Evangelische Kirchentag* wurde in der Presse beachtet, nicht weil er sich dank Pastor Paul-sen auch mit dem Wert der „Heimat" befasste, sondern weil ein Student dort einen Beutel mit Blut gegen den Dienstwagen des Bundesverteidigungsministers Hans Apel (SPD) schleu-derte, der die Heimat irgendwo in der Welt oder an der Grenze zur DDR verteidigen sollte. Im Juli 2004 titelte das „Evangelische Magazin *Chrismon*", vom eigenen Schein heilig: „Vom leisen Verlust der Eigenart – Das Dorf, ein jahrtausendealtes Modell des Zusammenlebens, verschwindet von der kulturellen Landkarte Europas".

Dorfgemeinschaft

Zur selben Zeit sprachen sich nordelbi-sche Kirchenobere für die Zerstörung von Neuenfelde durch die Verlängerung einer Betonpiste für *Airbus-Industries* mitten durch Obstplantagen aus. Dieses Dorf bei Finkenwerder wird seit der Nazizeit von der Flugzeugindustrie nach und nach zerstört. Dort, wo einst die Erweiterung mit einem U-Boot-Stützpunkt geplant war, wird nun für Groß- und Militärmaschinen das ökolo-gisch wertvolle „Mühlenberger Loch" zuge-schüttet.

Der erwähnte Fotograf Sebastian Kusen-berg stellt national und international aus, unter anderem eine Serie „Das kurze Schweben".

Die Idee der „Seelenpolaroids" wurde Ende 1990 als Szenenfolge mit Christoph Eichhorn im Rahmen des „Heimatabends" (NDR) inszeniert und erprobt. Dabei sollten einige Gefühle „nach Öffnung der Mauer" festgehalten werden.

Die Erde wird eine Scheibe

Aschfahl und grobkörnig, wie zermahlenes Mondgestein, liegt die tote Fläche eben und scheinbar ohne Ende da. Hinten irgendwo spitzt der rote Kirchturm von Altenwerder aus dem grauen Grund heraus.

Abends wird dies Plateau grell angestrahlt, gerade so als müsse den Autofahrern auf den mächtigen Betonstelzen über dieser Ebene unbedingt ein gerader Weg gewiesen werden, ohne jegliche tödliche Abweichung um Zentimeter. Ein höherer Weg irgendwo jenseits der wörtlichen Verwüstung da unten: Das tote Feld tief unter den donnernden Autos wurde mit mechanischem und politischem Hochdruck aus schwermetallhaltigen Sanden „aufgespült".

Deshalb sieht diese unheimliche Fläche vor Moorburg stabil aus, so wie ein Fundament aus billigem Beton. Aber sie trägt nicht einmal ein Menschengewicht. Kleine Blechtafeln an der Drahtumzäunung mahnen hie und da: „Betreten verboten".

Doch nirgends sind Somnambule zu sehen, deren selbständig gewordene Füße unbedingt solch unbekannte, eklig narbige Platte erschreiten müssten – und die davor noch im letzten Moment zu warnen wären. Bewusste kämen ohnehin nicht auf solch Idee! Beamte allerdings schon. Sie warnen vor dem, was sie angerichtet haben. Mit Recht. Mit ihrem Recht.

Zwei Jahre, bevor die Schilder endlich für Ordnung in der Orgie der Zerstörung sorgten, wuchsen hier nur Wald und Wiesen. Das kannte man. In den Gehölzen lebte scheues Wild, das ab und an am Dorfrand zu sehen war.

Niemand wollte diese Wildnis betreten – selbst wenn ein Schild davor gewarnt hätte, es zu tun. Es sollte Ruhe sein im Wald. Der ist nun fort wie das Wild.

Eine schmale Landstraße klebt am mittelhohen, mit Gras und Butterblumen bewachsenen Deich. Er hält nun nicht mehr die Elbe zurück, die Marschlande ab und an zu überfluten. Er ächzt vielmehr unter einer andauernden Flut des giftigen „Spülschlamms" aus der Elbe. Der strandet fast bis an seine Krone an. Wer auf dem Deich steht, fürchtet, der Dreck könne überschwappen.

Das wird wohl nicht so kommen: Denn der Elbgrund trocknet allmählich auf diesem Plateau aus Gift; er wird immer grauer und poröser. Dann kriegt er Risse. Er bröckelt. Er sinkt in sich zusammen. Es ist fast noch beängstigender als die Vorstellung, er könne das übrige Land überfluten.

Man glaubt dabei zusehen zu können. So irritierend ist der Anblick, und auch der unbeschreibliche, beißende Geruch. Der Wind pfeift über der kahlen Fläche. Der Himmel darüber scheint daran wie Styropor auf Glas zu quietschen. Es ist, als würde sich ein schrundiges Tor zur Hölle ungeölt öffnen.

Eine Million Kubikmeter Sedimente der Industriegesellschaft wurde dort pro Jahr abgelagert. Nächstes Jahr kommt noch eine hinzu. Und übernächstes Jahr vielleicht noch eine. Immer noch eine! Alles menschgemacht, aber nicht menschlich.

Wenn der erstickte Mutterboden darunter nicht durchbiegt und ins Erdinnere stürzt. „Lebensgefahr auf der gesamten Fläche", steht auf den Blechschildern in kleinerer Schrift.

Die Welt ist wohl doch eine Scheibe. Auf ihrer gesamten Fläche. Jedenfalls wird sie von gläubigen Menschen dazu gemacht.

Täglich ein schweifender Blick aus seinem Dachfenster auf jene matschig verwesende, verlassene Welt: Rainer Sikorski wurde im vergangenen Sommer von seiner Firma gekündigt, nach zwölfeinhalb Jahren. Der ungelernte Tonbandmechaniker lässt sich seither „umschulen". Wozu, wohin, für wen – er weiß es im Frühjahr 1983 nicht so recht.

Die Wirtschaft boomt, heißt es. Aber die Arbeitslosenzahlen steigen. „Jetzt wird wieder in die Hände gespuckt, wir steigern das Bruttosozialprodukt", lautet ein Refrain der Musikgruppe *Geier Sturzflug*. Ihr Song ist nun oft bei den Tanzfesten im Dorf Moorburg zu hören.

Rainer Sikorski wird also gleich nach dem morgendlichen Aufstehen gemahnt: „Lebensgefahr auf der gesamten Fläche." Der Blick reicht ansonsten nicht mehr allzu weit. Vorne Mondlandschaft. Dreißig Meter rechts, gleich neben einem schmucken Fachwerkhaus, überquert in Reetdachhöhe ein mächtiges, rotbraun rostendes Metallrohr die Straße. Darin rasselt und gurgelt stetig neuer Schlick zu einem riesigen Areal hinter dem Mietshaus, in dem Rainer Sikorski mit seiner Frau Renate wohnt. Bald wird es hinten wie vorne aussehen.

Der alte Deich schützt die Menschen nicht mehr. Ab und zu kommt noch ein Hirte und lässt die Schafe darauf weiden. Sie halten das Gras kurz und die Wurzeln bleiben fest, damit der Deich nicht unterspült werden kann. Aber wozu noch?

Da ist nicht mehr viel Gefahr, dass wildes Leben sich entfalten könnte – auf den kleinen Schildern müsste eher vor Todes- als vor Lebensgefahr gewarnt werden.

In Deutschland sind Leben und Tod nämlich amtlich gleich. Die Lebensgefahr ist hier sowieso gleich der Todesgefahr. Der Tod ist ein Meister der Verwaltung.

Rainer Sikorski lächelt gern. Aber ihm fehlt in den letzten Jahren die Übung. Der schlanke Mann mit den manchmal strengen Gesichtszügen wirkt in der liebevoll dekorierten, kleinen Dachwohnung wie ein Gefangener in einer fremden Zivilisation.

Denn „der Rainer" und „die Renate" sind irgendwie „altmodisch", obwohl sie gerademal um die dreißig sind. Sie mochten ihre „Heimat"; sie fühlten sich zu Hause. Sie sind nicht so „mobil", wie es im „Fortschritts"-Gerede bei gleichzeitigem „Nullwachstum" immer verlangt wird. Nur, dass es andere, im nahen Hamburg, überhaupt nicht interessierte, wie sie ihr Leben lebten und leben.

Sonst wären sie längst weg. Aber warum sollten sie? Und wo wären sie dann? Und wer wären sie? Da, wo Rainer und Renate Sikorski wohnen, sollen ab dem Jahr 2000 Container turmhoch gestapelt werden, falls die Spülfelder später solch schwere Last tragen können. Dann ist keine Lebensgefahr mehr auf der gesamten Fläche. Dann ist da sowieso kein Leben mehr.

Vorerst verschlingt die teigige Masse unweigerlich alles. Wirft man einen schweren Stein, nur so zum Spaß, schmatzt der kurz eingebeulte Boden mit einem kurzen, satten und abschließenden „Plopp". Manchmal pufft es auch pneumatisch, pfffft.

Eine kakophone Großstadtmelodie. Missklang breitet sich über die Wiesen: das Zwölfhundertseelendorf Moorburg an der Süderelbe ist vor einiger Zeit plötzlich „planerisch" zu 550 Hektar „Fläche" verkommen. Diese „gesamte Fläche" ist auf einmal „Industriereserveland".

Über sechshundert Jahre lang war es bis dahin ein fruchtbares Marschland, das die Menschen nährte.

Es war ruhig, wenn Kühe dort weideten, Vögel in der Luft tanzten und Pferde trabten. Die Obstgärten gaben der flachen Landschaft friedliche Anmut.

Nun rumpelt, ploppt, fiept und rasselt es überall! Der Fortschritt stinkt aus den mit zähem Schlamm überdeckten Äckern.

Warum denn solch eine „Hafenerweiterung" in Hamburg und gerade dort in Moorburg nötig sei, können diejenigen nicht recht erklären, die anderentags wieder vom drohenden „Nullwachstum" schwadronieren. Mit Zollstock, Stadtplan und Rechenstab ist es jedenfalls nicht zu messen.

Das *Deutsche Institut für Industrieförderung* beispielsweise hat im bestehenden Hamburger Hafen stattliche 2.100 Hektar „ungenutzte Fläche" ausgemacht, davon „sechshundert Hektar mit schiffstiefem Wasser". Den Senat der Hansestadt ließ es kalt; die Genossen hatten andere, ganz eigene Pläne.

Seit Anfang der Achtzigerjahre diskutiert das Ehepaar Sikorski deshalb jene kleingeistigen, angeblich arbeits- und wirtschaftspolitischen sowie auch die ganz großkotzigen „Prognosen" auf abendlichen Veranstaltungen, die so annonciert sind als würden sie eben nicht brutal die bescheidenen Lebenspläne Tausender wegwerfen. Es geht ja wieder mal um Größeres, wie immer in Deutschland. Die sozial- und auch die christ-demokratischen Parteianhänger faseln rasend mal von „Strukturdebatte" oder auch mal von einem „Umbau der Industriegesellschaft". Oder sie schwärmen vom „Ende des Spätkapitalismus".

Alles, um sich kleinen Mut zu machen, nur um ja nicht über das reden zu müssen, was sie mit dieser elenden Angst, vor sich zu versagen, und mit ihrem blinden Tun zusehends anrichten.

Rainer und Renate Sikorski würden viel lieber über ganz anderes reden. Es gäbe ja so viel zu besprechen auf der Welt. Sie jedenfalls haben sich diese Themen und die Betonungen, die „Theorien" und Behauptungen nicht ausgesucht, mit denen sie verfolgt werden wie von den kleinen Warntafeln, die überall um sie aufgestellt wurden.

Und obwohl vor ihnen und um sie Maschendraht aufgezogen wird, bleiben die Sikorskis, bei allem Ärger und Verzweiflung, „sachlich". Sie haben genau „hinterfragt", was ihnen da gesagt wurde und recherchiert, was sie darauf antworten können.

So können sie leicht die vordergründigen „Argumente" der Hafenerweiterungsbefürworter entkräften.

Doch das beeindruckt jene überhaupt nicht. Denn damit ist ja kein Geschäft zu machen: Und sei es noch so schäbig und selbst wenn es die Zukunft über Jahrhunderte vergiftet.

Ihre persönliche „Betroffenheit" ersparen „die Sikos", wie sie im Dorf genannt werden, denen, die ihnen ihre kleinlichen Betreffe, ihre Dummheit, Raffgier und Brutalität zumuten. Sie selber mögen das Wort „Betroffenheit" nicht einmal, weil es sie schon wie um Gnade bettelnde „Opfer" kennzeichnen würde.

Den täglichen Verlust ihrer Lebensumwelt könnten sie ohnehin nicht so einfach in einem Wort ausdrücken. Und zu sehr würde ein nach Gefühlsduselei und Volkstümelei riechendes Wörtchen wie „Heimat" in einer vermeintlichen, pseudointellektuellen Sachdiskussion um „Standortfaktoren" unbotmäßige Emotionalität signalisieren … Sie meiden es, während andere sie bereits als „Öko-Folkloristen" verhöhnen. Andere, die nie einen frischen Apfel gegessen haben und die vom Leben nicht mehr als einen Chauffeur und eine jüngere Geliebte erwarteten. Damit sie besoffen irgendwie noch nach Hause kommen, egal wohin, sie werden dort sowieso nicht erwartet.

Vielleicht ist das Wörtchen „Heimat" auch dort gar nicht mehr angebracht, wo Schilder angebracht wurden, die vor „Lebensgefahr" warnen?

Vor einer bizarren Kulisse aus Metalltürmen und Rohrverflechtungen, inmitten eines schrill fiependen Gestrüpps der menschenleeren Ölraffinerie gleich hinter ihrem Haus erzählt die zierliche Fremdsprachenkorrespondentin Alke Osterloh von ihrem Leben. Ihre Stimme beruhigt die, die ihr zuhören. Sie klingt so sachlich wie die ihrer Nachbarn, den „Sikos".

Von Ferne und flüchtig hingehört, klingt es wichtig, was sie da sagt, aber ohne dass es gleich den landläufigen Tonfall der Bedeutsamkeit hätte.

Alke Osterloh spricht da nicht zum „drohenden Zusammenbruch der OPEC", obwohl jeder, der etwas auf seine politische Kompetenz gibt, in dieser Zeit öffentlich davon bramarbasiert. Und vor solchen Leutchen steht meist nur ein Studiotisch oder ein Mikrofon – nicht aber eine lärmende, menschenleere Raffinerie hinter ihnen!

Alke Osterloh redet überhaupt nicht von diesem bedrohlichen Hintergrund. Als wäre er nicht da. Als wäre sie nicht da.

Sie mag auch das Gestammel nicht, was für einen „Hintergrund" sie denn habe. Sie erzählt unaufgeregt und leise von ihrer früheren „Betonzelle" in der Hamburger Neubausiedlung Osdorf: Teuer war die Wohnung. Und wie viel Sprit verfuhr sie an jedem Wochenende, um ein wenig „ins Grüne" zu kommen!

Ihr Freund, Holger von der Fecht, studiert auf dem „Zweiten Bildungsweg" den Beruf des „Wirtschaftsingenieurs". Von der geplanten „Hafenerweiterung" halten beide nichts – und nicht nur, weil sie in Moorburg „ihre" Heimat gefunden haben.

Holger von der Fecht ist in Dörfern aufgewachsen. Das größte war Bevensen.

Der gelernte Bankkaufmann von der Fecht spöttelt: „Heute heißt das sogar ´Bad Bevensen´!"

Mit einer Dorfidylle, wie sie andere Städter suchen, könnten sich beide nicht zurechtfinden. Ihnen gefällt schlicht die Nachbarschaftlichkeit in „ihrem" Moorburg.

Hundert Meter neben dem gigantischen, elektronisch gesteuerten Raffineriewald ragt das neue Wahrzeichen Moorburgs gefährlich hoch in den Himmel. Es würde die Wolken kratzen, wenn es nicht selber welche machte.

Heißer Dampf steigt ständig über dem hohen Schlot auf. So heiß ist er, dass kühlere Wolken einen Bogen um die Gegend machen. Deshalb ist der Himmel stets ein Stückchen Blau in diesem Eck der Welt.

Und die Sonne bricht sich dort leichter Bahn. Das ist aus ganz Hamburg gut zu sehen – wie ein Fingerzeig Gottes!

Der Fotograf Franklin Hollander runzelt die Stirn. Er schraubt für ein Portrait einen roten Filter vor die Linse, damit das unheimliche Licht die Aufnahme nicht verdirbt. Er blitzt in die Gesichter. Danach sieht das Schwarz-Weiß-Foto mit den unheimlichen Wolkenzeichnungen noch unwirklicher aus.

Franklin Hollander portraitiert Marita Loitz und Dieter Bönig für das Stadtmagazin *Szene Hamburg*. Sie fürchten den monolithischen, schmauchenden Betonblock in ihrem Rücken nicht, auch wenn sein Schlot den Turm der wenige Schritte entfernten, achthundert Jahre alten *Maria-Magdalenen-Kirche* fünffach überragt.

Dieter Bönig ist arbeitslos. Der Heizungsbauer schult nun auf EDV-Kaufmann um. Seine Eltern überließen dem jungen Paar das Häuschen in Moorburg. So sei eine Familie leichter zu gründen.

Marita Loitz ist aus dem Nachbardorf Francop zu Dieter gezogen. Sie erzieht Kinder. Das wird immer schwieriger in der nahen Plattenbau-Öde Neuwiedenthals, aus der die Eltern tags zur Arbeit in umliegende Stadtteile oder Städte fahren.

Hierhin sollen, mitten zwischen vierzehnstöckige Hochhäuser, auch die Moorburger Kirche, zwei Fachwerkscheunen und acht Fachwerkhäuser „transloziert" werden, für fünf Millionen Mark aus dem Kulturetat der Hansestadt. „Für kein Geld der Welt" würden sich Dieter Bönig oder Marita Loitz aus der Dorfgemeinschaft vertreiben lassen. Seit sie sich mit Holger von der Fecht, Alke Osterloh, Rainer und Renate Sikorski in einer Bürgerinitiative „für den Erhalt" des Elbdorfes zusammengeschlossen haben, sind seltene, enge Freundschaften entstanden.

Die Sechs haben nicht resigniert wie die Alten, die schon seit Generationen in Moorburg leben und nur noch die Hoffnung haben, „rechtzeitig zu sterben" – ehe der letzte, alte Stein der Industrie weicht, ehe alles eingeebnet ist, giftig „aufgespült" wird und mit Millionen von Kubikmetern Beton eine neue Welt entsteht, in der für Menschen kein Platz mehr ist.

Hilfe erhalten die Moorburger inzwischen von außerhalb. Bevor der Hamburger Senat den Kauf von Häusern im Dorf verbot, wurde noch schnell ein verfallenes Gebäude an neue Eigner übertragen.

Es fanden sich 550 Menschen, die einen Anteil von jeweils 500 Mark einzahlten und teils unter zwanzig und mehr Freunden aufteilten oder Erben urkundlich eintrugen. In Eigenarbeit soll das Haus, „Die Moorburg", instand gesetzt werden und der Bürgerinitiative als Treffpunkt und Veranstaltungszentrum dienen. Aus Singapur, Teheran, Pretoria oder vom Ontario-See oder dem Himalaja werden die Besitzer der „Moorburg" zwar wohl kaum zu Sitzungen herbeieilen. Aber somit dürfte gleichermaßen auch eine drohende, gerichtliche Enteignung des Widerstandshauses erheblich aufwendig, wenn nicht aussichtslos werden. Denn jeder Eigentümer wäre vorzuladen und zu seinem Rechtsstandpunkt zu fragen ...

Tatsächlich sind die Moorburger damit jedoch einen faustischen Pakt eingegangen: Sie versuchten, um ihre Heimat zu retten, einen symbolischen Teil zu verkaufen. Die rechtliche Verkehrsform siegte also bereits über ihre Lebensinhalte.

Anmerkungen

VOR DEM SPÜLFELD: Beate und Rainer Sikorski

Betreten verboten oder Die Heimat hinter dem Deich

Von Rainer Jagschas

Passagen dieses Textes erschienen in „Betreten verboten – oder: Die Heimat hinter dem Deich" im *Deutschen Allgemeinen Sonntagsblatt* am 17. April 1983 (S. 32), andere teils in „Das unmoderne Wort Heimat und die Realität in Moorburg" im *vorwärts* vom 3. Februar 1983 (S. 21) sowie in „Moorburg: Sterben für Container" in *'ran* vom 1. Januar 1983.

Rainer Sikorski eröffnete bald nach Erscheinen dieser Berichte einen Bio-Laden im nahen Elbdorf Finkenwerder. Später zog er mit seiner Frau in ein Gehölz am „Naturwildpark Schwarze Berge" und dem „Museumsdorf für Frühgeschichte am Kiekeberg". Dieter Bönig wurde Journalist, später Heilpraktiker, und zog weg. Die Erzieherin Marita Loitz lebt noch in Moorburg, in Dieters Geburtshaus.

Das HEW-Kraftwerk wurde seit Herbst 2003 demontiert. Im April 2004 wurden die Schlote gesprengt. Es kam durch herumfliegende Trümmer zu schwerwiegenden Stromausfällen in der benachbarten Raffinerie. 2012 ist an derselben Stelle eines der größten Kohlekraftwerke Deutschlands errichtet worden, mit Duldung der kurzzeitig mitregierenden *Grünen*, die sich einmal für Klimaschutz und gegen die Zerstörung der Elbdörfer engagiert hatten. Die umgebenden Spülfelder sind ergrünt. Sie bedecken die Landschaft wie Filz einen Billardtisch. In Moorburg werden die entmieteten und vom Eigner, der Stadt, teilzerstörten Häuser vorübergehend mit Asylbewerbern und Aussiedlern bevölkert.

Das unmoderne Wort H und die Realität in Moor

Die Erweiterung des Hamburger Hafens und die Auswirkungen auf Gefühle. Von

Das Maß, auf das der Mensch schrumpft

Erst fielen zarte Flocken, dann wurde es ein Treiben. Der Nachmittag verstrich, von der Kirche hörte ich vier Glockenschläge. Ich saß am langen Eichentisch, nahe zum bullerwarmen „Hamburger Ofen". Holzscheite knackten in den Flammen. Die Briketts darüber glühten. Rotes Licht spiegelte sich im honigfarbenen Parkett vor dem Ofenfenster.

Vor mir lagen zwei Broschüren, die beide denselben Titel trugen, allerdings unterschiedlich aufgemacht waren: „Schutzbaufibel". Die Post hatte sie spät gebracht. Meine Lust sie zu lesen, war nicht groß. Denn ich fühlte mich ja behütet, ich brauchte keinen „Schutz".

Die Flocken wurden wieder feiner; sie sanken lautlos als sei die Luft vor dem Fenster aus dämmender Watte. Nur wenn hin und wieder ein Auto auf der *Heimfelder Straße* vorbeifuhr, wirbelten sie auf. Es gab kleine Turbulenzen hinter dem Heck. Für kurze Zeit entstand so ein flirrendes Muster vor den kleinen Scheiben meiner Sprossenfenster.

Auf dem Ofen kochte der Kaffee in der Keramikkanne ein zweites oder drittes Mal auf. Es roch nach Bratäpfeln und Zimt. Sie schmorten im Backfach des großen, karmesinfarbenen Kachelofens nebenan in Antjes Zimmer.

Ein Korbschirm verteilte das elektrische Licht überm Esstisch wie durch ein Sieb. Helle Punkte tanzten über die dunkle Eichenplatte, wenn ich die Broschüren anhob und lustlos wieder fallen ließ. Eine Kerze neben der Schale mit Nüssen und angetrocknetem Marmorkuchen flackerte von diesem Luftzug.

Es dauerte, bis ich endlich zu blättern begann. Einige mir ins Auge fallende Sätze hielten mich vom konzentrierten Lesen ab. So etwas wie die Überschrift „Bautechnische Grundsätze für Hausschutzräume des Grundschutzes, Fassung Februar 1972 in Verbindung mit dem Ergänzungsblatt Juni 1976". Allerdings schien mir der „Paragraph 5, Abschnitt 1, Punkt 3" etwas mit diesem Tag zu tun zu haben, vielleicht sogar mit dem Leben. Dort stand in einem Absatz zur „Beanspruchung, Bemessung und Konstruktion von Hausschutzräumen" doch glatt: „Wind- und Schneelasten brauchen bei Hausschutzräumen nicht berücksichtigt zu werden." Dagegen stünde nämlich schon die bauliche Mindestanforderung zum „Grundschutz", der gegen „herabfallende Trümmer, radioaktive Niederschläge, Brandeinwirkungen, biologische und chemische Kampfmittel" ausgelegt sein müsse.

So war es wohl. Doch was würde dann sein, wenn es irgendwann mal radioaktiv schneite?

Ich blätterte die Broschüren rasch von hinten nach vorne durch. Die eine „Schutzfibel" war im November 1983 aufgelegt worden – im Querformat, mit feuchtigkeitsabweisendem Schutzumschlag. Freundlich weiße Seiten mit klein gedrucktem Text und Skizzen informierten detailliert über „Staatliche Zuschüsse – Steuerliche Abschreibungen – Technische Richtlinien".

Das bot auch die andere Broschüre aus dem Dezember 1983. Sie war allerdings auf „Umweltschutzpapier" gedruckt, grau, dafür mit vielen Fotos, größerer Schrift und volksnahen Vergleichen wie diesem: Mit dem Bunker sei es „so ähnlich wie mit dem Sicherheitsgurt im Auto".

Warum bloß, fragte ich mich erst. Es war aber ganz einfach: „Neben den vielen denkbaren Unfällen, bei denen ein Sicherheitsgurt Leben und Gesundheit rettet, gibt es sicher auch einige wenige, bei denen er nicht nützt."

So wird es wohl sein. Manchmal nützt rein gar nichts. Alles geht dann schief.

Doch der *Bundesverband für den Selbstschutz* (BVS) war in seinen beiden konkurrierenden, aber inhaltsgleichen Broschüren insgesamt optimistisch: Es werde alles nicht so schlimm werden, wenn es denn mal schlimm würde.

So wird es wohl werden. Warum wohl auch nicht?

Ich saß da und versuchte mir dennoch die Welt vorzustellen, die da nach wenigen einleitenden Worten ganz sachlich in Paragraphen und technischen Erläuterungen entworfen wurde, obwohl es ja nie so weit kommen würde – eine Welt aus „gesteiften Baukörpern", deren niedrige Decken mit Stahleinlagen „bewehrt" waren. „Betonstahl nach DIN 1045" oder „Beton der Fertigungsklasse B 25 (BN 250) nach DIN 1045" – das war der Stoff, aus dem die Zukunft eines Danach war. Architektur ist schon etwas Großartiges, sogar unterirdisch.

Die zahlreichen Grundrisse erinnerten mich allerdings an sozialen Wohnungsbau: eng, eng, verwinkelt und streng funktional. Die zugehörige Anweisung des Bundesbauministers las sich so: „4.2.2 Aufenthaltsräume mit Schutzplätzen für weniger als acht Personen müssen mindestens sechs Quadratmeter Grundfläche und mindestens 14 m³ Rauminhalt haben. Für jeden weiteren Schutzplatz erhöht sich – bis zu einem Fassungsvermögen von 25 Schutzplätzen – die notwendige Grundfläche um 0,50 m² und der notwendige Rauminhalt um 1,15 m³. Ab 26 Schutzplätzen müssen je Schutzplatz 0,60 m² Grundfläche und 1,40 m³ Rauminhalt vorhanden sein. Die im Aufenthaltsraum für die Einrichtung und den Betrieb der Lüftungsgeräte erforderliche Grundfläche ist zusätzlich vorgesehen; das Gleiche gilt, wenn Aborte im Aufenthaltsraum vorgesehen werden."

Dieses Maß, auf das der Mensch schrumpft – ein halber Meter Grundfläche und maximal anderthalb Kubikmeter Rauminhalt –, war den Bildern von Bunkern gar nicht anzumerken. Das Titelbild der volksnahen Broschüre zeigte im Gegenteil eine energische Hand, die an einem Hebel so etwas öffnete wie den überdimensionierten Panzerschrank einer Kreissparkasse, in dem womöglich riesige Geldreserven lagerten.
Durch einen schmalen Spalt war so schon ein Blick hinein möglich: Zwei große Plastikkanister standen da auf dem Boden vor einer geschwungenen Bank aus braun gemasertem Holzimitat. Einzige Lehne war die weiß gekalkte Wand daneben. Aufgeblasene, blaue, dreigeteilte Plastikkissen bildeten die Kopfstütze. Darüber war so etwas wie eine Fensteraussparung zu sehen, die mit zwei Reihen aus je vier Schuhkartons zugestellt war, alle fein nummeriert. Später, sehr viel später stellte sich bei der Lektüre heraus, dass es sich dabei um „Betonfertigsteine" für den „Filterraumzugang" handelte.
Ansonsten war im fotografierten Raum nur noch Platz für ein Brett mit Tante Olgas Reisekoffer, eine Neonröhre, wuchtige Rohre und die unverputzte Betondecke gewesen.
Ein anderes Bild zeigte die „Möglichkeit friedensmäßiger Nutzung: 'Lagerraum'". Auf einem flauschigen Teppichboden stand da ein Holzgerüst mit mehreren aufgestapelten Koffern, vermutlich von der letzten Überseereise. Der ausgediente Schlafzimmerkleiderschrank und die Kommode aus den Fünfzigern

standen rechts, mittelgroße noch verschnürte Pakete neckisch darauf gelegt wie Weihnachtspräsente. Hinten dann das arg leere Holzbord mit drei Brauseflaschen, einer Thermoskanne, zwei Plastikeimern Binderfarbe (20 kg) und allerlei anderen Dosen ohne Etikett. Von Menschen weit und breit keine Spur.

Ein drittes Foto zeigte einen zum Bersten mit Gegenständen und dunklen Balken angefüllten Raum.

Beim zweiten Hinsehen war so etwas Ähnliches wie der Umkleideraum eines ländlichen Fußballvereins der Amateurliga zu erkennen. Die knappe Bildunterschrift lautete: „Möblierung eines Hausschutzraumes".

Dann war auf einmal vom durchaus Menschlichem die Rede: „Jeder Hausschutzraum muss mindestens einen Trockenabort haben. Bei Hausschutzräumen mit mehr als 25 Schutzplätzen sind zwei Aborträume vorzusehen. Die Grundfläche für den Abort darf nicht kleiner als 0,80 m^2 sein; Abschluss mit Türen oder Vorhängen."

Doch zu sehen war derlei nicht. Erst allmählich ergänzten meine Gedanken die Auslassungen und das Ungezeigte. Es war manchmal gar nicht so schwierig, wie es zunächst klang: „Die lichte Höhe im Aufenthaltsraum darf nicht kleiner sein als 2,30 m über Flächen für dreistöckige Liegen. 1,7 m über Flächen für zweistockige Liegen, zwei Meter über Bewegungsflächen, 1,50 m über Sitzflächen."

Ich saß mit einem kleinen Buckel da. Das käme hin, nicht recken. So wäre es wohl. Zufrieden streckte ich mich, als ich über mir wieder mindestens zwei Meter Luft sah, in der nur eine Weihnachtslichterkette baumelte, die ich immer anknipste, wenn mir feierlich wurde. Auch im Sommer. Dann musste ich bloß die seitlichen Vorhänge schließen.

Ich atmete auf. Denn ich war in die Lektüre wie in einen Science-Fiction-Roman von einer fernen Welt versunken gewesen. Besonders das Foto „Zuluftverteilung unter der Decke und Betonfertigteile für Filterraumzugang", das einen kahlen Bunker mit säuberlich aneinander gereihten Quadern zeigte, fesselte mich.

Was mochten das für Wesen sein, die sich hier einrichteten? Wie mochten sie in diesen vermutlich 24 Kubikmetern geplantem Nichts ihr Leben gestalten?

Die kahlen Räume waren rätselhaft. Die Grabkammern in Pyramiden hatten jedenfalls mehr über die Kultur und das Leben ihrer Erbauer erzählt. Es müsste eine „Internationale Bauausstellung" für Schutzräume geben! Das wär was!

Am Ofen goss ich mir Kaffee in einen Pott nach. Er schmeckte bitterer als sein Geruch, der immer im Zimmer hing. Ich schritt im Raum sechs Quadratmeter ab, also die Grundfläche für sieben Personen. Diese Fläche versuchte ich mir zu merken. Wo der Duft schwächer wurde, müsste wohl schon eine Wand sein. Welche Gegenstände sollte ich in dieses Rechteck, mitten in meinem Zimmer, noch legen?

Ein Buch. Aber welches? Für vierzehn Tage – von dieser Zahl war in den Broschüren immer die Rede gewesen – würde eines sowieso nicht reichen.

Doch zwei Bücher mochte ich nicht einmal in mein, nur vorgestelltes Rechteck packen. Ich sah darin doch schon die zwölf Füße eng aneinander schurren.

Wenn ich eines gelesen hätte, könnte ich es ja den anderen erzählen! Anfangs würden sie es vielleicht nicht wollen. Aber nach einigen Tagen wäre jeder bestimmt für jedes gesprochene Wort dankbar, das nicht wieder „Hilfe, Hilfe" hieße.

Besser dann doch ein gemächlich gelesenes Wort; eines aus einer Zeit, in der Schreiben nicht als überflüssig angesehen, aber Lesen schon allmählich Luxus wurde.

Wir könnten uns doch auch gegenseitig Bücher erzählen! So wie in François Truffauts Film «Fahrenheit 451» aus dem Jahr 1966. Da stapften „Buchmenschen" in einem Birkenwald im Schnee umher und memorierten Texte. Sie erzählten sie sich, wenn die Abende in der Einöde lang wurden oder eine Geburt in freier Natur schmerzhaft verlief.

Unser Aufenthalt in dem baumlosen, kahlen Keller wäre dann ein weniger zermürbendes Warten auf irgendeinen Sinn des Ganzen. Uns dürfte nur keine Niederkunft überraschen auf den wenigen Quadratmetern und kein panischer Wutausbruch.

Auch wir nähmen da unten, selbst wenn wir um uns bangten, an der Rettung dessen teil, woran Generationen vor uns gearbeitet hatten.

Wenn, ja wenn wir nur die richtigen Bücher dabeihätten. Jeder eines. Sieben Stück für alle. Das wäre doch nicht zu viel! Aber vielleicht war es doch zu wenig?

Ich sah mich um. Ein Bild an den kahlen Betonwänden wäre auch schön! Vielleicht jene Vergrößerung dort? Das Foto von den in Jahrhunderten terrassierten Feldern im „Tal des großen Königs"? Fernab vom Bunker gäbe es sie vielleicht ja noch, im Valle Gran Rey, auf der kanarischen Insel La Gomera.

Unter dem Glasrahmen hatte ich fotokopierte Gedichtzeilen von Michael Krüger auf das Passepartout geklebt. Sie waren rasch vergilbt: „Auch sie, die Bilder, igeln sich ein, / übermüdet von Schrift wie alles, / was uns beeindrucken wollte. / Nur wir reden weiter, reden uns / durch den Schlaf auf die Höhe der Zeit, /wo die Texte verschwinden im Staub ... "

Die gomerianischen Mauern aus abertausend ungleichförmigen Steinen, die Reis, Mais, Zucchini und anderes am unbezwingbar wirkenden Felsen hielten, könnten allerdings auf die Dauer im Bunker anecken. Auch das Foto von einer Hauswand am Hafen von Vueltas, am Ende des Valle, mit den halb geöffneten Fensterflügeln, den nur halbhoch aufgetragenen Farben, die grün und blau schillerten wie das Meer gleich nebenan, mit einem von der Sonne verblichenen leichten Lila darüber, dieses Foto würde dort „unten" – im dauernden Dunkel – vielleicht nicht so wirken. Nicht so wie hier „oben", in meinem kleinen, molligen Zimmer im Erdgeschoss. Ich verabschiedete mich also von meinen Aufnahmen. Sie sollten mir in Erinnerung bleiben, so wie die Saxophontöne, die damals aus dem Fenster auf mich zugeflogen waren.

Allerdings, wie schnell hatte ich vergessen, wie mein Harburg vor der „Sanierung" der Stadt ausgesehen hatte!

Ich setzte mich wieder an den Tisch, außerhalb des Bunkerrechtecks. Über dem Biedermeiersofa mit seinen hohen Armlehnen, der verschnörkelten Holzeinfassung und dem weich wie eine norddeutsche Endmoränenlandschaft erhabenen Rückenteil hingen die beiden Lithografien, die niemand außer mir mochte. Sie waren nicht so bunt, nicht aufregend, also bunkergerecht! „Sehen irgendwie bedrückend aus", wurde oft kopfschüttelnd gesagt.

Sie waren im letzten Jahrhundert auf Steinplatten mit nur zwei Farben – eine wohl ehemals ein Ockerton und eine mit einem ahnbaren Wiesengrün – gedruckt worden. Die Helligkeit war gewichen, die Bilder muteten beinahe schwarz-weiß an.

Das eine zeigt einen durch Wiesen geschlängelten Bach. Weiter hinten führt ein Sandweg an einem Birkenhain vorbei zu Feldern. Auf dem anderen beladen drei Frauen und ein Mann einen Ochsenkarren mit Heu nahe einem dichten Wald. Mehr nicht. Nicht einmal der Himmel ist zu sehen.

Diese Motive seien „kitschig" und die Bilder „insgesamt düster", wurde behauptet. Man hat ja nur noch Kunstkritiker zu Besuch. Geschmäckler erster Güte!

Dabei waren es doch einfach nur vergangene Eindrücke, schlicht und nicht verschönert, wie in Stein gehauen. „Unten" wäre das sowieso egal.

Ratlos ging ich im Zimmer um den eingebildeten Bunker herum. Aus der Speisekammer holte ich mir die Trittleiter, um mal von oben auf den gedachten Grundriss zu sehen. Die abgebildeten, unverputzten Betonwände waren vor meinem inneren Auge langsam in meinem Zimmer wieder hochgewachsen. Sie kamen mir hier sogar ein wenig höher als zwei Meter vor.

Meinen Ficus benjamina würde ich da gerne in die Mitte stellen. Ich hatte ihn in den letzten vier Jahren gerade bauchhoch gezogen. Aber dann wären wir siebeneinhalb!

Ohnehin musste ich an das Leben denken, beim Überleben. Schließlich handelte es sich nach der Gebrauchsanweisung nur um „Grundschutz". Nahrungsmittel würde ich zusammenstellen müssen, wenn schon nicht Lebensmittel. Nur schwer hatte mich Antje nach langem, unerquicklichem Junggesellenkochen an frische und vollwertige Kost gewöhnen können.

Jetzt schmeckte mir kein Dosenpfirsich mehr und auch kein vor Jahren in eigenem Saft umblechtes Fleisch aus *Bundeswehr*-Proviantbeständen. Kochen war bei uns nicht „Essenmachen", sondern ein gegenseitiges Streicheln. Ich wundere mich, dass Menschen, die sagen, Liebe geht durch den Magen, Tiefkühlpizza mögen. Überhaupt, wenn Antje nicht zu den Sieben gehörte …

Die Leiter stand noch da. Aber die Bunkermauern waren auf einmal verschwunden.

Ich ging verwirrt und ungehindert im Zimmer auf und ab: von dem Nähmaschinengestell, auf dem eine rote IBM-Kugelkopf-Schreibmaschine stand, fünf Schritte zum Ofen, stehen bleiben, drei quer zur Couch, sitzen, rund um den Tisch schreiten, fünfeinhalb Schritte zur Plattensammlung, stehen bleiben, vier nach links zum Plattenspieler. Dasselbe rückwärts. Von vorne. Und zurück. Und vor. Es war eine befreiende kleine Raserei. Ich war erschöpft, schon nach wenigen Minuten. Es fehlte auf einmal an Luft; Aufwallungen würgten mich.

Es war spät geworden. Irgendwie fand ich Ruhe, nachdem ich «Johannes Cernota spielt Satie» aufgelegt hatte. Ein Plattenspieler müsste dabei sein – und LPs! Ich wollte meine ausufernden Gestaltungspläne für meinen Bunker schon aufgeben, als mir einfiel, dass sich andere Menschen bereits professionell und sicher umsichtiger des Themas angenommen hatten. Wozu hatte ich denn „Hilfestellungen" postalisch angefordert? Das „Referat Öffentlichkeitsarbeit, BVS-Service", ein oder eine „Dr. Schneider", hatte mir eine weitere Broschüre mitgeschickt, die ich kaum beachtet hatte. Auf dem Titel lockte ein braun eingewickeltes Paket: Es hätte gut eine Tarifinformation der *Deutschen Bundespost* sein können – wäre da nicht ein Adressaufkleber gewesen, auf dem vielmehr „Ihr Vorsorgepaket" stand! Jener rote schmale Streifen auf Päckchen, der sonst Vermerken über die „Versendeform" vorbehalten ist, war mit „Information über Vorsorge und Eigenhilfe der Bürger" beschriftet.
Nicht der Postminister wandte sich da sorgend an die Bürger; vielmehr schrieb, im Mai 1982, Gerhart Rudolf Baum (F.D.P.), Bundesminister des Innern, den ich bis dahin als klugen, abwägenden Mann geschätzt hatte, zur bereits 2. Auflage dieses „Vorsorgepakets": „Es bedarf nur wenig Mühe, die Informationen und Ratschläge zu lesen und zu befolgen. Jeder Bürger sollte rechtzeitig sein Vorsorgepaket schnüren. In der Stunde der Not kann es zu spät sein."

Der schmale Text war trocken, eingefügt zwischen den verschiedensten Aufzählungen. Beispielsweise, welche der „folgenden Einrichtungen" in den Bunker gehörten. Oder dass ein „behelfsmäßiger" Schutzraum „folgendermaßen beschaffen sein" sollte. Und welche „Hygienemittel im Ernstfall" vorsorglich dafür schon „bereitliegen" müssten. Sowie welche „Familienurkunden, Versicherungspolicen, Sparbücher, Zeugnisse, Verträge und Testamente" einfach schon mal in eine „Dokumentenmappe" gehörten.

Am Schluss der 32 Seiten Tipps für das Überleben wurde es noch praktischer: Auf vier Seiten waren Listen zusammengefasst, mit den Spalten „vorhanden" und „beschaffen" – zum gewissenhaften Abhaken.

Die Reihe „Energie und Beleuchtung" nannte für die vollständige Vorsorge: „Kerzen und Streichhölzer, Taschenlampe, Kochplatte, Spirituskocher, Trockenspiritus, Kanonenöfchen, Kohlen, Holz, Briketts, Rundfunkgerät, Reservebatterien".

Ich wunderte mich, wie auf meinen sechs Quadratmetern noch ein Kanonenöfchen samt Brennmaterial Platz finden würde! Und ob wohl der Rauch in den Filterraum geleitet werden sollte? So gerne ich auch Kerzenlicht mag, so wenig wäre mir eingefallen, bei einem 14 m³ großen Raum mit sieben Menschen auch noch Luft für Flammen zu verbrauchen. Auch das Kochen mit offenem Feuer schien mir wenig sinnvoll.

Ich blätterte nervös zurück. Doch, die Rede war vom Atomkrieg – von vierzehn Tagen „Aufenthalt" im Schutzraum. Als Beispiel für die Notwendigkeit der „Maßnahmen" wurde allerdings immer wieder nur die „Schneekatastrophe" genannt.

Kurz war auch die Liste „Lebensmittel und Trinkwasser": „Dauerbrot in Dosen, Knäckebrot, Zwieback, Kaffee, Tee, Haferflocken, Marmelade, Honig, Zucker, Salz, Gewürze, Kondensmilch in Dosen, Milchpulver, Speiseöl, Pflanzenfett, Schmalz, Fleischkonserven, Fisch-Vollkonserven, Babynahrung, Diät- oder Krankenverpflegung, Trinkwasser, Mineralwasser, Säfte, Fertiggericht- und Suppenkonserven, Obst- und Gemüsekonserven".

In der Reihenfolge aufgeführt, so wie es Muttern bei einer Urlaubsfahrt ins Ferienhaus an der See gemacht hätte. Nur, dass man „regelmäßig auf die Haltbarkeitsdaten achten" sollte: Bei „Lebensmitteln, die länger als 5 Jahre haltbar" und „daher nach dem Gesetz nicht mit Datum versehen werden" brauchten, solle man sich auch noch jeweils „das Kaufdatum notieren".

Dann folgte die längste Liste, die „Hygiene- und Hausapotheke". Eben genau das, was ordentliche Deutsche teils ohnehin in ihrem „Kulturbeutel" mitzunehmen pflegen: „Seife, Waschmittel, Zahnbürste, Zahnpasta, Einweg-Geschirr, Besteck, Einweg-Handschuhe, Haushaltspapier, Toilettenpapier, Müllbeutel, Camping-Trocken-Klo, Ersatzbeutel, Torfmull, Sägemehl, Chlorkalk, Desinfizierungsmittel, Schmierseife, DIN-Verbandskasten,

Fieberthermometer, Wunddesinfektionsmittel, Wundgel, Kamille-Extrakt zum Gurgeln und für Spülungen, Beruhigungsmittel, Vorbeugende Mittel gegen gripp. Infekte, schmerzlindernde Tabletten, Tabletten gegen Halsschmerzen, Medikamente, die vom Arzt verordnet sind, Wärmeflasche (Gummi), Augenklappe, Kalziumtabletten, Vitamintabletten, Kohletabletten, Abführmittel."

Es wurde eng. Ich prüfte, ob ich nicht das „Einweggeschirr" und anderes von der Liste streichen sollte. Doch die Broschüre warnte, dass mit dem kostbaren Wasser nicht abgespült werden dürfe. Da würden also manche Menschen erst im Krieg merken, was sie in der Natur mit dem Wegschmeißen von Ex-und-hopp-Gegenständen angerichtet hatten. Im Bunker würde sich der Müll türmen und den engen Lebensraum nehmen – und jeder Schluck Wasser würde Neid wecken, obwohl zuvor Scheiße damit weggespült worden war.

Ich war verwirrt: Waren die Zutaten für ein unterirdisches Existieren so wenig verschieden von dem, wie sich viele bereits bei uns noch „oben" eingerichtet hatten? Waren Alltag und Atomkrieg so nah beieinander? Oder sollte das bloß die Angst nehmen?

Ich blätterte die Broschüre fahrig durch. Ein Foto zeigte wieder eine Hand, die dieses Mal ein Streichholz entzündete; eine andere öffnete die Schutzraumtür, und ein dritter Griff galt dem Verbandskasten.

Das war alles sehr handgreiflich. So wie dieser griffige Text: „Immer wieder hört man die Behauptung, 'in einem Atomkrieg gibt es keinen Schutz!' Das stimmt nicht. Diese Behauptung wäre nur dann richtig, wenn man sich einen Krieg vorstellt, in dem ein Land mit einem dichten Teppich von Atombomben belegt würde. In einem solchen Fall, wenn sich die Radien der totalen Zerstörung überschneiden, dann gäbe es tatsächlich keinen Schutz mehr. Durch eine solche Verwüstung und radioaktive Verseuchung aber würde nicht nur ein Land, sondern unter Umständen sogar der ganze Erdteil auf lange Zeit unbewohnbar gemacht. Das aber kann nicht das Ziel eines Gegners sein, und darum ist diese Vorstellung unrealistisch."

Es war also ganz einfach, ein „Oben"-Leben auch „unten" fortzuführen. Weil es nämlich ganz einfach „realistisch" war.

Das „stimmte"! Alles andere, was Angstmacher so sagten, stimmte nicht.

Das war noch eine brave Welt, in der es „einen Gegner" gab. Wohlgemerkt bloß „einen". Und der verfolgte ganz nüchtern irgendwelche „Ziele". Ausgeklinkte Computer, die Marschbefehle für Atombatterien gaben, fehlten in solchem handfesten „Realitätssinn" ebenso wie die von Kommunikation abgeschnittenen Generäle oder Bomberpiloten, die unter Zeitdruck nicht über die Gesamtwirkung ihrer Einzelentscheidung philosophieren mochten.

Was wäre denn schon „realistisch" an einem nicht mehr nur gedachten Atomkrieg? „Kriegsbilder" heißen in der Sprache der Militärs malerisch die Szenarien kommender Schlachten. Kulturbeflissen wie selten nennen Nordamerikaner die geplanten „Kriegsräume" Europa und Pazifik schlicht „Theatre".

Da mochten also die alltagspraktischen Ausmalungen der „Bilder" und Kulissen für das letzte große Theater – rein stilistisch betrachtet – tatsächlich „Realismus" sein oder gar „Sozialistischer Realismus".

Wohl kaum war die Welt der Militärs aber feinnervig genug für „Surrealismus" oder absurdes Theater. Das lehnten sie ebenso ab wie den vermeintlich „naiven" Glauben an den Frieden.

Das Adjektiv „realistisch" hatte mir nie so recht behagt, weil es mehr Bedeutungsgehalte verdrängt als benennt – anders als jene Adjektive, die den Charakter von Eigennamen haben, beispielsweise „schwarz".

Ist man anderer Auffassung als der mit solchen positiven Begriffen Beschreibende und widerspricht ohne Überlegung, so rutscht gerne das Wort „unrealistisch" heraus, nie aber das Wort „unschwarz". Dass es aber keine einfache Verneinung der Begriffsbedeutung gibt, kann ein Hinweis sein, dass schon die damit verbundene Bewertung falsch war.

Daran hatte ich oft denken müssen, als mir meine monatelange Suche bei Behörden und Politikern nach meinem sicherlich bereits geplanten Bunkerplatz „verrückt" vorkam. Ich war mir selbst mit dem Etikett auf den Leim gegangen, hatte mich unter Rechtfertigungsdruck gesehen – ausgerechnet angesichts einer Rüstungspolitik, die ich wiederum nur als „verrückt" empfinden konnte. Ein trostloses Unterfangen.

Was die Autoren der „Paket"-Broschüre mit dem Wort „unrealistisch" – durchaus stimmig zu sich selbst – wähnten, hatten sie wenige Zeilen zuvor geschrieben: „Wenn man sich einen Krieg vorstellt ...".

Und eben diese „Wenn"-Vorstellung wollten sie sich lieber nicht vorstellen, wie ohnehin niemand mit „gesundem Menschenverstand" sich so etwas „in der Realität" vorstellen wollen konnte. Das „Wenn" deutete zart an, dass es ein „Dann" gar nicht erst geben würde. Das war eben „unrealistisch".

Mit anderen Worten war es „realistisch", sich vorzustellen, dass es nur Vorstellbares gibt, oder auch, sich nicht vorstellen zu können, dass es etwas nicht gibt, was man sich lieber nicht vorgestellt hat.

Alles ist, wie es war. Alles wird – das muss man sich mal vorstellen! – wie es war.

Damit war ich beim „Notgepäck und Dokumentenschutz" sowie dem Handwerkszeug zum Überleben angelangt. Ich sortierte in Gedanken wie ein Wirbelwind: „Wolldecke oder Schlafsack, Unterwäsche, Strümpfe, Gummistiefel, derbes Schuhwerk, Essgeschirr, Essbesteck, Thermos-Feldflasche mit Trinkbecher, behelfsmäßige Schutzkleidung, Verbandspäckchen, Heftpflaster, Dosenöffner und Taschenmesser, Mullbinde, Dreiecktuch, elastische Binden, strapazierfähige warme Kleidung, Kopfbedeckung, Schutzhelm, Schutzmaske oder behelfsmäßiger Atemschutz, Arbeitshandschuhe, Dokumentenmappe, Behelfsmäßig hergerichteter Kellerraum, Behälter für Löschwasser, Keller und Dachboden entrümpeln, Einstellspritze, Wassereimer, Einreißhaken, Löschdecke (notfalls Wolldecke), Rettungsleine, Garten- oder Autowaschschlauch, Feuerlöscher, halblange Schaufel, Spaten (Camping- oder Klappspaten) Spitzhacke, Brechstange, Bügelsäge, Fuchsschwanz, Stichsäge, Beil, Fäustel, Spitz- und Flachsteinmeißel, Kneif- oder Beißzange, Bergetuch, Rettungsleiter, Verdunkelungsmaterial."

Das und nur das war „realistisch". So würde ich also nach Abhaken aller Listenpunkte jedenfalls die 14 m^3 voll nützlicher Sachen haben.

Für Menschen wäre dann allerdings kein Platz mehr.

Ein weiteres Foto zeigte, wie zudem ein Rucksack mit dem Notgepäck stramm geschnürt wurde.

Ich war froh, dass ich wenigstens schon mit der Suche nach einem Schutzraum in meiner Nähe begonnen hatte und daher wusste, dass das ganze Abbuckeln überhaupt keinen Sinn machen würde: Es wäre Zufall, wenn ich bei einem „Atomschlag" gerade in der S-Bahn Richtung „Harburg-Rathaus" säße, hin zu dem größten Atombunker Hamburgs mit seinem Muster aus orangen, blauen und grünen Kacheln mitten unter eisigem Weiß. Alle anderen S-Bahn-Fahrgäste müssten ihren kiloschweren Ränzel ständig mit sich herumschleppen, um im „Ernstfall" bestens „versorgt" zu sein. Unter der Erde wäre dann noch genug Muße, um sich Tunnels zu den Ruinen des Kaufhauses *Karstadt* zu buddeln, um im ehemaligen Basement die strahlenden Regale zu plündern.

Zum Schluss kamen noch zwei Tabellen für den letzten Überblick. Die erste war mit „Der Hausschutzraum" überschrieben: „Liege- und Sitzmöglichkeiten, Wolldecken, Waschgelegenheit, verschließbarer Behälter für verstrahlte Kleidung, verschließbarer Abfalleimer, Notabort, Spielzeug für Kinder, Unterhaltungsspiele, Lektüre." Die andere Tabelle, „Die Selbstschutzausbildung", hatte zwei abweichende Spalten zum Ankreuzen, nämlich „teilgenommen" und „angemeldet": „Selbstschutz-Grundlehrgang, Selbstschutz-Ergänzungslehrgang ´ABC-Schutz´, Selbstschutz-Ergänzungslehrgang ´Wohnstätten´, Selbstschutz-Ergänzungslehrgang ´Landwirtschaft´, Erste-Hilfe-Grundlehrgang durch die Hilfsorganisation."

Es waren zwei Stunden vergangen, seit ich mich in die persönliche Einrichtung eines Bunkers vertieft hatte. Das „Unten"-Leben, wie ich das in Gedanken nannte, schien mir interessante Rückschlüsse über das „Oben"-Leben zu geben.

Wie lange mochte ein Mensch brauchen, der sich an die Organisation all dessen machte, was auf fünfunddreißig luftig gedruckten Seiten locker zu lesen war? Wie viel Leben würde er für sein Über-Leben aufbrauchen?

Ich wunderte mich über das Allerletzte: eine leere Seite für das Notieren „wichtiger Rufnummern" („Hausarzt, Notarzt, Unfall-Notruf, Unfall-Krankenhaus, Polizei, Feuerwehr, Apotheken-Bereitschaftsdienst, Taxi-Ruf."). Von einem Telefon für den Atomkrieg, das ins Notgepäck gehöre, war doch vorher gar keine Rede gewesen!?

Es schneite nicht mehr.

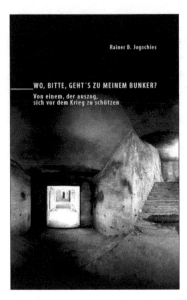

Rainer B. Jogschies

WO, BITTE, GEHT'S ZU MEINEM BUNKER?
Von einem, der auszog,
sich vor dem Krieg zu schützen

Anmerkungen

Der Text stammt aus dem Reportagebuch „Wo, bitte, geht's zu meinem Bunker?" (Kabel-Verlag Hamburg 1985, Ullstein-Verlag Berlin 1988, Nachttischbuch-Verlag Berlin 2010).

Der S-Bahn-Bunker „Harburg-Rathaus", der größte Hamburgs und einer der größten Deutschlands, wird mittlerweile aus Kostengründen nicht mehr regulär gewartet oder bestückt. Er ist, wie die meisten DB-Bahnhöfe, ungepflegt und unwirtlich. Reisende fliehen rasch aus ihm statt in ihn.

Warten im Garten

24. Juli 1993

Samstag. Es regnet, wie meist in Hamburg. Ab ins Kino! Oder lieber ins Theater? Ich liege grantelnd auf dem gerade aufgepolsterten Biedermeiersofa. Über der neuen Bespannung spazieren Elefanten von links nach rechts, einander mit dem Rüssel bei der Schwanzquaste fassend. Ich mache Notizen für ein Tagebuch. Man vergisst sich sonst so leicht.

Abends kommt noch eine vorab viel gelobte BBC-Dokumentation über die *Operation Gomorrha*. Fünfzig Jahre ist es her, seit eine britische „Hauptangriffswelle" auf Hamburg schon in der ersten von sieben Nächten vermutlich fünfzigtausend Menschenleben „kostete". Der zuständige britische Royal-Airforce-General Harris nannte es „Enthausung".

Die Angriffsvorbereitungen werden so penibel geschildert, wie sie wohl geschahen. Die BBC lässt nichts aus: Englische Flieger posieren heuer stolz vor ihren gepflegten Museumsmaschinen – uriges Veteranentreffen, im Fernsehen als „Zeitgeschichte" handlich und hübsch verpackt. Sie erzählen; es unterhält. Sie erinnern sich noch sehr gut an das „gewaltige" Feuer.

Aber an die brennenden Menschen in ihren angezündeten Häusern haben sie schon damals nicht so gerne gedacht. „Dienst ist Dienst", ob in Deutschland oder anderswo.

Ausländer sind eben Ausländer, zu allen Zeiten, an allen Orten. Sie zu verbrennen gilt mal mehr, mal weniger als Heldentat. Hoch die internationale Senilität!

War es nur die „Antwort auf Coventry", wie im Bericht nachgesonnen wird? Eine „Antwort" auf jene vernichtenden deutschen Bomberangriffe auf die englische Kleinstadt? Wie war noch gleich die Frage, die solche „Antwort" nach sich gezogen haben soll? Kriegsgeschichten im TV sind oft wie *Jeopardy!*.

Ist sowas eine „Antwort": Eine nach dem Vorurteil gründlich deutsche, diesmal aber englische Vorbereitung? Wochenlang. Monatelang. Jahrelang. Der „Bomber-Harris", wie er genannt ward, war eben beharrlich. Er war ja kein religiöser Eiferer mit Sprenggürtel um den Bauch. Mit allen möglichen „ökonomischen Berechnungen" der abgestuften Menschenvernichtung wurde der „Krieg" seinerzeit durchgespielt: Erst durch Luft-

druckbomben, die das brennbare „Material" der Häuser ausbreiten helfen sollten. Danach Brand- und Phosphorbomben
zu Tausenden, um einen „Feuersturm" zu entfachen. Der erstickt dann alles, grillt es oder verwandelt in Asche. Da waren
Fantasien am walten, solche, die die „freie" Welt mit Feuer und
Flamme ausbreiten wollten.

Wenn das eine „Antwort" sein soll, möchte man nicht wissen,
was ein ganzes Gespräch wäre. Eher ist es eine schaurige Frage, warum immer neue Kriegsverbrechen begangen wurden
– nach den deutschen auch englische und amerikanische.

25. Juli 1993

Somalia im Staub: Die ersten deutschen *Blauhelm*-Soldaten
haben sich die dreihundert Kilometer von Mogadischu nach
Belet Uen durchgeschlagen. Inzwischen kennen die Deutschen
mehr Städtenamen in Jugoslawien und Somalia als in den fünf
„neuen" Bundesländern. Dabei sind dort die meisten nicht mal
neu, bis auf jene eilig umbenannten, wie „Karl-Marx-Stadt" in
Chemnitz.

Begrüßt werden „unsere Jungs" von Herrn Verteidigungsmi-
nister Volker Rühe, Harburg-Heimfeld. Das war wie Hase und
Igel! Die Soldis flogen ab, aber nicht ins benachbarte Buxtehu-
de, sondern eben nach Belet Uen. Der „Ungediente", wie die
Pressekommentatoren stets betonen, gab ihnen noch güldene
Worte mit. Sie kommen an. Und Rühe ist schon da.

Als Erstes wird wie selbstverständlich die „deutsche Fahne"
aufgebaut. Humanitär besetztes Land, von der *tagesschau* im
Stil einer Propaganda-Kompanie der *Wochenschau* gefilmt.

Herr Rühe stolpert dann dort über einen Stein. Der „erste deutsche Verletzte", wird in den *tagesthemen* später gewitzelt.

Guter deutscher Humor. Immer leicht daneben! Denn eigentlich ist es ja der „erste Gefallene". Zum Brüllen komisch.

26. Juli 1993

Heute wird Mick Jagger fünfzig. Es geht schon seit Tagen
durch alle Medien. Endlich ein anderes Thema. Aber wieder stürzen sich gleich alle darauf. Als gäbe es sonst nix mehr.
Das ist mediale Vielfalt!

Das erste Mal ist ein US-Präsident jünger als Mick Jagger, hat ein US-Reporter anlässlich der Amtseinführung von Bill Clinton Anfang des Jahres gesagt. Dessen Slogan war „It's time for a change". Nun bombardiert er den Irak wie vor ihm schon Herr Bush. Und US-Soldaten spielen Wildwest in Somalia. Als wären sie noch im gerade erst von ihnen überfallenen Panama. Es drängt sie auch noch nach Jugoslawien, vorgeblich, um das Kosovo zu befreien. Die *Grünen* wollen mitmachen.

Aber in den USA bleibt alles wie gehabt. Time for a change? „It's time for fighting in the streets" war einst das Markenzeichen der *Rolling Stones*. «Beggars Banquet» hieß 1968 ihr Album.

Jedenfalls bei Jagger, dem alten Poppräsidenten, ist etwas anders geworden: Er züchtet gerne edle Rosen wie Konrad Adenauer. Alles kommt eben, wie es mal war. Jagger liebe es, den ehrwürdigen Landmann zu geben, ist aber noch nicht geadelt wie Paul McCartney. Wenigstens hat Deutschland noch einen Kanzler, der älter als Mick Jagger ist.

Wie der „Rockmillionär" will auch „der Dicke", wie er derzeit nur noch genannt wird, keine „Änderungen". Oggersheim und der Wolfgangsee im Urlaub reichen Helmut Kohl für dessen kleine Welt, die seit zehn Jahren „diese unsere" geworden ist.

Der Tag beginnt also beschaulich: mit Nostalgie, Rosen, Hits.

Dann ist der gefürchtete Alltag am Nachmittag plötzlich wieder da. Fighting in the streets: Die Türkenboys sind mit einem ihrer aufgemotzten *Mercedes*-Schlitten, mit denen sie und andere streng Gläubige nervös bis libidinös auf und ab patrouillieren, auf der *Heimfelder Straße* mal wieder Rennen um Nasenlängen gefahren.

Dabei wurde eine alte Dame vom Fahrrad gefegt, die unbesonnen den frisch gebauten Radweg mied. Sie bleibt mit Schock am Straßenrand liegen. Der frisierte Wagen schleuderte in einen parkenden *Renault* und sieht an der Schnauze nicht mehr sehr repräsentativ aus. Auch der Spoiler hat gelitten.

Der Schaden wird vom Bürgersteig aus allseits ausführlich besichtigt und debattiert. Die alte Frau taumelt kaum beachtet umher. Die Jungen warten diesmal so artig, wie man sie sonst gar nicht kennt, auf die Polizei – unter großer öffentlicher Anteilnahme aus den weit geöffneten Fenstern der Häuserschlucht. Ganze zwei Stunden lang.

Und dann kommt sie gleich wuchtig: Zivilfahrzeuge mit aufge-papptem Blaulicht rasen an ihnen vorbei. Beamte mit Walkie-Talkies springen heraus, riegeln hastig alle Seitenstraßen mit Absperrfolien ab. Mannschaftswagen und Streifenwagen kreuzen auf, als kehrten jene Anti-Rühe-Demonstranten zurück, die Tage zuvor sein nahes Haus belagern wollten. Dann kommen jedoch noch Feuerwehren – statt erwarteter Wasserwerfer. Irgendwas stimmt da doch nicht im Gewohnten.

Der Aufmarsch dauert weitere zwei Stunden. Die freudige Unruhe auf der Straße wird immer größer. Leichte Volksfeststimmung keimt auf.

Dann spricht sich herum, dass bei nahen Bauarbeiten eine britische 1000-lbs-Bombe gefunden worden und vom Bagger leicht verrückt worden sei. Nun sei der Säurezünder scharf gemacht. Ach, war das herrlich spannend! *Operation Gomorrha* bringt sich selbst in Erinnerung, jedenfalls den unbeirrbaren Fernsehzuschauern.

Die Wohnviertel vom Göhlbachtal bis zur *Stader Straße*, ganz Eißendorf und Heimfeld, werden gesperrt und mit Dutzenden „Großbussen" evakuiert. Man hat ja dazugelernt seit 1943. Man hatte Zeit, aber zumeist keine Vergangenheit.

Die Menschen an der abgeklebten Peripherie sollen nun möglichst in ihren Kellern auf Entwarnung warten. Aber sie kaufen lieber „beim Afghanen", im „Kabul Basar", alle Biervorräte und Knabberzeug auf und hänseln die Polizisten hinter ihren Plastikabsperrbändern. Solche, wie sie neulich auch in Bad Kleinen so nett geflattert hatten. Was ist denn los, was war da los? Man klebt solange ab, bis keine Wahrheit mehr rauszufinden ist ...

Antje und ich packen konfus einige Sachen zusammen, Disketten voller Notizen, längeren Texten und vielen Ideen. Wir „fliehen" in den Garten. Wenn schon Häuser einstürzen könnten, dann lieber nicht unter ihnen sein, sondern dort, wo ihr Schatten allenfalls Moos gut gedeihen lässt.

Wir haben in den Jahren Büsche und Bäume durchgebracht, einer gequälten Birke vom Autobahnrand Asyl gewährt und wilde Blumen an das Hofklima gewöhnt. Manchmal lieben wir die kleine Oase. Manchmal, wenn wir gegenüber die Nazi-Rentner hinter ihren feierabendlich zugezogenen, dicken Vorhängen endlich nicht mehr sehen müssen.

Der Keller hat noch „Luftschutz"-Stahltüren. An den Hausmau-
ern in der Straße sind weiß getünchte Hinweisschilder zu den
nächsten Bunkern zu sehen. Als der wunderbare Regisseur und
Dokumentarist Eberhard Fechner Anfang der Siebziger Walter
Kempowskis Familiensaga «Tadellöser & Wolff» verfilmte, da
wählte er Heimfeld als Drehort für die Szenen des russischen
Einmarsches in Rostock, hauptsächlich die *Wattenberg*- und die
Meyerstraße. Hinter den Häuserfassaden ließ es sich so spießig
und verlogen leben wie noch im Zweiten Weltkrieg – und die
Straßenzüge, so freute es die *Harburger Anzeigen und Nachrichten*, sähen noch „genauso aus wie nach dem Krieg". Eine per-
fekte Kulisse, die nicht erst lange vorgeben muss, etwas nicht
gewesen oder nicht mehr zu sein. Alles ist, wie es war. Alles
wird, wie es war – auch wenn es nur kurzzeitig für einen Film
so sein musste.
Oder für eine Bombenräumung. „Im Garten ist es sicherer",
sage ich zu Antje. Ich hatte einen maladen Rücken bekommen,
als ich Mitte der Siebzigerjahre einzog und mit Jürgen VW-
Busladungen voller Trümmer von der bombardierten Rück-
front des Hauses aus dem Garten abkarrte auf die Deponie
Georgswerder.
Auf der wurde später Dioxin von *Boehringer* gefunden, jenes
Dioxin, das als Abfall der Produktion von Napalm übrig geblieben war.
Jenes Napalm, das in Vietnam keine Blätter an den Bäumen,
kein Korn am Halm und keine Haut am Körper gelassen hatte.
Das Vietnam, das auch gleich um die Ecke in einem Berg schlief
oder schon als Gift in das Wilhelmsburger Grundwasser plätscherte.
So klein war die Welt, so kurz die Geschichte.
Ich wusste also, wie weit Mauersteine aus Häusern geflogen
waren, als britische Bomben hochgehen. Deshalb kenne ich
den „sicheren Platz" im Garten genau. Als wäre ich dabei gewesen.

Es ist feucht und kalt – es ist dunkel. Der Krieg ist wieder da,
unerklärt, unerklärlich. Er kommt überall über Europa, weil
wir die alten Geister eigentlich nie in den Griff gekriegt haben.
Und sei es nur, dass demnächst vielleicht ein Müllhaufen explodiert und Hamburg so enthaust wie Seveso.

Wir stehen ratlos da und überlegen, was wir wohl noch „von drinnen" holen müssten. Ich hab 1985 dazu ein Buch geschrieben, „Wo, bitte, geht's zu meinem Bunker?" – und nun wusste ich nicht, was wichtig war. Damals hatte ich überlegt, was ich denn wohl fürs „Überleben" einpacken würde. Es fiel mir nichts ein – außer Antje, die Liebe, das Essen, das Kochen, der Garten. Aber das alles passte nicht auf ein paar Quadratmeter.

Es dauert bis 22.30 Uhr – dann kommt im „Weltempfänger" die „Entwarnung".

Aber wo ist der Frieden geblieben?

Anmerkungen

Diese Tagebuchnotizen sind leicht redigierte Auszüge aus «Ist das noch mein Land? Ein deutsches Tagebuch» (*Rasch & Röhring*, Hamburg Oktober 1994), S. 24-32.

Inzwischen rasen schwarze BMWs und *Audis* auf der Straße, vorbei an Kinderspielplatz und Altenheim.

Es wurden noch viele Bomben gefunden, zuletzt drei im Sommer 2012. Der Stadtteil Heimfeld wurde komplett evakuiert. Es dauerte diesmal bis weit nach Mitternacht, weil die Polizei überraschend auf eine Quarantänestation im Altenheim stieß, in der dutzende hilflose alte Menschen verwahrt wurden, die mit „multi-resistenten Keimen" infiziert waren.

Der Krieg, so sagt man, wird nach dem Ende der „Blockkonfrontation" nicht mehr kommen. Aber die Russen kommen täglich mit Wodkaflaschen bewaffnet ums Eck; sie wohnen in Blocks auf dem früheren Gelände einer der vielen Kasernen in Harburg.

Im Jahr 2001 griffen unter anderem drei in Harburg lebende Studenten die beiden Türme des „World-Trade-Centers" mit entführten Personenflugzeugen an. Seither heißt es in der „Weltpolitik einvernehmlich, nichts sei mehr so, wie es war.

Eigener Bedarf

Der Blick aus dem Sprossenfenster in den Hinterhof ist getrübt. Zwar reicht er weit. Aber zu weit. Da liegt unübersehbar eine umgebrochene und sodann planierte Erdebene. Dahinter könnte es abfallen ins All.

Nur die Erinnerung reicht über diese Kante. Da standen doch gestern noch zwei Pflaumenbäumchen, die erste Früchte trugen. Da wuchs ein kleiner Birkenhain bis in Dachhöhe. Eine Fliederhecke säumte den Rasen und die Rabatten.

Nun lugt in einigen Ecken noch der umgepflügte Rasen hervor. Sogar der Wein, der um die Fenster bis in den ersten Stock rankte, ist vom Haus gerissen. Es steht nackt da. Die rußigen Verletzungen des Weltkrieges sind auf dem bröckelnden Putz wieder zu sehen.

So hat es der Vermieter veranlasst. Dem mehrmaligen „Schützenkönig" war der Garten „zu ungepflegt". Wir „leben nicht im Bolschewismus", sagt er.

Er muss es wissen. Denn er ist als junger Mann „nach Russland gezogen", wie er gerne immer wieder erzählt. Bei den „Gebirgsjägern" war er, ausgerechnet er, ein Norddeutscher. Die Gebirgsjäger lockten eben als Elite der Naziherrschaft. Anders als „die Bolschewisten" – die sind ja wohl ungepflegt. Das zumindest weiß man in Deutschland seit jeher.

Er könne doch mit „seinem Eigentum machen, was er wolle", schnauzt er.

Es ist sein Eigentum. Nicht nur das Haus. Auch das, was in die Erde eingebracht wird, ist ab dann sein Eigentum. Laut *Bürgerlichem Gesetzbuch* (BGB).

Nur die Mieter sind noch nicht sein Eigentum. Aber sie dürfen jedenfalls nicht einfach pflanzen, was sie wollen, bloß um es nach hinten raus wie in der Natur zu haben, um Heimfeld, die stinkenden Fabriken im nahen Harburger Hafen und überhaupt die lärmende Welt drumherum zu vergessen.

Denn die Welt kommt auch in diesen Garten. Da können die umliegenden Häuser noch so hoch sein. Gestern kam sie sogar in Uniform, um die Ordnung aufrecht zu erhalten.

Nein, sagt der Polizist. Wenn einer Bäume fällen lasse, die er gar nicht gepflanzt habe, könne der das wohl so machen.

Naja, sagt der ebenfalls herbeigerufene Gartenbauamtsleiter. Man müsse mal die Stammdicke messen; ob der Eigentümer dann nicht eventuell, womöglich doch noch eine „Fällgenehmigung" brauche, von ihm, dem Amtsleiter.

Ihn nennen die solchermaßen vom Fällen abgehaltenen „Gartenbauer" hinter vorgehaltener Hand den „Grünen Ayatollah", eben so einer wie Chomeini. „Nein", sagt Antje, „ich kette mich hier an, bevor der Baum umgelegt werden soll."

Am liebsten würde der Vermieter gleich alles herausreißen. Auch Mieter, die ihm solchen „Ärger machen".

Doch da kann er keine Axt anlegen. Es gibt da noch ein paar Rechtsprobleme. „Früher war das anders," sagt er gerne.

Schon zweimal hat der Vermieter „fristgerecht gekündigt". Die Axt ist stumpf. Sie fällt nicht mehr. Sie schneidet nur tief.

Der Vermieter prahlt gerne mit seinem Eigentum. Er sei stolz, „einige Wohnungen ´mein eigen´ nennen zu dürfen und etliche hundert Wohnungen in der Verwaltung" zu haben.

Herr Gerhard A. ist nämlich erfolgreicher Makler. Sein Name prangt deshalb auf dem Rücken des „Örtlichen Telefonbuches". Er leuchtet auch von einem Neonschild auf einem Büroklotz am *Innenstadtring*, gleich neben der „Einkaufszone".

Wir leben ja nicht im Bolschewismus.

Jeder hat so seine Bedürfnisse. Auch ein Vermieter. Herr A. beispielsweise hat „Eigenbedarf". Und das schon länger. Und immer wieder.

Beim ersten Mal, 1978, war es noch schwierig für ihn. Das *Harburger Amtsgericht* wollte „Gründe" hören. So stand es im sozialdemokratischen Reformgesetz, das einen „Mieterschutz" versprach. Ein Eigentümer sollte Mieter nicht einfach nach Belieben auf die Straße setzen dürfen. Es sollte schon ein wenig gesittet zugehen.

Aber Gründe gibt es im Leben immer. Sein Sohn Wolfgang, der „Junior" gerufen wurde, werde „sich selbständig machen". Da wolle der Vater mit einer „preiswerten" Wohnung „zum Start" helfen.

Die anderen sechs Wohnungen im selben Haus oder die hunderte in anderen Häusern kämen nicht in Frage: Da seien die Mieten viel höher. Nur dieser eine Mieter da, der habe sich immer gegen seine „Mieterhöhungsbegehren" widersetzt.

Da waren ihm sogar schon mehrere Prozesse verloren gegangen. Der Mieter zahle, nach so viel Ärger, doch noch nicht einmal so viel, dass die Kosten für den Eigentümer hereinkämen. Und dessen Sohn Wolfgang könne sich gerade mal so eine Wohnung leisten. Glück gehabt, dass einer seinen Vater von maßlosen Mieterhöhungen abgehalten hatte! Außerdem brauche „der Junior" mehr Platz als in seinem größeren Reihenhaus am Stadtrand. Schließlich wolle er „eine Familie gründen".

Der renitente Mieter hingegen sei bloß ledig. Und dass dessen Freundin inzwischen bei ihm wohne, sei ohnehin zumindest moralisch nicht statthaft – rechtlich leider schon.

Denn Herr A. hatte bei ihrem Einzug „fristlos" gekündigt, weil seine „Zustimmung" für diese Unsitte nicht vorliege. Möglicherweise handele es sich um unerlaubte „Untervermietung". Die „Wohnsubstanz" könne „Schaden nehmen". Nein, ein unmittelbar bevorstehender Studienabschluss des Mieters und auch seiner Freundin könne „kein Grund" sein, auf eine „augenblickliche Kündigung zu verzichten". Es sei dem Mieter nämlich „durchaus zuzumuten", mit dem Vorortszug täglich eine Dreiviertelstunde in die Hamburger Innenstadt zu fahren, um in den Arbeitsräumen der Universität statt zu Hause in Harburg zu lernen. Danach eine Dreiviertelstunde Rückfahrt, na und?

Der Richter prüfte den „Eigenbedarf" des Herrn A. wohlwollend. Schnippisch fragte er allerdings, ob denn nicht kürzlich gerade „der Junior" da vor seinem Amtstisch gestanden habe – mit der Prokura der väterlichen Firma ausgestattet? Da sei die Gründung einer eigenständigen Existenz wohl noch sehr vage. Auch sei die „Familiengründung augenscheinlich" angesichts dessen ranker Gattin „noch nicht sehr fortgeschritten".

Die Klage sei daher vorerst abzuweisen.

Vorerst. Die Welt ändert sich. Die Frau des Herrn A. war bald danach verstorben. Wolfgang arbeitete immer noch in der Firma seines Vaters. Sein Reihenhaus hatte er gegen ein komfortableres Bauernhaus im Grünen, in Marmstorf, getauscht. Nur seine Familiengründung kam, anders als ausgesagt, nicht so recht voran.

Der Mieter war inzwischen diplomiert und promoviert. Die Freundin war längst ausgezogen. Nun wohnte Antje mit ihm und lehrte ihn die Liebe zum Garten.

Und was die Welt nicht ändert, ändern die Gesetze. In Bonn regierten seit 1982 Christdemokraten, nachdem die „Liberalen" plötzlich ihr Bündnis mit den Sozialdemokraten aufgekündigt und sich mit Helmut Kohls Getreuen heimlich verabredet hatten. Man ignorierte das Votum der Wähler und tauschte mitten in der Legislaturperiode einfach mal den Kanzler aus.

Nachdem der Unmut über derlei Tun anhielt, beantragte Helmut Kohl später ein „Misstrauensvotum" gegen sich selber, um „den Weg für Neuwahlen frei zu machen". Tatsächlich wurde er weder von den verbündeten Liberalen noch von seinen eigenen Christdemokraten im Amt bestätigt.

Man muss immer nur wissen, wie gerade der Bedarf ist. Es musste also „neu" gewählt werden, weil ihrem Gewissen verpflichtete Abgeordnete einem vertrauten, dem sie gerade „das Misstrauen aussprachen". Wir leben ja nicht im Bolschewismus.

Der Wähler nahm's nicht krumm. Endlich kamen die „Sozis" weg, die nach der überwiegend veröffentlichten Meinung mit ihren „sozialistischen Ideen" der Wirtschaft so „schweren Schaden" zugefügt hätten.

Endlich konnten auch die „Mietgesetze" wieder „liberalisiert" werden, um den „Wohnungsmarkt" zu entspannen.

Da war er dann wieder: der „Eigenbedarf". Beim zweiten Mal, zehn Jahre später, lächelte der Makler A. siegesfroh. Es gab erste vermieterfreundliche Freibriefe von hohen Richtern. Das *Hanseatische Oberlandesgericht* hatte beispielsweise Verständnis: Die bloße Behauptung von „Eigenbedarf" sei als ausreichend für einen „Räumungsbeschluss" anzusehen.

Ein Amtsrichter in Harburg ignorierte solchen allgemeinen Willen der oberen Richter zunächst. Er wolle konkrete Argumente für den „Eigenbedarf" hören, mal so informationshalber.

Er hörte und glaubte gleich: Stiefsohn Elmar L. – Herr A. hatte sich noch einmal verheiratet – studiere in Harburg, an der *Technischen Universität*. Er stehe kurz vor dem Abschluss. Da sei ihm die tägliche Anfahrt aus der Hamburger Innenstadt nach Harburg nicht zuzumuten. Überdies benötige er eine größere Wohnung, weil er mit seiner Freundin zusammenziehen wolle. Es half keine Gegenrede. Beispielsweise, dass der Stiefsohn bereits zu seiner Freundin nach St. Georg gezogen sei und nun unmittelbar an jener neu gebauten S-Bahn wohne, die inzwischen vom Hauptbahnhof in einer Viertelstunde zur *Technischen Universität Harburg* führte. Oder dass er die benötigte Wohnung noch nie gesehen habe, andererseits aber auch nicht in eine grundrissgleiche einziehen wolle, die im Haus gerade frei werde.

An Weihnachten erging „Im Namen des Volkes" ein Urteil, dass die Wohnung – nach über dreizehn Jahren Mietdauer – binnen weniger Tage zu räumen sei.

Der Anwalt des Mieters konnte wenig Mut machen. Mit einer „Sprungrevision" vor das *Oberlandesgericht* sei zumindest „noch ein wenig Zeit" zu gewinnen. Der Prozess werde allenfalls der Wohnungssuche den Stress nehmen.

Doch es kam überraschend anders. Die nächsten Richter verstanden angesichts des drängenden „Eigenbedarfs" nicht, wieso denn weder Sohn noch Stiefsohn in die mittlerweile „frei" gewordene Wohnung im Haus eingezogen seien und sie stattdessen in anderen Wohnungen woanders doch ganz gut lebten. Sie wollten wissen, warum die Kinder eines mehrfachen Millionärs denn überhaupt solche geschilderte Not litten.

Das Urteil wurde aufgehoben. Der Mieter durfte bleiben. Der Garten dann nicht. Der Makler wütete ihn platt.

Es war nur ein weiteres Urteil von vielen, zwischendurch. Denn auch Prozesse, die eine „Zustimmung" zu einem „Modernisierungsverlangen" erwirken sollten, oder mehrere wegen angeblicher „Mietrückstände", die sich durch das „Nichtbeheben angezeigter Mängel" ergeben hatten, waren abzuschließen.

Mittlerweile waren beim Mieter Vertreter der *Allianz*-Rechtsschutzversicherung erschienen und hatten ultimativ eine drastische Erhöhung der Police verlangt, weil „zu häufig prozessiert" werde – egal, dass der Vermieter ihn so häufig verklagt hatte und dass die Verfahren letztlich gut für den Mieter ausgegangen waren. Man muss ja kalkulieren.

Der so oft Beklagte sei ein „rebellischer Mieter", schrieb ihm der Makler A. einmal zwischen den Prozessen. Den Mieter grämte das nicht so sehr. Nur war ihm der fast alltäglich gewordene Ärger und Terror zuwider.

So hatte der Vermieter die Detektei Walter L.-S. angeheuert, um die „Einkommensverhältnisse" und die „politische Meinung" des unbeugsamen Mieters genau erkunden zu lassen. „Gewinnt alle Prozesse", stand missmutig auf der alsbald angelegten Ausforschungsakte, die auch Gesprächsnotizen mit Nachbarn und Beobachtungsprotokolle enthielt. Die Spitzel hatten sich als „Onkel" oder „Cousin" eingespeichelt.

Der Eigentümer Herr A. schickte auch seine Schützenbrüder, mal in der Rolle als Klempner oder mal als Zimmerleute ins Haus. Diese bekundeten später vor Gericht als „Zeugen", in der „strittigen" Wohnung gäbe es „übermäßige Pflanzenhaltung", weshalb „die Wände schimmelten".

Späterhin wurden einige von ihnen von ihrem Brötchengeber verklagt, weil sie angeblich überhöhte Rechnungsbeträge ausgestellt hatten, die er sich als Vermieter freilich bereits durch die Nebenkosten-Umlage bei den Mietern hereingeholt hatte. Man verdient ja gern doppelt.

Die Mieter bekamen jedenfalls keinen Pfennig zurück von dem Geld, das er zuvor den Seinen zugeschustert hatte. Es hatte bei keiner Auftragsvergabe einen Preisvergleich gegeben. Wozu auch. Wir leben ja nicht im Bolschewismus.

Freunde machte sich der Makler A. damit mal so, mal so.

Im Garten hinter dem Haus gibt es seit 1989 jedenfalls keine „übermäßige Pflanzenhaltung" mehr. Jemand, der im Krieg war, weiß, wie flach Land schon mit ein bisschen roher Gewalt werden kann. Was nach dem Krieg mit der grundgesetzlich garantierten „Unverletzlichkeit der Wohnung" und der „Sozialbindung des Eigentums" gemeint war, weiß er auch. Sie gelten bis zum „Eigenbedarf". So frei ist ein Mieter. Eine Wohnung ist nur „frei", wenn der Mieter aus dem Weg ist.

Anmerkungen

Ein Teil dieser Geschichte war nach einem vermieterfreundlichen Urteil des *Bundesverfassungsgerichts* unter der Überschrift „Von den Eigenheiten des Wohnungsbedarfs" in der Rubrik „Inland aktuell" in der *tageszeitung* am 15. Februar 1989 zu lesen, auf Seite 5.

Mit den Jahren sind im Haus noch mehrfach Wohnungen in jeder Größe frei geworden. In 2004 stand das zweite Geschoss des Hauses monatelang komplett leer. Doch trotz des gerichtsbekannten „Eigenbedarfs" scheuten Wolfgang „Junior" A. und Elmar L. den Umzug.

Als zum Sommer 2005 wieder Wohnungen des Vaters frei wurden, trat vielmehr der Junior-Makler auf und erbat Honorar für die „Vermittlung" jener Wohnungen, für die dann wohl kein „Eigenbedarf „mehr bestand.

Der Makler Gerhard A. genießt seinen Lebensabend, wenn er nicht gerade beispielsweise versucht, die „Zustimmung" seines Mieters rechtlich durchzusetzen, einen seiner Schützenbrüder überteuert die modernisierte Heizung warten zu lassen.

Im April 2005 „mahnte" er den Mieter erneut ab, weil Efeu an der Hauswand hochkrabbelte. Er hatte mittlerweile die Kanzlei Harald P. und Peter B. aus Hamburg-Neugraben beauftragt. Diese hatte zuvor, als Beauftragte der Mieter, stets gegen ihn gewonnen. So hegte er wohl die Hoffnung, diese Anwälte würden für ihn zu Recht machen, was er sich immer noch und immer wieder hinbog – wenn sie doch sogar schon ihre Mandanten verrieten ...

Die *Anwaltskammer der Hansestadt* ermahnte den Anwalt Peter B. und versagte ihm weiteren Mandantenverrat. Die von der Kammer angerufene *Generalstaatsanwaltschaft* stellte ein Verfahren gegen den Anwalt rasch und umstandslos „gegen eine Geldbuße" ein.

Der Garten blühte indessen wieder üppig mit nach und nach gepflanztem Vergissmeinnicht, Flieder, Ginster und Rhododendren. Im Frühjahr 2007 ließ der Vermieter Gerhard A. ihn, wieder ohne Genehmigungen, komplett roden und planieren.

Auch alte Bäume fielen, vor die sich der Gartenamtsleiter einst gestellt hatte. Die neue Amtsleiterin zuckte die Achseln; ihr Beamter verlangte vom Hauseigentümer lediglich eine beliebige „Ersatzbepflanzung". Die Mieter wurden für ihre entfernten, zerhackten und zertrampelten Pflanzen nicht entschädigt. Man ist als Vermieter frei, keine Schandtat auszulassen.

Die *Handelskammer Hamburg* gab ihm das Siegel „Ehrbarer Kaufmann" für das Briefpapier.

Guter Stern

Es waren einmal schöne Zeiten. Ein guter Stern stand stets über dem riesigen „Zweigbetrieb" in Hamburg-Harburg. Auch tagsüber. Morgens, wenn durch die engen Reihen der aufgehübschten Häuschen der ehemaligen „Behelfssiedlung" Bostelbek die Frühschicht mit Karossen in das *Mercedes*-Werk einfuhr, liefen deren Fließbänder noch.

Wie gestern und vorgestern, fast glaubte man, wie eh und je.

Woanders war das allerdings schon anders. Da mochte ein noch so großer Stern als Firmensymbol auf dem Werksdach funkeln – in Nord-Württemberg und Nordbaden wurde jedenfalls seit Tagen gestreikt.

Aber am Rande Hamburgs, in den Mooren nahe Moorburg, gingen die Uhren scheinbar anders.

Zwar waren 1963 ausgerechnet hier, erstmals in Deutschland, Arbeiter überraschend „ausgesperrt" worden. Solches unternehmerische „Kampfmittel" hatte das *Bundesarbeitsgericht* sogar zwar, schon 1955, als „Parität" gegen den „gewerkschaftlichen Streik" anerkannt. Aber beides war lange her, war längst vergessen. Es hatte doch das „Wirtschaftswunder" gegeben.

Es ging doch allen gut! Immer noch. Die „Jahreswagen", die man vom eigenen Werk günstiger erwarb, waren schon weiterverkauft, ehe sie noch gefertigt waren. Die eigenen Häuschen fernab der Arbeitsstätte waren mit den Jahren abbezahlt worden. Der Lohn reichte für so manches.

Vergessen war auch jene Zeit, als an derselben Stelle das *Tempo-Werk* den Bach runterging. Es hatte praktische, preiswerte Nutzfahrzeuge für Kleinunternehmer gefertigt.

Nun, 1984, waren auf einmal in ganz West-Deutschland gleich 65.000 Arbeiter in 35 Metallbetrieben „ausgesperrt" – ob sie nun streiken wollten oder nicht, Parität hin oder her.

Nur nicht in Harburg. Warum auch nicht? Warum sollte man hier nicht einmal mehr Glück haben als sonst?

Oder war das ein „Gebot der Verhältnismäßigkeit der Kampfmittel", wie es 1971 noch das *Bundesarbeitsgericht* schlicht bekräftigt und „für Recht" befunden hatte? Gingen die Arbeitgeber moderat vor und belohnten die Fleißigen, die Zufriedenen, die ganz Ruhigen, die Harburger zumal?

Der Starkstromelektriker Egon Knop freute sich, an einem Donnerstag Mitte Mai 1984, jedenfalls auf Sardinien. Seit Jahren hatte er sich einen solchen Urlaub nicht leisten können. Denn seine Frau Marion war durch Multiple Sklerose ans Bett gefesselt. In diesem Jahr wollten die Eltern die Pflege der bettlägerigen, jungen Frau übernehmen. Sie und ihre Schwester waren ohnehin stets zur Stelle, wenn der 33-Jährige Spät- und Nachtschichten bei *Daimler-Benz* verbrachte. Er ließ die Frau tags nur ungern zurück.

Aber das Geld zu verdienen, war ihm „wichtig". Wichtiger als in anderen Haushalten, in denen es für allerlei, gar für Schnickschnack und Tand, ausgegeben wurde. Wenn Egon Knop auf manch scheinbar Unnützes sparte, machte das oft für ihn Sinn. Er kaufte Marion endlich die weiße Lederjacke, die sie sich immer gewünscht hatte. Sie lag, abgemagert bis auf die Knochen, den Rücken vom Liegen wund, darin wie in einem weichen Fell. Marion weinte, als Egon sie ihr anzog. Nur lag das nicht an den Schmerzen.

Am nächsten Tag würde er mit dem Rucksack in Italien neue Erfahrungen sammeln. Das erste Mal nach langen Jahren wieder „draußen", durchatmen, Landschaft sehen, möglichst an nichts weiter denken als das Schöne im Leben. Die Freude darauf wollte er sich nicht von dem tagelangen, unruhigen Gerede von einer bevorstehenden „kalten Aussperrung" nehmen lassen.

Italien ist allerdings nicht nur ein schönes Urlaubsland. Artikel 40 der italienischen Verfassung nennt – wie der bundesdeutsche *Grundgesetz*-Artikel 9 – lediglich ein „Streikrecht". Eine „Aussperrung" ist deshalb dort nicht gleich rechtens.

Anders in Deutschland, wo die ebenfalls unerwähnte „Aussperrung" sogleich die Phantasie von Juristen anregte, die Füllung solcher Lücke schon deshalb als nur Recht und billig anzusehen.

Das „Grundrecht" auf Streik war in Deutschland nach den Erfahrungen des NS-Zeit verändert worden, in der Gewerkschaften aufgelöst und mit Arbeitgebern zur „Arbeitsfront" zusammengeschlossen worden waren. Dieses alleinige Recht der Arbeitnehmer war also geschichtlich bedingt und mitnichten profan interpretationsbedürftig gewesen: „Abreden, die dieses Recht einschränken oder zu behindern suchen, sind nichtig, hierauf gerichtete Maßnahmen sind rechtswidrig." Es erforderte daher die volle Arbeitskraft geschichts- und gewissenloser Juristen, diesen einfachen Gedanken so zu verdrehen, dass solcherlei „Abreden" zur Einschränkung des Streikrechtes, also beispielsweise die „Aussperrung", lediglich „Waffengleichheit" in einer unbewaffneten, stattdessen stark geregelten Auseinandersetzung „gewähren" sollten.

Im sonnigen Süden hingegen wurden bei derselben Ausgangslage im Gesetzestext, beispielsweise im Falle der unerwähnten, also gesetzlich eben nicht gesondert geschützten „Aussperrung", schlicht Vertragsstrafen gegen den Arbeitgeber verhängt, wegen „nicht eingehaltener Kündigungsfristen".

Auch bei nur kurzzeitiger „Aussperrung" musste der Arbeitgeber den vereinbarten Lohn fortzahlen.

Als der Urlauber Knop in Italien gerade ankam, wurden daheim vierhundert seiner Kollegen „freigesetzt". Sie kriegten Zwangsurlaub. Mit Schönwetter war es daheim vorbei.

Wenig später wurden weitere dreihundertfünfzig der insgesamt 2.500 *Mercedes-Benz*-Mitarbeiter nach Hause geschickt. Es seien durch den „Metallerstreik" im Süden der Republik nicht mehr genügend Montageteile für die Fertigung in Harburg vorhanden, gab Werksleiter Volker Heinz zur Begründung an.

Der Betriebsratvorsitzende Fritz Behrens konnte das gar nicht glauben: „Wir können noch eine ganze Weile mit der vollen Belegschaft produzieren, auf Vorrat – genügend Lagermöglichkeiten haben wir."

Doch der Herr Heinz hielt dem Metallgewerkschafter Behrens ausgerechnet dessen Sorge um die Arbeitsplätze vor. Sie war der Auslöser für den Streik gewesen: Die Gewerkschaft setzte sich – mehr noch als für mehr Lohn – für eine 35-stündige Arbeitswoche ein, um die Gesundheit der Kollegen zu schonen und mehr Arbeitsplätze zu schaffen. Herr Heinz aber folgerte eigensinnig: „Jeder Tag, den wir jetzt weiterarbeiten, kostet uns nachher zehn Arbeitsplätze."

Da hätten Gewerkschafter also schon weit früher die Arbeit einstellen müssen, um hernach tausende Arbeitsplätze zu retten? Die Arbeiter, die nun durch „Betriebsanordnungen" – und nicht wegen ihrer fernen „Streikleitung" in Stuttgart – nicht mehr arbeiten durften und die gar nicht erst streiken wollten oder mussten, damit ihre Arbeitsplätze erhalten blieben, bekamen jedenfalls für ihre „Aussperrung" keinen Pfennig Geld.

Denn weder hatte es schon in Hamburg eine im Streikrecht vorgesehene „Urabstimmung" über einen Streik gegeben – nur diese wäre die Grundlage für gewerkschaftliche Solidaritätszahlungen bei einem geplanten Streik oder, erst in seiner Folge, einer möglichen „Aussperrung" gewesen.

Noch sah der Leiter des zuständigen *Arbeitsamts Harburg*, Winfried Gründel, eine behördliche Hilfsmöglichkeit für die „Ausgesperrten". Normalerweise stand jedem Menschen ohne ein Einkommen „Arbeitslosengeld" zu oder zumindest „Sozialhilfe". Der Präsident der *Bundesanstalt für Arbeit*, Heinrich Franke (CDU), ehemals Staatssekretär in der von Geldgebern wie dem Flick-Konzern geschmierten Kohl-Bundesregierung und somit Kanzler-Statthalter, „erinnerte" Gründel jedoch an die „Neutralitätspflicht" des *Arbeitsförderungsgesetzes*. Auf dessen Grundlage wurde normalerweise Arbeitslosengeld oder -hilfe gewährt. Dies sei in diesem Fall nicht möglich.

Diese „Neutralität" des Parteimannes Franke war schon arg verwunderlich: Denn Arbeitnehmer durften somit kein Geld aus ihrer Arbeitslosenversicherung bekommen, in die sie eben für den Fall eingezahlt hatten, dass sie mal ohne Arbeit und also ohne Lohn dastünden.

Und die Arbeitgeber, die ihnen diesen Lohn nicht länger zahlten und damit viel Geld sparten, bekamen ganz „neutral" auch nichts aus dieser Kasse. Was ihnen allerdings ohnehin nicht zugestanden hätte. So „neutral" können Beamte von Parteignaden in Deutschland gegen ihre Bürger und Betragszahler ungeniert wie ungestraft vorgehen.

Der *Mercedes*-Dreher Horst Helfen bekam gleichwohl Geld, ausnahmsweise: Sein lange geplanter, bezahlter Urlaub begann zufällig in jener Woche.

Er hatte ursprünglich gar nicht streiken wollen – aber nun änderte sich seine Meinung. „Am liebsten würde ich hier bleiben", sagt der 30-Jährige.

Der Betriebsrat war seinerseits völlig ratlos: „Es sind ja ohnehin kaum noch Kollegen im Werk, mit denen sich etwas gegen solche kalte ´Aussperrung´ organisieren ließe."

Also fuhr Horst Helfen an einem Montag statt in die Ferien mit einem von zehn Sonderbussen aus Harburg zur Metallerdemonstration gegen die „Aussperrung" nach Bonn – und gleich danach mit dem Rucksack weiter nach Frankreich.

Auch dort gibt es, wie in Italien, Lohnfortzahlung bei „Aussperrung". Sie wird von den dortigen Gerichten als „Missbrauch der wirtschaftlichen Überlegenheit der Arbeitgeber" angesehen, sogar dann, wenn es besonders schutzwürdige, unbeholfene deutsche Arbeitgeber im Ausland sein sollten, wo sie nicht immer auf Händen getragen werden.

Nur in Deutschland werden jene vielmehr nachsichtig umsorgt, ausgerechnet von eigentlich doch dem Gemeinwohl verpflichteten und von der Allgemeinheit bezahlten Beamten in Land und Bund und von weithin vom Bürger alimentierten Politikern, sofern jene nicht bereits heimlich genügend Schmiergeld von Konzernen eingestrichen hatten wie der Wirtschaftsminister Otto Graf Lambsdorff von der FDP, Franz-Josef Strauß (CSU) oder Hans Matthöfer (SPD).

Nach drei Tagen zahlen in Frankreich zudem ersatzweise die Arbeitsämter, wenn ein Arbeitgeber gegenüber seinen Mitarbeitern plötzlich säumig ist.

„Die Neutralitätspflicht der Arbeitsämter gebietet doch geradezu die Gewährung von Kurzarbeiter- oder Arbeitslosengeld", meinte nicht nur der Betriebsratvorsitzende Behrens. Er rief deshalb das *Arbeitsgericht Harburg* eilig an. Dort wurde aber erst einmal lieber geklärt, dass der Betriebsrat gar „kein Mitbestimmungsrecht bei der unternehmerischen Freisetzungsentscheidung" habe.

Er habe ja gar „keine Anweisung" aus der Stuttgarter *Daimler-Benz*-Zentrale erhalten, beteuerte Werksleiter Volker Heinz. Er habe „allein aus betrieblichen Gründen" in Harburg so handeln „müssen".

Allerdings war nicht bekannt, dass er oder ein anderer Betriebsleiter je zuvor – einfach mal so – ein Werk ohne Anweisung oder Rücksprache mit ihrem Konzernvorstand dichtgemacht hätten.

Aber wo etwas gemusst wird, zählt eben keine Glaubwürdigkeit. Sie war vor Gericht ohnehin kein Thema. So geht „Neutralität" und „Waffengleichheit".

Wat mutt, dat mutt, sagt man in Hamburg.

Da hilft dann nichts und niemand. „Die Probleme werden erst am nächsten Fünfzehnten deutlich werden; dann ist Ebbe. Da haben die Kollegen jahrelang in die Arbeitslosenversicherung eingezahlt, und wenn sie arbeitslos werden, kriegen sie – aus ‚Neutralität' – keinen Pfennig. Und auch von ihren Gewerkschaftsbeiträgen haben sie jetzt nichts," sagte Horst Helfen vor seiner Abreise achselzuckend.

Was würde erst Egon Knop sagen, wenn er von Sardinien zurückkehrt und nicht mehr an seinen Arbeitsplatz darf?

Bloß, weil andere während seines Urlaubs hätten streiken können, wenn sie es denn überhaupt gewollt hätten. Und wenn sie nicht zuvor schon ausgesperrt worden wären, damit sie gar nicht erst wollen konnten.

Hamburgs Sozialsenator Jan Ehlers (SPD) kündigte den Betroffenen vor dem Werkstor „zügige Gewährung von Sozialhilfe" an.

Vom stolzen Facharbeiter zum Almosenempfänger ohne eigenes Zutun – wenn da keine Freude aufkommt!

Und auch der Sozialdezernent Heinrich Zeriadtke (SPD) im zuständigen Bezirksamt Harburg setzte sich mit dem verbliebenen *Mercedes*-Betriebsrat zusammen, um künftige Sozialfälle „über ihre Rechte zu informieren".

Freilich hatte auch Heinrich Zeriadtke so seine Bestimmungen: „Vor einer Gewährung, ob als Darlehen oder Zuschuss, muss ich erst die Vermögenswerte in Rechnung stellen."

Wer zu viel „Vermögen" hat, der bekommt doch keine Sozialhilfe. Das ist ja wohl mal ganz klar! Nachher machte der noch selber von all dem Geld, das auf ihn einprasselt, eine eigene Fabrik auf.

Zu den Vermögenswerten gehören selbstverständlich auch Autos. Die durften sich die Arbeiter immerhin sogar verbilligt in „ihrem" Werk kaufen.

Ein Wagen, so der Sozialdezernent, sei „heutzutage lebensnotwendig" einerseits. „Aber ein *Mercedes*", das sei doch schon etwas anderes! Andererseits.

Anmerkungen

Der Bericht ist angelehnt an eine Reportage, die mit dem Zitat „Jeder Tag Arbeit bringt mindestens zehn Arbeitslose" überschrieben die „Aktuell"-Seite des *Deutschen Allgemeinen Sonntagsblatts* am 3. Juni 1984 aufmachte (Nr. 23, Seite 2).

Der Elektriker Egon Knop arbeitete bis zu seiner Verrentung 2012 im Bostelbeker Werk. Seine Frau starb früh. Der Chef der *Bundesanstalt für Arbeit*, Heinrich Franke, wurde 1993 zu vollen Bezügen pensioniert.

Im Juli 2004 verabschiedete die sozialdemokratisch-grüne Bundesregierung unter Gerhard Schröder „Hartz IV". Dieses Gesetz „legt" Arbeitslosen- und Sozialhilfe „zusammen". Es ist katzbuckelnd benannt nach dem Personalchef des *Volkswagen*-Konzerns, Dr. Peter Hartz. „Der Autobauer", wie der Konzernangestellte meist in der Presse tituliert wurde, hatte den Sozialdemokraten die Zusammenlegung von Arbeitslosen- und Sozial-Hilfe angeraten; so werden Arbeiter schnell zum Sozialfall. Schröder war zuvor Ministerpräsident in Niedersachsen. Das Land ist Großaktionär der *VW AG*. So liegt mehr zusammen, als es scheint.

Im selben Monat verlangte *Mercedes* übrigens von seinen Mitarbeitern in Sindelfingen die „Rückkehr" zur „Vierzig-Stunden-Arbeitswoche" – ohne Lohnausgleich, weil die *IG Metall* 1984 trotz der beschriebenen „kalten Aussperrung" doch noch die Arbeitsverkürzung hatte erreichen können.

Nennenswerten Widerstand gab es 2004 nicht, obwohl dies kräftige „Einbußen" bedeutete, vom gesellschaftlichen Rückschritt ganz abgesehen.

Die Arbeitnehmer schenkten ihrem lieben Konzern stattdessen eine halbe Milliarde Euro jährlich, einen weiteren Teil ihrer Lebenszeit und eine gute Miene.

In beiden Konzernen, *VW* wie *Mercedes*, war das Eingeständnis einer unternehmerischen „Schieflage" allerdings weniger die Folge des Müßiggangs ihrer Arbeiter, sondern die unübersehbarer Managerfehlleistungen. Es wurden beispielsweise bei VW unter anderem Luxuswagen gebaut, obwohl „das Volk" sich nie einen „Wagen" Typ „Phaeton" würde leisten können. Es wurden andere Hersteller „zugekauft", obwohl und weil deren Rentabilität so

problematisch war, dass sie zum Verkauf anstanden. *Mercedes* baute die Luxuskarosse „Maibach", ein Relikt aus einem Kapitalismusverständnis der Vormoderne.

Doch öffentlich bemängelt wurden nur die erkämpften Rechte der Arbeitnehmer. Es wurde sogleich nach gesetzlichen „Einschränkungen" gerufen, beispielsweise nach einer „Lockerung des Kündigungsschutzes".

Schnitte

Ein Anruf, ein Auftrag. So geht das manchmal. Manchmal, sobald es Eiliges zu berichten gilt. Oder das Eilige gerade nicht geliefert worden war und nun Unwichtigerem Platz machte. Oder etwas gebraucht würde, was niemand sonst als Thema anböte oder brächte.

So kam es unlängst: Schreibe doch mal einen Nachruf auf diesen Kollegen, ja, wie hieß der noch? Ja, der – genau! Der, der war doch gerade erst zu uns gestoßen, zwar. Aber wir werden ihm gedenken. Wer, wenn nicht wir als Gewerkschaftszeitung. Du hast wohl diesen Nawiewardernamenoch doch am besten gekannt! Oder?

Ich hatte schon fast an Viktor als Autor gedacht, aber der kannte den Jamenschichkannmirnichtallesmerken auch nicht. Wer kann schon alle kennen!

Ja, fünf Blatt so ungefähr, aber bitte bis Dienstag! Wir wollen Donnerstag in Druck, damit der Mitgliederrundbrief noch rechtzeitig vor der nächsten Vollversammlung da ist. Das geht doch, oder? Gibt ja nichts zu recherchieren.

Ja, am besten gleich auf Diskette abgeben. Bloß kein Papier! Sonst würde es auch per E-Mail noch gehen. Aber da gibt es oft Pannen. Ach, der Server! Lass mal! Wird schon! Die paar Zeilen! Ist doch schnell gemacht. Muss aber was Besonderes sein.

Ich schreibe also los: „Was soll man da noch sagen? Er hat es ja selbst nicht gewusst. ´Sie haben meine Stimme für einige Tage abgeschaltet´, war sein letzter geschriebener Satz, auf einem Zettel an seine Eltern. Da hatten Ärzte dem Krebskranken gerade einen Luftröhrenschnitt versetzt. Er war nie ein Freund vieler oder gar großer Worte."

So oder ähnlich wäre wohl ein guter Anfang für ein Ende: „Wenn er etwas zu sagen hatte, schrieb er. Und wenn er schrieb, war er. Aber er war nicht, was er schrieb."

Ja, so müsste es hingehen! Das liest sich gut. Und dann kommt der Dreh: „Und wenn er schrieb, war er. Aber er war nicht, was er schrieb." Aber wie weiter? So? „Deshalb wissen Wenige nur manches über ihn. Und viele vermissen ihn dennoch." Das geht. Ja, das ginge.

Ich schreibe also auf: „Mitte Mai 1997 erlag unser Freund und Kollege Joachim Bartels der ärztlichen Kunst und seiner Hoffnung, er werde die Krankheit, die er von Anfang an nicht ernst genommen hatte, schon durchstehen wie so manches in seinem Leben. Er wird vermutlich einen Sketch darüber schreiben, wenn es Tinte im Himmel gibt."

Tinte im Himmel? Ja, Tintenhimmel. Das klingt wie die merkwürdigen Geschichten, an denen er sich versuchte. Und es klingt so nett altbacken. „... wenn es Tinte im Himmel gibt." Ja, wenn! Aber vermutlich muss Gott an allem sparen, sonst hätte er nicht Joachim zu sich geholt. Warum sonst wohl? Ausgerechnet einen Autor! Naja. Also texte ich: „Im Anfang war das Wort. Nun ist überall Gerede, im Himmel vermutlich am meisten; sonst würde es auf Erden ein wenig entspannter aussehen. Im Himmel, da könnte doch so ein Autor wie Joachim, einer mit so viel Phantasie, ein wenig mithelfen, dass die Welt unter ihm nicht aus den Fugen geht. Einer, der an allem sparte, weil er musste. Nur nicht an Phantasie sparte er: Es war sein größter und einziger Reichtum, um den ihn nicht viele beneideten."

Wahrscheinlich hatte ihn auch kaum jemand bemerkt. Ich kannte ihn, lange bevor wir berufliche Schreiber wurden. Ich brauche mich nicht erst zu erinnern; es war alles immer schon da. Nun ist er fort und ich kann es gar nicht fassen. Eher würde ich an einen gütigen Gott glauben.

Ich schreibe nieder: „Joachim Bartels hat sein kurzes Leben lang am liebsten gelesen. Die *Harburger Bücherei* kannte er seit Jungentagen, als wäre es sein kleines Bord im halben ´Durchgangszimmer´, das er mit seiner jüngeren Schwester teilte, die abends in einem seitlichen, fensterlosen Flur schlief. Er fand sein Zuhause in den Büchern, verschwand in ihnen und igelte sich ein. Auf dem kurzen Schulweg-vom *Alten Postweg*, der *Grumbrecht*- und der *Friedrich-Naumann-Straße,* von der *Woellmerstraße* nach Hause mochte er kaum spielen. Danach hatten ihn endlich die Bücher wieder, die ausgeliehenen. Eigene hatte er kaum. Einige hatte er viele Male gelesen. Ich weiß nicht, welche. Er sprach nicht darüber. Nur manchmal fragte er mich in späteren Jahren nach Büchern, die er gelesen und verwirrt beiseite gelegt hatte. Ob ich wüsste, was da gemeint gewesen sei. Ob man zuvor etwas anderes hätte gelesen haben müssen, um sie zu verstehen?"

Irgendwie war aber alles anders gekommen als ich es je geahnt hätte: „Ich verstand ihn auf einmal nicht mehr, wusste noch weniger, was er las. Jedenfalls nicht mehr jene Geschichten von Reisen, Abenteuern und einer Zukunft, die ein Mal unsere hätte werden sollen."

Dabei war er wie ein offenes Buch: „Nach dem Abitur 1973 am *Friedrich-Ebert-Gymnasium* am *Alten Postweg* ’diente’ er als Ordonnanz bald Offizieren im Kasino und überhaupt der ’Landesverteidigung’ des ’Volkes der Dichter und Denker’."

Sein Vater war stolz auf ihn. „Auf dessen Geburtstag musste er in Uniform dem ehemaligen Schützenkönig und Kumpanen nachschenken." Ich schrieb ihm damals, dass ich meinte, sein Vater hätte ihn damit vergewaltigt. Ihm wäre so ein Gedanke nie gekommen; er ekelte sich nur, aber mehr vor sich selbst.

Alles Weitere ging merkwürdig schnell, nur für ihn nicht: „Danach erlernte er, der seine revoluzzernden Freunde belächelte, noch den Beruf des Genossen, in der *Verwaltungsberufsgenossenschaft* zu Hamburg. Deren Prosa sagte ihm gar nicht zu, obwohl sie der seinen nicht unähnlich war."

Was war da geschehen? Konnte ich das beschreiben? Würden meine Zeilen reichen? Ich hämmerte Buchstaben in die Plastiktastatur; das Zeilenende war beim Computer schwierig auszumachen, anders als beim Schlitten, den die alte *Adler*-Schreibmaschine noch rasselnd von rechts nach links bewegte. Da hörte man das Zeilen- oder Absatzende kommen. „Joachim Bartels war um seine Bücher gebracht worden – durch scheue Anpassung, ein berufliches Sicherheitsdenken und eine hemmende Fürsorge. All das erstickte ihn. Er wählte einen weichen Weg ins wabbelige Nichts, den er nicht in den Büchern gelesen, sondern dem Leben entlauscht hatte, dem Rauschen um ihn." Was für ein Blödsinn. „Entlauscht"? Ihm hörte sowieso selten jemand zu. Und er hatte ohnehin kaum etwas zu sagen; er machte nur noch Scherze. Wie sollte ich das bloß aufschreiben? „Dann, im Kreis seiner vielen Freunde, die über seinen Aberwitz und seine skurrilen Einfälle lachten, so, als sei er wirklich ihr Freund, fand er endlich die Kraft zum kleinen Traum: Wenn er schon nicht mehr Jungenstunden in der Stadtbücherei zubringen würde, wollte er wenigstens das deutsche Bibliothekswesen studieren. Doch das deprimierte ihn derart, dass er bald heftiger denn je Getränken zusprach und melodische Rockmusik in einer Band ausübte. Er spielte auch in Stadtteiltheaterstücken mit." Ein Mal war sogar Ibsen darunter, «Nora oder ein Puppenheim».

Was für ein Wort: „Stadtteiltheaterstücke"! Was sagte es? Theater in Stücken? Obendrein im Stadtteil? Es waren oft mehr Teile als Stücke; Stadt war da nie: „Als Laienschauspieler ging er für Jahre 'on the road', genauso wie ein echter Rockmusiker. Manchmal spielte sein Leben wörtlich 'auf der Straße'. Mit den *Tenement Funsters* übte er früheste 'Comedy' aus, oft wild, manchmal melancholisch, und häufiger so verzweifelt, dass die Leute am Straßenrand und in den kleinen Sälen lachen mussten. Er war ein später Böll'scher Clown, allerdings ohne Ansichten." Eigentlich war sein Leben ein Strindberg´sches Drama.

Ich war zum Glück nicht mit dabei. Andere zogen mit ihm umher, beispielsweise Carsten Pape, der immer noch vor Träumen quietschte. Ich kannte Joachim kaum wieder, wenn ich ihn mal traf. „Das scheinbar wilde, freie Leben in gastfreundlichen Wohngemeinschaften und billigen Hotels zehrte ihn aus. Schließlich – gerade als 'der Erfolg' kam und Fernsehauftritte sich häuften – ließ er sich wieder in Harburg nieder, in einer Wohngemeinschaft liebenswerter Chaoten, allesamt irgendwie Musiker, Altenpfleger, Lebenskünstler und andere negative Standortfaktoren." Für diese Clowns war er ein Held.

Ich besuchte ihn. Er kochte Kaffee, in dem der Löffel stand. Nüchterner wurden wir dabei selten. Ich spürte, wie froh er war, wenn ich ging. „Er las und las. Er zeichnete Comics und Cartoons, machte einige eigene Ausstellungen – und finanzierte das mit der Reinigung von Öltanks und Toiletten, schließlich mit Verleihen in der Videothek seines Schwagers. Der fiel auf einem Fußballplatz tot um." Was war denn noch? Sollte ich das auch noch aufschreiben? Plötzlich schien mir sein Leben lang: „Danach versuchte er sich als Assistent und ´Producer´ in einer kleinen TV-Produktionsfirma irgendwo im Dreieck zwischen den Harburger Autobahnen bei Marmstorf – und träumte von ´seinem´ Buch." Irgendwie musste am Ende doch noch etwas Positives kommen! Ein Fünkchen Hoffnung. Na, also vielleicht eine Art Happy End: „Allmählich kamen Aufträge von hier und da. Er reiste gegen das Unbeschäftigtsein gegenan. Er arbeitete von morgens um sieben bis abends um acht, streng gegen sich, um kleine Texte, Pointen, Sketche zu schreiben für private und allzu private Fernsehproduktionen wie Pannenshows. Morgens Zigarette auf dem kleinen Küchenbalkon mit Blick auf die rostende Raffinerie, in der er so oft gejobbt hatte. Abends, 20 Uhr, Glas billigen Whiskys, Blick auf das Lichtergefunkel an den Raffinerietürmen. ´Wie New York´, sagte er dann. Videoband zurückspulen auf den Beginn der nachmittags nebenher aufgezeichneten *Star-Trek*-Folge, Zigaretten auf Vorrat drehen für den Morgenkaffee und den Abendwhisky."

Vielleicht hatte auch er dies alles schon lange vorher aufgeschrieben, in eines seiner Tagebücher, die sich auf dem Kleiderschrank reihten. Und ich schrieb es nun nur „runter", wie lässige Autoren so gerne sagen. „Nur runter", was ich von ihm gehört hatte. Nur so, wie er sein Leben immer wieder erzählt hatte, um sich selbst zu glauben.
Es schien sich zu „runden", so, wie er eine Geschichte angelegt hätte: „Dann irgendwann Anfang der 90er kamen erste gebundene Bücher hinzu, erst mit Kurzgeschichten, später waren es Satiren. Es wuchs; er wuchs. Die Schublade in seinem Arbeitszimmer, in dem er auch schlief, füllte sich mit amüsanten Texten und vertrackten Romanen, die nun wohl nie veröffentlicht werden. Denn schon die ersten Veröffentlichungen wollten zu wenige lesen. Und dann kam doch noch 'der Erfolg', wie er es mehr ironisch nannte – und es kam 'die Krankheit', die er lange nicht aussprach. Joachim verdiente das erste Mal in seinem Leben genug und regelmäßig Geld, unter anderem mit dem monatlichen 'Buch' für die 'Lustigen Musikanten' im ZDF mit 'Marianne und Michael'. Beide mochte er. Obwohl: Er hasste ihre Musik – jene Süßlichkeit, die seine Eltern so sehr liebten. Und er war auch in sein Elternhaus zurückgekehrt, weil es ihm sicherer schien in seinem wechselhaften Leben. Da war also plötzlich das Geld, um Luft zu holen, dort eine mittelgroße Wohnung zu mieten, wieder eine Gitarre und einen Verstärker zu kaufen, einen neuen Computer, einen Videorecorder mit Spargeschwindigkeit und einige Schallplatten. All das schaffte er sich noch an. Jimi Hendrix' gerade erst, posthum erschienenes Album «First Rays of the New Rising Sun» stand noch auf seiner Wunschliste, die länger als sein Leben war."

Gelegentlich trafen wir uns zuletzt noch und er erzählte von seinen Plänen. Diesmal wusste ich zumindest, weshalb ich ihm nicht glaubte. Aber ich glaubte mir noch weniger, wenn ich ihn ermutigte, er werde genesen. „Ein Jahr hat der Kampf gegen den Tod gedauert, zweiundvierzig Jahre lang der Kampf um das Leben. Joachim hat beides verloren. Ich trauere deshalb wie viele andere Freunde, die ihn nun mehr vermissen als wäre er wieder einmal nicht bei uns, sondern in Büchern, die nicht seine waren, aber seins." Ich war schon lange nicht mehr unterwegs gewesen, um irgendetwas zu lesen zu finden, nach dem ich gar nicht gesucht hatte. Komisch, dass ich erst daran dachte, als ich jemanden verloren hatte. „Ich trauere deshalb wie viele andere Freunde, die ihn nun mehr vermissen als wäre er wieder einmal nicht bei uns, sondern in Büchern, die nicht seine waren, aber seins. Und trauere, dass 'seine' Bücherhalle sich inzwischen mit dem gestiegenen Verleih von 'Medieneinheiten' wie beispielsweise Audio- und Videokassetten brüstet – es grämt ihn nicht mehr. Ihn oder die Bücher, die er schmökerte, kennt dort wohl keiner mehr."

Es kommt wieder ein Anruf, nach dem Nachruf: Ich fand deinen Abgesang ganz gut. Naja. Ist leider teilweise ein bisschen schwierig zu verstehen. Ich weiß auch nicht, wie der Text so umgestellt wurde. Nein, nicht dein Fehler, meiner auch nicht. Sorry, aber der Drucker sagt, die Diskette habe bei der Konvertierung Spalten und Seiten 'neu umbrochen'. Dabei seien Sätze und Buchstaben abgängig. Er habe ja den Andruck doch nochmal 'zur Prüfung' vorgelegt. Da müsse dann wohl die befragte Gewerkschaftssekretärin geschlafen haben! Sie habe 'drauf gesehen'. Buchstaben waren ja da. Und so habe sie 'das Okay' gegeben. Kann passieren.

Anmerkung

Der Nachruf erschien in seiner Substanz und durch die erwähnten, hier nicht wiedergegebenen „Satzfehler" entstellt im Mitgliederrundbrief 2/1997 des *Schriftstellerverbandes* Norddeutschlands (VS), S. 21 f. – ein Kranz wurde nicht „gespendet"; die Eltern hatten sich von Verwandten und Freunden stattdessen Geldspenden für die „Krebshilfe" ausbedungen. Die „Trauerrede" stammelte ein zu knapp informierter Pastor. Joachim Bartels wurde zufällig neben ehemaligen Schulfreunden bestattet, die ebenfalls „zu früh" gestorben waren.

2

Harburg
als Rest der Welt

Untertan

Wir leben in Frieden. Es sind zudem gute Zeiten, sagt man uns. Der Untertan, dem arglose Menschen früher, als es den Deutschen noch nicht so toll ging, ausgeliefert waren, ist nur noch eine literarische Figur. Vergangen, vergessen.

Denn dafür bräuchte es in den Achtzigern des 20. Jahrhunderts immerhin Menschen mit dem festen Vorsatz, andere mit ihrem fraglosen Gehorsam gewissenlos zu unterwerfen. In einer von ehemaligen Kriegsgegnern verordneten Demokratie aber, die sich seit einiger Zeit lieber „Mediendemokratie" nennt, bedarf es gar nicht mehr des Untertans. Da reichen schon billigste Medien zum eitlen, scheinbar machtvollen Widerspiegeln. Ein Untertan hatte beispielsweise im Kaiserreich zumindest „Charakter", wenn auch keinen eigenen. Die Medien brauchen nicht einmal so viel, auch nicht eine Demokratie mit Wahlmüden.

Jeder muss heutzutage nämlich sein „eigener Programmdirektor" sein, sagen Werbung und Politiker, muss „wählen" zwischen all den „Programmen". Doch das täglichen Fernsehen ist wie das leere Ansehen von vollen Warenregalen. Man braucht nichts zu kaufen und fühlt doch schon „die Freiheit", von der die Werbung wie die Politiker der Vielfalt künden.

Alles ist schön seit alle sich schön sehen. Alles ist „Programm" seit es keines mehr gibt. Alle sind „Programmdirektoren" seit Politik nicht mehr von den Politikern gemacht wird, die gern im Fernsehen auftreten, sondern von denen, die als ihre scheuen Mitarbeiter in der Verwaltung „dienstbar" sind.

Wer ist also noch ein „Untertan"? Und wozu? Ein zeitgemäßer Untertan, würde wohl nicht mehr prototypisch „Schmidt" oder „Müller" heißen, sondern vielleicht „Herr Raloff". Er sollte nicht ein Irgendwer sein, so wie früher; da muss schon etwas Besseres her, wenn schon kein Besserer. Er ist heute am besten so etwas wie ein „Bezirksamtsleiter", vielleicht zu Harburg. Das kann im Prinzip jeder werden, so wie „Programmdirektor". Er muss nur lange genug in Hinterzimmern der Parteien sitzen, die sich „Volksparteien" nennen. So einer würde allerdings die Bezeichnung „Untertan" nicht umstandslos als Kompliment ansehen – die Bezeichnung „Bezirksamtsleiter" schon eher.

Man kann alles schöner sagen. Komplimente braucht selbst einer, der beispielsweise stolz ist, „Bezirksamtsleiter" zu sein, obwohl das rechtlich in einer Demokratie jeder sein könnte. Solche Lobe, die längst nicht so peinlich sind wie früher die in verliehenen Orden und Epauletten versteckten Beleidigungen der Oberen. Doch wie?

Am besten, man heftet sich selber Ruhm ans Revers, einen, der an die alten, heldenhaften Zeiten erinnert ohne zu kriegerisch und ohne zu demokratisch zu klingen. Einer wie der Herr Raloff „dient preußisch", heißt es dann beispielsweise. Er sei ein „Beamter ohne Tadel" – mit „Pflichtgefühl".

Das ist heutzutage so wahrhaftig wie die tausendste Wiederholung einer Sitcom. Sogar der so gelobte Beamte würde es wohl genau so von sich selber sagen, wenn er nicht schon bereits so zitiert worden war. Der Bundeskanzler und frühere *Reichswehr*-Oberleutnant Helmut Schmidt (SPD) hat es auch von sich gesagt und der muss es ja wohl wissen; er sei „preußisch" und somit ohne Fehl und Tadel, wenn auch ohne Adel.

Alle freuen sich irgendwie wie Bolle, sich in die Tradition des kriegerischen, zerstörerischen und unterdrückenden Königreichs Preußen zu stellen. Das ist besser als Pop-Star.

Aber wie passt denn ein solches Selbstbild und solche geschichtlich hemmungslose Traditionspflege zu einem Beamten in einer Demokratie, nicht in einem Königreich? Als es Anfang der Siebziger den „Bürger in Uniform" bei der *Bundeswehr* als Abkehr vom Geist der Reichwehr geben sollte – wer hatte da über sein gesellschaftliche Pedant, gewissermaßen den Bürger ohne Uniform in den Behörden, überhaupt nur nachgedacht?

Was genau aber macht denn so einer, der heutzutage von verantwortlich kontrollierenden oder leitenden Politikern und Medien immer wieder so gelobt wird, als sei er noch „der Untertan" aus der vermeintlich glorreichen Preußenzeit?

Der Verwaltungsleiter Helmut Raloff wurde in der Öffentlichkeit geradezu beispielhaft als „preußischer Beamte" gelobt.

Der von ihm übernommene Amtsbereich war zwar nur bis 1937 „preußisch" gewesen; dann überführten die Nazis die Gemeinde Harburg in den „Gau Hamburg". Nach dem Krieg gab es dort einen „Bezirksamtsleiter" statt eines „Gauleiters". Gleichwohl behandelte der ach so „preußische Beamte" Raloff

die Harburger als seien sie noch preußische und „seine" Untertanen. Wie das ging, ist ein Lehrstück, das in derzeitigen Fern-
sehprogrammen keinen Platz hätte, obwohl es ein absehbares
Happyend versprach.

Ab 1. März 1984 wird Helmut Raloff nämlich Chef des „Senats-
planungsamtes" in Hamburg, der vorläufige Höhepunkt seiner
Karriere. Dann ist der blasse, stiernackige Mann in den grauen
Konfektionsanzügen zuständig für die Erstellung von „Eckda-
ten" des Haushaltes der Hansestadt. Diese von ihm zusammen-
gestellten Zahlen werden in einem Haushaltsentwurf dann die
Politik des Senats für jeweils zwei Jahre vorzeichnen und „fest-
schreiben".

Mit anderen Worten: Demokratisch gewählte Politiker des
Feierabendparlaments in Hamburg müssen künftig mit dem
haushalten, was ihnen jener „preußische Beamte" in einem Ge-
strüpp der Zahlen als Lichtung auftut.

Helmut Raloff werde also zwar „im Schatten" des Bürgermeis-
ters arbeiten, so munkelte es aus „Berichten" der Lokalpresse.
Aber dort sei er „die rechte Hand" des blaublütigen Partei-
freundes Klaus von Dohnanyi.

Und mit rechts muss er richten, was mit allerlei linken Händen
im Land und drumherum liegengeblieben ist: eine „Moorautobahn" (mit der Bundesfernstraßenkennzeichnung A 26), sowie eine nördliche Autobahn-"Querspange", auch eine weitere
Giftschlamm-Verfrachtung aus der Elbe in und bei Hamburg
nach Niedersachsen und Schleswig-Holstein, zudem eine süd-
liche „Güterumgehungsbahn" und überhaupt den „Medien-
hafen" Hamburg, diesen sogar ohne eine der sonst üblichen
Elbvertiefungen oder auch nicht mit journalistischer Tiefe. Es
muss mal auch ohne Aufspülung gehen, alles zum Besten in
Dohnanyis „Unternehmen Hamburg", das dieser gern, in wohl-
bekannter sozialdemokratischer Tradition, anpries.

Helmut Raloff hatte bis dahin schon ganz andere „Projekte" still
und leise „durchgesetzt". Solche, die die Umwelt und Lebens-
welt der Bürger nachhaltig zerstören werden ohne dass sie es
überhaupt merken.

Von Stuhl zu Stuhl hat sich der Beamte Raloff gedient, um endlich einer der höchsten in Hamburg zu werden: „Staatsrat"
heißt das in der Rangordnung der Verwaltungshähne – nach
aller Erfahrung die beste Voraussetzung zum Senator.

Die Akte für das Lehrstück sind hingegen in der Sache nicht so schillernd. Aber sie kamen unter Genossen, die Hamburg als ihr Eigentum unter sich verteilten, gut an. Helmut Raloff hatte für sie in der Verwaltung eine „Verantwortung" auf sich geladen ohne zu jammern, ganz der gute Untertan.

Als „Sonderbeauftragter des Senats" hatte er beispielsweise die Bauern, Fischer und Bewohner nach hunderten Jahren friedlicher Geschichte aus Altenwerder vertrieben, ihre Häuser abräumen und den fruchtbaren Boden unter giftigen Schlämmen ersticken lassen.

Damit hatte er sich den Sessel eines „Senatsdirektors" im Bezirksamt Harburg verdient. Und auch der zweite Aufzug endete mit Trümmern auf ganzer Fläche: Eine vorgebliche „Sanierung" der Harburger Innenstadt hatte dreitausend Wohnungen gekostet und neben staubigen Brachflächen, fürs zeitweise Autoparken, nur einen Atombunker, viel Asphalt und die bunt kaschierte Betonfeste „Seeve-Viertel" als vermeintliches „Einkaufsparadies" hervorgebracht. Waren Vorgänger daran „schuld"?

Es gab auch immer wieder mal virtuose Zwischenspiele, die die Aufmerksamkeit selbst überregionaler Medien erst weckten und sogleich wieder sanft ruhen ließen. Ein abgebranntes Kühlhaus in Wilhelmsburg wurde überraschend schnell, wenn man die sonstige Langsamkeit der Verwaltung bedenkt – wieder aufgebaut, obwohl die vom tagelangen Brand mit allen möglichen bekannten und unbekannten Giften verseuchte Umgebung nicht saniert worden war.

Warum auch? Eine gigantische Mülldeponie in Georgswerder, deren Ausgasungen, Dioxine und andere tödliche Substanzen ganz Hamburg vergiften, bleibt auch unberührt, ganz wie sie die Natur erschaffen hat – lediglich ein einfacher Zaun wird drum herum gezogen, sowie seitlich Betonwände und ein Tondach oben drauf. Auch in Moorburg ist unter planender Mitwirkung der vorsorgenden Verwaltung eine Giftlandschaft aus Schwermetallen, chlorierten Kohlenwasserstoffen und Schlamm aufgespült worden, deren Dreckschichten langsam in den Boden Richtung Grundwasser eindringen.

Auch an weiteren Rekorden mangelt es im Bezirk Harburg nicht. Niemand würde sie einem verantwortlichen Verwaltungsleiter anlasten, solch preußischem Untertanen. Im Gegenteil.

Denn sich in einem demokratischen Staat ausgerechnet bewusst auf Preußen zu berufen, heißt, dessen Größenwahn zum eigenen Gestaltungsprinzip zu erheben und sich dabei keck selbstbescheiden zu geben. Es heißt, unübersehbare Widersprüche hinzunehmen und ihren Ausgang solange abzuwarten wie gerade noch der Rede von angeblich wahrgenommener „Verantwortung" geglaubt wird.

Die Arbeitslosenquote in Harburg ist die höchste in Hamburg. Sie wurde nicht dadurch kleiner, dass Einzelhandelsgeschäfte und Kleinbetriebe den größenwahnsinnigen, großflächigen „Sanierungsplänen" und „Gewerbeansiedlungen" – sprich Einkaufszentren – weichen „mussten".

Der Harburger Hafen und Becken auf der Veddel sind die giftigsten Gewässer in Hamburg. Dafür wird Fracht künftig woanders gelöscht, wo die Umwelt bis dahin noch intakt war.

Die größte zusammenhängende Grünfläche Hamburgs, die „Harburger Berge", wurden nach und nach von Autobahnen und schamvoll anders genannten Trassen zerschnitten und zerstört.

Wer konnte, wer wollte all das in der Verwaltung absehen? Wer hatte dafür die Verantwortung und übte sie gar aus? In der Öffentlichkeit, sofern sie überhaupt etwas mehr mitbekam als das, was vor ihrer Tür geschah, gab es erstaunliche Nachsicht, auch bei denen, die das Nachsehen hatten.

Da waren viele der von wilden Rasern gejagten Fußgänger auf dem „Innenstadtring" um Harburgs alten Kern schon froh, dass sie einen oberirdischen Übergang sogar mit einer Ampel gnädig „bekamen". Das einseitig auto-fixierte „Verkehrskonzept" der Verwaltung hatte das nämlich gar nicht vorgesehen.

Da war die Wilhelmsburger „Bürgerinitiative gegen die Mülldeponie" voll des Lobes über Helmut Raloff. Er habe sich immer für Wilhelmsburg „eingesetzt". Im Planungsamt werde er an der richtigen Stelle sitzen, um weiteres Unheil vom Stadtteil abzuwenden, hieß es. Zumindest habe er sich die „internationalen Experten" zur Sanierung des auch in seiner Amtszeit angehäuften Gifthügels „interessiert angehört". Allerdings sei, nach seiner Meinung, manches „Utopische" dabei gewesen.

Mehr konnte ein Untertan nicht erwarten als solches Lob von denen, die er mit seinem Tun zumindest nicht geschont, oft aber auch gequält hatte.

Die gezielte Verwechslung von Opfer und Täter ist der eigentliche Trick des erfolgreichen Untertanen. Er muss sich ergeben geben, um nehmen zu können. Er muss bei allem dabei sein, um es nötigenfalls hernach abstreiten zu können. Doch oft gelingt es im Nachhinein als Erfolg ausgeben zu können, was alles andere als das eigene Verdienst war.

Da war beispielsweise der kaum löschbare Kühlhausbrand in Wilhelmsburg gewesen. Wie hatte es unter Aufsicht der Verwaltung so weit kommen können, dass ein Feuer nicht mehr von den Wehren beherrschbar war? Dass Giftschwaden tagelang über die Stadt zogen und es zum Himmel stank?

Alles keine Frage, schon gar nicht von demokratischen, kontrollierenden Gremien gestellt, wenn nur beizeiten etwas daran gedreht wurde. Wenn sich der zunächst Hilflose beispielsweise zum strahlenden Helden stilisierte.

Helmut Raloff ließ kurzerhand Butter von der Straße kratzen, die beim Kühlhausbrand in die Siele oder deren Nähe geflossen war. Das Gemisch aus chemisch versetztem Löschwasser, altem Straßendreck mit Reifenabrieb und Hundekot, aus geschmolzenem Fett und Salmonellen verkaufte er nach Holland. Dort wurde es zu leckerem „Bratfett" aufgearbeitet, für Mexiko. Das kostete die Stadt zwar 600.000 Mark, brachte aber 1,575 Millionen Mark zurück.

Ein kluges Geschäft, rühmte sich Herr Raloff und bekam dafür Applaus in der Lokalpresse.

Allerdings erhielt die abgebrannte „Kühlhaus AG" die Hälfte dieses mehr ein- als bekömmlichen Brandschatzes, sodass der Stadt abzüglich der Kosten nicht mehr viel blieb.

Im Gegenteil: Erst ein „Vergleich vor Ort" hatte ermöglicht, dass der Amtsleiter Raloff sich als „Sparer" von Steuergeldern aufplustern konnte, die er zunächst einmal rauswarf – nebenher wurde die Firma außergerichtlich vom Volljuristen Raloff der ausstehenden Sanierungskosten enthoben. Das dicke Ende mit den unabsehbaren Kosten einer erforderlichen „Sanierung" wäre also erst noch gekommen, wenn man nicht darauf zugunsten des raschen Wiederaufbaus des Kühlhauses verzichtete.

Immerhin wurde der Verursacher mit einer hemdsärmeligen, satten Auszahlung bestraft. Nach der Verantwortung der Verwaltung fragte da schon keiner mehr.

Dabei war Helmut Raloff ansonsten für das Abwimmeln von Ansprüchen und Forderungen eher bekannt als für Einfühlsamkeit, Spontaneität und Kreativität, ohnehin keine Eigenschaften, mit denen sich ein Untertan herkömmlicherweise sonderlich beliebt machen konnte.

Geld für ein „Harburger Frauenhaus" war zunächst nicht da. Später gab es Gelder für ein „Frauenkulturhaus", weil ein aufwändig restauriertes Fachwerkhaus nicht leerstehen sollte.

Es gab kein Geld für die öffentlichen Büchereien am *Mopsberg* und *Op de Bünte*. Sie wurden sang- und klanglos geschlossen. Harburger müssen nicht lesen.

Die städtischen Bäder mit Sauna, Moorpackung und öffentlichen Duschen wurden in allen Harburger Vierteln geschlossen, sogar dort, wo es – wie im Heimfeld – nicht mal Duschen in Wohnungen gab.

Für die Sanierung des Giftbergs in Georgswerder fehle es an Geld.

Wer würde diese „eingesparten" Gelder zusammenzählen, um zu raten, welche Qualitäten einer hat, der künftig alle Zahlen für die künftige Haushaltsplanung der Hansestadt zu leiten hat? Vom Verantworten wäre dabei nicht einmal die Rede. Geschlagene Frauen, Kinder ohne Bücher, Menschen mit Hygienewünschen und eine von Giften gereinigte „Umwelt" – mit so etwas machte sich der Sozialdemokrat Raloff jedenfalls nicht die Hände schmutzig.

Zur selben Zeit wurde Jahr für Jahr für eine halbe Milliarde Mark Asphalt auf Harburgs Straßen gegossen: zu deren „Erneuerung" oder „Erweiterung". Gleichzeitig lagen Milliardenbeträge Steuergeld brach in Grundstücken, die irgendwann für Hafenbecken unter Wasser gesetzt oder mit Containern vollgestellt werden sollen. Für weitere Milliarden wurden „Parkhäuser" gebaut und Wohnhäuser abgerissen, um Kaufhäusern „Investitionsanreize" zu geben.

Helmut Raloff trägt dafür selbstverständlich keine politische Verantwortung. Seine Partei, die ihn in Ämter brachte, hat es in Jahrzehnten der grobschlächtigen Misswirtschaft und schamlosen Selbstversorgung in Hamburg angerichtet. Er ist ja bloß der Untertan. Er hat all dies von seinem Schreibtisch aus mitverwaltet, was anderswo beschlossen wurde – teils allerdings auf seine Vorschläge hin. Vom Mittun ganz zu schweigen.

Helmut Raloff verdankt „der Politik" alles. Aber als Beamter verachtet er „die Politiker", zumal solche, die ihm in sein Tun als Amtsleiter hineinreden wollten. Er behandelt sie mit Hochmut, solange er es sich erlauben zu können meint. Solange ihm andere abnehmen, dass er nur der brave Untertan ist, ihnen stets zu Diensten.

Dieser unauffällige Untertan hat seine „politische Heimat" beim rechten Flügel der Harburger SPD, bei jenen Gewerkschaftsfunktionären, die ihrem Parteigekungel ihren raschen Aufstieg in Aufsichtsräte von Wohnungsbaugesellschaften, Banken und Behörden verdanken. Qualifiziert hat sie das stoische Herumsitzen in kleinlichen, drögen Gremien, das Biersaufen im Harburger Gewerkschaftshaus, in das sich die SPD gleich miteingemietet hat.

Das „Amt des Bezirksamtsleiters", in das Helmut Raloff von seinen Harburger Parteifreunden zweimal nacheinander für jeweils sieben Jahre „gewählt" wurde, ist beide Male lieber nicht öffentlich ausgeschrieben worden, anders als es zuletzt beispielsweise die „Grün-Alternative-Liste" (GAL) in Harburg forderte. Dies hätte eine öffentliche Diskussion um die Qualifikationen für das hohe Verwaltungsamt nach sich gezogen und zudem thematisiert, welche demokratischen oder fachlichen Anforderungen mit dem hehren Akt der Wahl verbunden sein könnten.

Beim zweiten Mal, 1983, war die Akklamation allerdings schwieriger gewesen. Dabei waren die denkwürdigen Leistungen des Amtsleiters und sein Stil nicht das Problem, sondern dessen für einen Untertan zu unverhohlene Ambitionen. Denn Helmut Raloff wolle nur kurze Zeit später gern zum „Leiter der Liegenschaftsabteilung" beim Hamburger Finanzsenator Jörg König in der Beamtenhierarchie „aufsteigen", wurde in den Rathausfluren gemunkelt worden. So ernst nahm er also die „demokratische" Legitimation durch die Bezirksversammlung in Harburg. So wichtig war ihm offenbar die höhere Besoldung in einer Landesbehörde, die immerhin einem Ministerium gleichgesetzt wird. Zudem war der Senator König zuvor Bergedorfer „Bezirksamtsleiter" gewesen bis seine rechten Genossen ihn befördert hatten. Die missgünstige Linke der Harburger SPD dachte kurzzeitig daran, den zumal fragwürdigen Genossen Raloff doch nicht wieder in das Amt zu „wählen".

Der Sinn demokratischer Wahlen und der Zweck eines auf Zeit gewählten Bürgers an einer Verwaltungsspitze hatte sich jenen Sozialdemokraten ohnehin nicht erschlossen, die das Adjektiv „preußisch" immer noch für ein Kompliment hielten und sich vielmehr ganz der Arithmetik ihres Parteiproporzes hingaben.

Denn die Harburger SPD „musste" am Ende Helmut Raloff wählen, obwohl dieser achselzuckend eingeräumt hatte, dass er bei nächstbester Gelegenheit gehen würde. Da konnte ihm keiner Unberechenbarkeit vorwerfen, zumal keiner, der so berechenbar war wie all die ziellosen Parteigänger um ihn.

In der notorisch eingeweihten Lokalpresse wurde daher kolportiert, dass bei „vorangegangenen Wahlen" Helmuth Frahm zum Harburger SPD-Kreisvorsitzenden bestellt worden war. Dass das eine, die Wahl in ein öffentliches Amt, mit dem anderen, der Wahl in ein Parteiamt, überhaupt nichts zu tun hatte, spielte wohl weder bei den Genossen noch dem Lokalblatt eine Rolle. Wahl ist Wahl, besonders wenn man keine hat.

Zudem sei Hans-Ulrich Klose als Bundestagskandidat im „sicheren Wahlkreis" Harburg aufgestellt worden.

Der „linke Flügel" der SPD habe damit ein „Übergewicht" im traditionell rechten, gewerkschaftsnahen Harburg bekommen. Als ob das jemanden kümmern könnte, der dank solcher Partei und Geisteshaltung kein öffentliches Bad mehr im Stadtteil hat oder eine öffentliche Bücherei in seiner Nähe, einer, der lieber Natur als Industriegifte in der Nachbarschaft wüsste.

Aber was kümmerten solche Wähler schon?

So gaben die angeblich so „Linken" in Harburg dem ihnen ganz rechten Beamten Helmut Raloff für seine kleine Karriere eine politische Weihe, durch eine „Wahl" ohne Wahl.

Es war eher eine schamlose Inthronisierung und bewusste Teilzeitversorgung eines Genossen, über die man – hätte sie in der DDR stattgefunden – wohl gespottet hätte.

Mit der wiederholten Wahl Raloffs wurde zudem die „bezirkliche Demokratie" verhöhnt, wie sie laut Bezirksverwaltungsgesetz in der „Bezirksversammlung" vertreten sein sollte – vorgeblich auch als eher bürgerschaftliche Instanz gegen mögliche Machtansprüche des traditionell zentralistischen Hamburger Senats.

Vom Ernstnehmen der Bürger ganz zu schweigen.

Nur ein Jahr später geht Helmut Raloff – obwohl er doch noch für weitere sechs Jahre „gewählt" ist. Er verspottet einmal mehr die ängstlichen Amateurpolitiker und ihre „sozialdemokratische" Proporzpartei in Harburg. Noch immer reden sie nicht offen über ihren Filz und ihre Mutlosigkeit. Sie sind vielmehr zu seinem angekündigten und ihm versüßten Abschied voll des verlogenen Lobes. „Preußisches Pflichtgefühl" eben.

Der Untertan redet selber davon. „Als Beamter" könne er sich der geplanten Versetzung „nicht entziehen", kommentierte Helmut Raloff seinen Abgang aus jener „Verantwortung", die er noch vor zwölf Monaten so feierlich auf sich geladen hatte, in eine Verantwortung also, die er sowieso gar nicht erst bei sich erkannte, weil seine „Versetzung" ja Andere „geplant" hätten.

Die „Wahl" seines Nachfolgers wurde erneut zur Farce. Wieder wurden die Namen einiger, in der Beförderungshierarchie Schlange stehender Sozialdemokraten aus der Harburger Verwaltung genannt: der frühere, von Raloff geschasste, Harburger „Sanierungsbeauftragte" Wolfgang Lüders, sowie die Ortsamtsleiter von Harburg-Wilhelmsburg und Harburg-Süderelbe, Dey und Tholen.

Die „Wahl" fiel dann überraschend auf einen Abteilungsleiter der Arbeits- und Sozialbehörde, Jobst Fiedler. Er hatte Klaus von Dohnanyi im vorangegangenen Bürgerschaftswahlkampf die gut verkäufliche Idee von einem mysteriösen „Zweiten Arbeitsmarkt" für Arbeitslose eingeredet. Der wohl irgendwie noch vor den Toren des „Unternehmens Hamburg" liegen muss. Aber wen stört´s?

Der vierzigjährige Volljurist Jobst Fiedler nimmt denselben „Karriereweg" wie der ebenfalls rechtskundige Raloff: endlich „Senatsdirektor", wenn auch nur in der vorübergehenden Anstellung als ein „Bezirksamtsleiter". Doch hinter solche Karrierebestallung gibt es kein Zurück auf einen niederen Rang in der Verwaltung, beispielsweise falls keine ranggleiche oder höhere Tätigkeit mehr infrage käme.

Nicht nur deshalb sieht das Recht anderes als Beamtenränke vor. Das „Bezirksverwaltungsgesetz" strebt Bürgerengagement für dieses politische Amt an: Bürger, die auf Zeit dotiert werden und dann in ihre Berufe zurückkehren, und nicht Beamte, die mit der „Annahme des Amtes" sprunghaft in eine teils sehr viel höhere Besoldungsstufe kommen und so zudem noch automatisch die nächste Stufe der Leiter nach ganz oben sicher haben.

Jobst Fiedler ist nach eigenen Worten „nicht bereit", sich „nur einem Parteiflügel zuschreiben" zu lassen. Allerdings ist er Verwaltungsratsmitglied in der Nürnberger *Bundesanstalt für Arbeit*. Da ist der Flug zum Chef der Arbeits- und Sozialbehörde oder Höherem vorprogrammiert. Die Arbeitslosigkeit in Harburg muss dadurch nicht unbedingt sinken.

Eine große Sorge hat der Nachfolger des Untertans Raloff gleichwohl: „In Zeven, wo ich meine Jugend verbrachte, bin ich beim Schützenverein in der vorletzten Reihe mitmarschiert. Was ich noch lernen muss, ist, so zu marschieren, dass ich mich auch in der ersten Reihe sehen lassen kann."

Der trinkfeste Helmut Raloff war jedenfalls gern gesehener Gast bei der 450 Jahre alten „Harburger Schützengilde", bei der er nicht nur politisch die dicksten Vögel abschießen konnte.

Anmerkungen

Das Portrait eines Beamten und seines Nachfolgers geht im Wesentlichen zurück auf den Beitrag „Die kleine Karriere zwischen den Stühlen. Senatsplanungschef Raloff – Eine Laudatio" in der *tageszeitung (taz* vom 1. März 1984, Aktuelles, Seite 15). Es sind auch Teile der Manuskripte „Wird der Musterbürokrat Raloff wieder Bezirkschef?" (*taz* vom 19.1.1983, Aktuelles, Seite 15) und „Kaisertreue Harburger" (*taz* vom 9.2. 1983) eingearbeitet.

Die Innenstadt Harburgs verödete kurz nach der Sanierung. Die Arbeitslosigkeit stieg. Im „erweiterten" Hafen arbeiten kaum noch Menschen.

Eine *Technische Universität Harburg* wurde angesiedelt, aber die Studenten fliehen abends

aus dem Bezirk als fürchteten sie Werwölfe.

Der Jurist Jobst Fiedler wurde später von seinen Genossen zum Oberstadtdirektor in Hannover bestellt und wechselte schon bald in eine Unternehmensberatung. Er zettelte später mit der niedersächsischen Provinzclique um den Sozialdemokraten Gerhard Schröder, zuvor Ministerpräsident in Hannover, die rot-grüne „Agenda 2010" an, ein kühler Aktenstreich zur Zerstörung der Sozialstaatsidee. Inzwischen unterrichtet er als Professor an einer privaten Verwaltungs- und Management-Hochschule in Berlin.

Die Untertanen werden schon nicht ausgehen.

Hinterm Schreibtisch

Es war wie gehabt. „Ich gehe davon aus, dass die Angelegenheit damit erledigt ist", beschied der Bezirksamtsleiter Helmut Raloff (SPD) am 18. August 1982 einsilbig der *Vereinigung der Verfolgten des Naziregimes* (VVN).

Doch die Angelegenheit war keineswegs „erledigt". Auch wenn der Stempel des Amtschefs das vorgab. Vom 27. bis 29. August trafen sich – genau wie geplant – die alten „Neo-Nazis" des „Nordischen Ringes e. V." zu einer „Wissenschaftlichen Tagung" im heruntergekommenen Heimfelder Hotel *Waldschlößchen*.

Die VVN hatte sich am 12. August für ein „Verbot" eben dieser „Veranstaltung" eingesetzt. Sie informierte Raloff von den rechten Rassegedanken der vorgeblichen Anthropologen.

Der Jurist Raloff klärte seinerseits die Naziverfolgten auf: „Wie Sie sicher wissen, könnte das Bezirksamt eine derartige Tagung nicht verbieten. Der Inhaber des Hotels *Waldschlößchen* hat mir jedoch zwischenzeitlich mitgeteilt, dass er von sich aus die Veranstaltung abgesagt habe."

Helmut Raloff ist nämlich Beamter mit Versorgungsansprüchen und kein freiberuflicher Gastgeber. Das Schlimmste, das ihm passieren könnte, wäre, abgewählt zu werden von seinem Job als politischer Beamter und fortan sein Salär von ca. 7.500,- DM monatlich ganz ohne Arbeit bekommen zu müssen. Als aufrechter „Staatsdiener" will er natürlich mehr leisten – und noch mehr Gehalt und Pension bekommen. Er kommt daher nicht gerne in den Ruf, Nazis im Amt zu begünstigen. Deshalb hat er es sich schwarz auf weiß bestätigt: Er jedenfalls „könnte" als Bezirksamtsleiter kein Nazitreffen verhindern.

Also dann schon eher ein Hotelbetreiber? Was ist denn das für ein Rechtsstaat, der seinen treuen und fleißigen Beamten so die Hände bindet – und statt ihrer kleine Hoteliers mächtiger macht? Warum denn gab es in der Weimarer Republik bloß so wenig Hoteliers? Die NS-Zeit wäre Deutschland erspart geblieben, fremde Reisende wären höchst zufrieden gewesen. Das sind so Fragen, die sich ein Beamter selbstverständlich im Dienst nicht stellt. Dazu hat er gar nicht die Zeit und schon gar nicht die Bildung. Die häufige Diagnose „Jurist" genügt bereits: zu allem fähig zu sein und mit allem fertig zu werden.

Aber warum bloß schrieb der Jurist Helmut Raloff nicht: „Ich kann das Nazi-Treffen nicht verbieten." – schon, um seinen Handlungsraum zu dokumentieren! Stattdessen ein lahmes „könnte". Er „könnte" es nicht? Selbst, wenn er wollte? Hätte er womöglich denn doch „gekonnt" – aber bloß nicht gewollt? Nicht aus Unwissenheit, wie arm Beamte in der Demokratie doch dran sind, hatte ihn die VVN bereits darüber aufgeklärt, was sich hinter jener „wissenschaftlichen Tagung" verbergen wollte: rassistische Ideologie, billigster Biologismus.

Man muss ja nicht gleich mit dem *Grundgesetz* wedeln; demnach wäre solche Volksverhetzung nicht statthaft und ein Beamter könnte und müsste sie untersagen.

Aber das Grundgesetz inspirierte Herrn Raloff und seine Mitarbeiter wohl nicht zum Handeln. Allerdings beispielsweise auch nach dem schlichten *§ 5 Versammlungsgesetz* vom 15. November 1978 sollen und können Veranstaltungen „in geschlossenen Räumen verboten" werden, bei denen der „Veranstalter oder sein Anhang Ansichten vertreten oder Äußerungen dulden, die ein Verbrechen oder ein von Amts wegen zu verfolgendes Vergehen zum Gegenstand haben". Nach dem einfachen Versammlungsgesetz genügt allein der Verdacht. Nur, wer wird Rassisten in diesem Land verdächtigen, die sich bloß um die Volksgesundheit sorgen?

Und welcher Verdacht sollte einem Amtsleiter schon kommen, wenn er erfährt, dass der erwartete „Referent" des Abends der Rechtsanwalt Jürgen Rieger sei? Im November 1981 beispielsweise hatte Rieger im Prozess gegen den früheren SS-Führer von Warschau, Arpad Wiegand, behauptet, die Einrichtung des Warschauer Judengettos sowie der Schießbefehl gegen Juden, die außerhalb des Gettos angetroffen würden, hätten bloß der „Eindämmung einer Typhusepidemie" gegolten.

Rieger vertrat anwaltlich auch Edgar Geiß, der seit langem mit seiner *Deutschen Bürgerinitiative* gegen die „Lügen von der Kriegsschuld und Vergasung" agitierte. Das war in vielen großen Tageszeitungen zu lesen. Und es war auch etwas zu lesen, das aktueller war: Denn der Anwalt Rieger wurde eben im August 1982 wegen seiner geschmackvollen Typhustheorie vor dem *Hamburger Amtsgericht* angeklagt.

Rieger hatte davor oft mit der Justiz als Anwalt in eigener Sache zu kämpfen. Das war unter Juristen immer wieder Gesprächsstoff. In Würzburg beispielsweise wurde er wegen „Gewalttätigkeiten" verurteilt; zahlreiche Strafverfahren, unter anderem wegen „Kriegshetze", wurden gegen ihn hier und da eingeleitet. Aber Anwalt blieb er. Das sprach sich ein wenig achselzuckend herum.

Doch für den Bezirksamtsleiter, den Juristen Helmut Raloff (SPD), ging solch ein „Referent" auf einer „Tagung", zumal auch ein Jurist, wohl ganz in Ordnung?

Es war auch nur konsequent. Denn Helmut Raloff hatte ja auch nicht den Rieger-Mandanten Edgar Geiss strafrechtlich verfolgen lassen. Der nämlich hatte am 9. November 1978, vierzig Jahre nachdem die Nazis das jüdische Gotteshaus in Harburg an der *Eißendorfer Straße* nahe der *Marienkirche* zerstört hatten, an eben dieser Stelle Flugblätter verteilt: Darin „informierte" er, dass in den Konzentrationslagern gar keine Juden, sondern bloß deren Läuse vergast wurden.

Eigentlich ist solche Behauptung, nämlich die Leugnung des deutschen Holocausts, ein Straftatbestand, wie jeder Jurist weiß. Oder sollte man sagen: wissen müsste? Jeder Jurist womöglich bis auf den einen Einzigen? Zumal einer, der ausgerechnet dort im Amt war, wo eben diese Straftat begangenen wurde? Begangen vor und nach der formellen Kranzniederlegung des Bezirksamtes, das er leitet? Gedachte man denn dort verwaltungsgemäß nur Läusen, zumal zu Recht vergasten?

Ein Nichtjurist könnte es als Dumpfheit oder Zynismus abtun. Doch es ist sehr viel abgefeimter. Als der Bezirksamtsleiter Helmut Raloff in seinem vermeintlich beruhigenden Schreiben an die VVN „davon" ausging, dass „die Angelegenheit damit erledigt" sei, war sie von ihm, der doch nicht anders „konnte", gerade da noch nicht einmal angegangen worden, wo er „können" musste. Denn die zitierte nette, späte „Absage" des privaten Hoteliers, ansonsten auch Gastgeber der politisch als rechts beleumundeten *Heimfelder Schützen*, bezog sich nur auf dessen Hotel und auf den Gast „Nordischer Ring" – nicht aber auf das stadteigene *Harburgische Museum für Vor- und Frühgeschichte*, in dem der „Nordische Ring" gleichfalls eine „Veranstaltung" abhalten wollte.

Das Museum liegt zwanzig Meter neben dem Rathaus. Der Amtsleiter musste schon von Kurzsichtigkeit geplagt sein, um seine Zuständigkeit zu übersehen. Zumal die Veranstaltung – entgegen der gedruckten Ankündigung im „Tagungsprogramm" – mit der Museumsleitung gar nicht abgesprochen war. Er hätte diese also ungenehmigte „Veranstaltung", angeblich ohne jeden Mietvertrag, zu der aber öffentlich „eingeladen" wurde, verbieten müssen. Tat er aber nicht.

So könnte wohl jedermann künftig Veranstaltungen für öffentliche Gebäude ankündigen? Wenn der *Bund der Antifaschisten* VVN beispielsweise öffentlich zur Führung durch die Amtsräume des Bezirksamtsleiters einlüde, sagen wir, um dessen Rechtsweisheit in Augenschein zu nehmen – was jener dann wohl sagen würde? Wäre das in Ordnung? Würde er Polizei zur Wahrung seines Hausrechts anfordern, das er zuvor beim Museum lieber nicht wahrgenommen hatte?

Die Harburger Museumsleitung an der *Marienstraße* teilte der VVN jedenfalls mit, dass sie den „Besuch" der Nazis „nicht verhindern" könne, solange sich diese „an die Hausordnung halten". Das war weise. Denn daran würde es bei Nazis schon nicht scheitern: In KZs herrschte eine ziemlich effektive Hausordnung – wahrscheinlich bis auf jene dunklen Läuse- und Typhusprobleme.

Helmut Raloff wusste als Jurist allerdings anderes: Dass die nette Absage des Hoteliers Paul Mroziewski nichts nützen würde. Der hatte den „Nordischen Ring" rührenderweise „für eine Versicherungsgesellschaft gehalten" und war „von den Informationen der VVN beunruhigt", nicht etwa von den Nazis.

Ein Hotelier sei eben „Privatperson", so Helmut Raloff. Jener „kann" – und diesmal stimmte das Wörtchen – daher nicht einfach so „aus politischen Gründen" einen zivilrechtlichen Mietvertrag „aufkündigen", jedenfalls ebenso wenig wie ein Amtsleiter. Der Rechtler Raloff hätte dies aus seinem eigenen Amtsbereich noch einigermaßen erinnern können, statt der VVN Gegenteiliges zu suggerieren: Denn bereits im Mai 1977 verwarf das *Amtsgericht Harburg* mit eben dieser Begründung eine Kündigung des Bezirksamtsleiters für die von seinem Bezirksamt ganz ordnungsgemäß an die Nazis von der *Deutschen Volksunion* vermietete stadteigene *Friedrich-Ebert-Halle*.

Auch musste der Jurist Raloff erfahren haben, dass die von ihm erst beruhigend angekündigte Kündigung des Hoteliers von jenem bereits wieder zurückgezogen worden war. Die Harburger Polizeiführung bereitete sich jedenfalls bereits auf den „Schutz" der „Neo-Nazis" vor.

Er tat, was deutsche Beamte nach einem sicherlich völlig unbegründeten Vorurteil so tun: nichts.

Nachträglich aber war in der Lokalpresse vom Bezirksamtsleiter wieder ganz Schlaues zu lesen: „Verbieten kann man Veranstaltungen nur, die offenkundig einen gewalttätigen Verlauf nehmen. Dies war aus dem Tagungsprogramm nicht ersichtlich."

So war es. Da stand ja nicht etwa: „Wir hauen Judenschweine, Schwule und rote Zecken tot." Nein. Gewalttätigkeiten standen gar nicht im „Programm" einer vorgeblich „wissenschaftlichen Tagung".

Nur von der „Erhaltung wohlgearteten Lebens" war da die Rede. Und dagegen ist ja wohl, nach dem Dritten Reich, in Deutschland nichts mehr zu sagen?

Die Harburger Polizei tat vor den Toren draußen und drinnen das ihre dazu. Wenn eine Veranstaltung schon nicht zu verbieten ist, muss sie wenigstens „geschützt" werden. „Gegendemonstranten" wurden von den „Ordnungshütern", immer schön das „Hausrecht" wahrend, brutal vom Eingang des *Waldschlößchens* „abgedrängt".

Dabei wurden sie von hinten auch mal an den zu langen Haaren gezogen. Denn sie wollten den wohlgearteten Menschen den Eintritt zur Wissenschaft verwehren. Von Zivilpolizisten wurden die „Demonstranten" sorgfältigst abfotografiert. Wahrscheinlich, falls irgendwann mal wieder Hygiene in diesem Land zu einem rechtlich akzeptierterten Begriff wird.

Die vermeintlichen Versicherungstreibenden wurden jedenfalls nicht fotografiert und archiviert.

Die *Harburger Anzeigen und Nachrichten*, ein Blatt, das Kaiserzeit, Weimarer Republik und Drittes Reich ohne irgendwelche Einschränkungen überstand, wussten „die Angelegenheit" mit einem Bonmot zu „erledigen": „Privat fügte Raloff hinzu: ‚Dass die Gruppe das *Helms-Museum* besichtigt, ist bezeichnend. Solche Leute sind im Bereich der Vor- und Frühgeschichte wesentlich besser aufgehoben als in der Gegenwart'."

Ein Mördergag. Was für ein Brüller, den so ein gut bezahlter Beamter mal eben so umsonst heraushauen kann.

Aber derlei Witzboldtum hat einen Haken: Ganz „privat" wäre solch eine Meinung nur gewesen, wenn Raloff nicht als Leitungsbeamter von der Zeitung gefragt worden wäre. Seine „private" Meinung hatte im Amt vielmehr Nazis begünstigt, die er im Nachhinein nun noch ganz „privat" verharmloste.

Rein demokratie-kritisch, also alles andere als „privat" ließe sich nach dieser Episode allenfalls anfügen: Der Jurist Helmut Raloff wäre in der jüngsten deutschen Vergangenheit wesentlich besser aufgehoben gewesen als im Bezirksamt eines Rechtsstaates, der sich nach dem Grundgesetz als „wehrhafte Demokratie" versteht.

Aber was verstehen Juristen schon von Politik und wie sehr haben sie sich immer schon für Demokratie eingesetzt!

Anmerkungen

Der Report geht zurück auf den Hintergrundbeitrag in der *tageszeitung* vom August 1982 unter der Überschrift „Helmut Raloff und die Neo-Nazis: Die Verteidigung der Demokratie hinter dem Schreibtisch".

Helmut Raloff wurde später für solche und andere Verdienste Staatsrat in der übergeordneten *Behörde für Bezirksangelegenheiten, Natur und Umweltschutz* (BBNU) seines Parteigenossen, des Senators Curilla.

Er wurde über Jahre enger Vertrauter und einer der wichtigsten Beamten der jeweiligen SPD-Ministerpräsidenten, die hier „Bürgermeister" heißen.

Das *Hotel Waldschlößchen* wurde später chinesische Handelsniederlassung. Von dort wurde mit „animal-by-products" gehandelt – „Hunde- und Rattenfelle", wie der Volksmund spöttelte.

Inzwischen sind auf dem teuren Gelände am Wald, neben dem die wohlhabenderen Harburger bereits einen Kahlschlag für Tennisplätze durchgesetzt hatten, Eigentumsreihenhäuser gebaut.

RALOFF UND DIE NEO-NAZIS

**Die Verteidigung der Demo
hinter dem Schreibtis**

Zimmer mit Auto

Autos schepperten. Sie rumpelten über die runden Kopfsteine heran. Von weitem waren sie so zu hören. Sie waren zudem vom Anfang der Straße an zu sehen.

An deren Rand ließen wir Jungen bei leichtem Regen unbeirrt Papierschiffchen über die abgesackten Rinnsteine segeln. Im Prinzip waren wir auf dem Weg von der „Knabenschule" in der *Woellmerstraße* nach Hause. Aber die Reise der Schiffchen war wichtiger. Wir vergaßen den Weg. Die Bötchen oder Lollistiele machten rasante Fahrt. Wir folgten mit unseren Blicken oder liefen ein Stück nebenher, bis sie, wenn wir mal nicht aufpassten, in einem Abfluss seitlich untertauchten.

Nach einem Guss strömte noch reichlich Wasser vom bauchig gewölbten Kopfsteinpflaster hin zu den Bürgersteigen auf beiden Seiten, wie zum Ufer. Wenn wir wollten, konnten wir in der Hocke von der sicheren Kante Pfützen im kleinen Fluss aufstauen, indem wir moderndes Laub vom breiten Gehsteig über den Bordstein schubsten und zwei Steine breit aufhäufelten.

Wir waren sicher vor den vorbeirumpelnden Autos. Es konnte sich nicht genügend Wasser in der Mitte der Straße sammeln, um nassgespritzt zu werden. Nur das Gras, das zwischen den Steinlücken emporspross, quatschte satt unter der Last der Wagen als würde ein Schwamm ausgedrückt.

Je nach Tages- und Jahreszeit schillerte die Straße anders, mal satt grünlich, mild weiß oder rötlich.

Vom Lauf der Jahre und der Reifen hatte jeder der Steine sein eigenes Profil bekommen. Manche glänzten matt, je nachdem ob sie in der Mitte des *Alten Postwegs* oder eher am Rand in die Erde gedrückt waren. Die rauhen Reifen polierten sie stetig.

An Sommerabenden spannen die Grasbüschel zwischen den so gut wie quadratischen, handgehauenen Steinen ein zartes Netz, das mindestens von hier bis irgendwo dahinten reichte. Im Herbst spiegelte sich die untergehende, schon etwas blasse Sonne auf den Steinen.

Dann standen zumeist ältere Menschen in den kleinen Vordergärten der Häuser und gossen die noch bunt blühenden Geranien und Rosen. Die jüngeren kamen mit Aktentaschen oder Einkaufstüten heim und grüßten fröhlich.

Mädchen hatten „Twistgummis" an die eisernen, verzierten Zaunstreben gebunden und das andere Ende um die weit auseinander gestellten Knie der Freundin gewunden. Sie hüpften in dieses Rechteck oder grätschten über die Gummibegrenzung, um so Figuren zu springen, für die es nach geheimnisvollen Spielregeln mal mehr, mal weniger Punkte gab.

Auf den Balkonen lehnten fette Männer in luftigen Netzunterhemden, die gleichwohl sichtlich schwitzten. Sie sahen zum Feierabend noch einmal auf die Welt, die sie für die ihre hielten, auch wenn der Alltag sie längst nicht mehr brauchte.

Missmutig folgten sie dem Treiben der Kinder auf der Straße. Sobald die Jungen darauf Fußball zu kicken begannen, setzte es Flüche von oben: Aufpassen! Der Lack vom neuen Wagen! Kinder, seht euch doch vor! Da hinten kommt doch wer gefahren! Weg da! Los!

So war es. Das ist lange her. Das war vor dem Ende der Siebzigerjahre. Denn da wussten Harburger Lokalpolitiker auf einmal besser, was „gesund" für eine Stadt ist.

Sie „sanierten" die „kranken" Viertel. So eines wie Heimfeld. So eines, wo Kinder noch einfach auf oder an der Straße spielen konnten. Früher mal.

Wo „saniert" wurde, da konnte jedenfalls über Jahre nicht mehr gespielt werden. Dazu ist eine „Sanierung" zu ernst. Und danach war erst recht kein Platz für Kindereien.

Im September 1983 schließlich meinte die örtliche SPD, dass es auf dem *Alten Postweg* endlich mal etwas zu feiern gäbe: Denn inzwischen ruhte dort ein meterdicker Betondeckel statt des gewölbten Pflasterdachs zwischen den Häusern.

Darunter gab es nicht mehr länger ein Nirwana versunkener Papierschiffchen oder die warme Erde, aus der sich Gras nach oben quetschte.

Der Deckel war vielmehr über eine S-Bahn-Trasse gelegt, die von Harburg nach Neugraben führt. Sie war jahrelang in einer offenen Grube tief in die Straße gebaggert worden, so tief, dass sie in einen Atombunker mündete.

Die Gärtchen hinter den Eisenzäunen waren zugeschüttet mit Sand der Baustelle, Schutt und Baumaterial. Der *Alte Postweg* wurde aufgehämmert und aufgeklappt wie der Brustkorb für eine Herzoperation.

Das Kopfsteinpflaster wurde gleich lastwagenweise abgefahren. Es liegt auf einer Schuttdeponie im nahen Waldrest, der *Haake,* einst Wandergebiet der stadtmüden Menschen.

Viele Balkone, die den kolossalen Rammen und Baggern im Weg waren, wurden einfach weggebrochen. Türen und Treppen, die direkt von der Straße in die Keller oder in die Hinterhöfe geführt hatten, wurden zugemauert, die Abgänge zugeschüttet. Es hätte nur noch gefehlt, eine Mauer auf der Demarkationslinie der Sanierung zu errichten und einen Schießbefehl für Spätheimkehrer mit Aktentaschen oder unbelehrbare Kinder auszugeben.

Nun haben die Straßenbewohner jedenfalls eine sorgfältig geplante Wüste aus Beton vor ihrer Tür. Alles schön „saniert". Dafür sollten sie auf Geheiß der Bezirksverwaltung auch noch jubeln: Die Konfektionsarchitektur ungezählter Einkaufszonen mit dem unverwechselbar verwechselbaren Chic aus glasiertem Klinker und planem, grauem Asphalt, kombiniert mit nacktem Waschbeton für hüfthohe Stelen, die in unterschiedlichen Abständen und Stellungen den „Park- und Straßenraum" vom „Fußgängerbereich" abgrenzen, muss nach Beamtenmeinung gefeiert werden!

Hohe quadratische Betonkübel, die Koniferen und artverwandte Friedhofsbedeckung behausen, lockern das wirre Straßenbild aus Autobarrieren auf. Denn kreuz und quer sind die Parkplätze für Anwohner angeordnet, um die Geschwindigkeit der ballistischen Bewegungsmittel zu bremsen, die den Weg zur nächsten Bundesstraße, der *B 73*, abkürzen wollen.

Die Autos müssen dabei allerdings Slalom fahren. Sie sind hinter Kübeln und anderen, parkenden PKW kaum zu sehen, von kleinen Kindern schon gar nicht. Mit einem zeitgemäßen stadtplanerischen Wort kurz gesagt: Der *Alte Postweg* wurde zur modernen „Wohnstraße".

Im Kindermund klingt es nicht ganz so: „Völlige Scheiße, weil, wenn man doch gerade Elfmeterschießen üben soll, dann ist da auf einmal alles im Weg."

Und wer noch so klein ist, dass er über Betonkübel mit Koniferenbewaldung nicht hinwegsehen kann – also unter zwo Meter dreißig – der kann allenfalls hörend ahnen, ob da Autos im Zickzack heranbrausen.

Somit ist der *Alte Postweg* also eine zu feiernde „Wohn-Stra-ße" – mit zugehörigem Hinweis-Schildern vorne, hinten und in der Mitte, da, wo die Menschen schon jahrzehntelang bedenkenlos gewohnt hatten, ohne von ihrem Glück zu wissen.

Das baulich neu organisierte „Wohnen" ist allerdings weniger für sie gedacht. Merkwürdigerweise bleibt der „Straßenraum" fast nur noch den Autos vorbehalten, die nun mit ihrer Schnauze teils bis an die Hauswand stoßen. Kinder „wohnen" sowieso nicht mehr auf der Straße. Die sollen da doch nicht spielen! Wenngleich so etwas auf neu aufgestellten Verkehrsschildern noch als geheimnisvolles Piktogramm abgebildet ist – weiß auf blau, fast so wie ein Gebot.

Die paar Bäume, die dort abwechselnd mit alten gebogenen Straßenlaternen standen, wurden als viel zu hohes „Straßenbegleitgrün" beseitigt. Die wohnen da auch nicht mehr. Blech beherrscht die ganze Straße.

Mit dem Bau eines eingezirkelten „Kinderspielplatzes" – als Ausgleich für die verlorene Straße – könne frühestens 1985 begonnen werden. Falls bis dahin die „Planung" abgeschlossen sei, schränkt die sozialdemokratisch besetzte Verwaltungsspitze vorsichtshalber ein, die ja Zeit bis zur Pension hat.

Erst einmal benötigten die Blechkisten mit dem Aufkleber der *Bild*-Zeitung „Ein Herz für Kinder" jedenfalls viel Stellplatz. Eine Sandkiste kann später noch kommen. Irgendwann sind Kinder sowieso groß.

Dabei hatten die Eltern gute Miene zum bösen Spiel gemacht. Sie hätten beizeiten Einspruch gegen die Pläne erheben und klagen können. Ein rechtlicher Erfolg war zwar unwahrscheinlich, Aber ein jahrelanger Baustopp aufgrund von Prozessen in verschiedenen Instanzen hätten der Konzern *Karstadt*, willfährige Kommunalpolitiker und Karrierebeamte nicht verkraftet. Sie wollten mit der Trassenführung quer durch die Altstadt und Heimfeld einen „Sanierung" genannten Totalabriss und einen direkten Kaufhausanschluss haben. Sie hätten diese Schneise durch die Stadt und die *Schwarzenbergstraße* hinauf zu den Kasernen, die zu schlagen britische Bomber sich so nicht getraut hatten, ohne den Einschnitt durch den anschließenden *Alten Postweg* nicht hinbekommen. Stadtplanung kann komplizierter sein als ein Bombardement, aber sie ist effizienter.

Wäre also um jeden Vorgarten und Balkon geklagt worden, hätte sich die von der vorgeblichen „Stadtplanung" scheinbar unabhängige „Planung" einer „Wohnstraße" schnell nicht nur juristisch als gartenzwergenhaft erwiesen.

Die skrupellosen Versprechen der Verwaltung hätten sich in einer rechtlichen und argumentativen Abwägung zudem rasch als haltlos erwiesen. Beispielsweise, dass die „neue", alte Straße plötzlich „verkehrsberuhigt" sein würde.

Denn abkürzenden Fahrten durchs Viertel, wurden schlicht in die davor abbiegende *Heimfelder Straße* verlegt. Die wurde breiter ausgebaut und zieht so noch mehr Verkehr an als beide Straßen vorher zusammengenommen.

Den Lärm haben die Bewohner des *Alten Postwegs* weniger vor dem Haus, desto mehr aber dahinter.

Dass die früher weithin sichtbar spielenden Kinder hinter den „beruhigt" hier und da stehenden PKW kaum noch zu sehen sind, ist in der „Bauplanung" ebenso wenig bedacht worden wie der Umstand, dass Autofahrer schon eher die Geschwindigkeit mindern, wenn sie „unberechenbare Kinder" sehen als wenn die Straße zwar kurvenreich, aber „frei" zu sein scheint.

Zudem hätte das gönnerhafte Versprechen der Verwaltung, der *Alte Postweg* werde von zwölf auf achtzehn Meter „verbreitert", gleich die Frage aufwerfen müssen, wie denn wohl eine Straße derart wachsen könne? Es ging nur, indem sie ohne den beiderseitigen Bürgersteig plötzlich von Haus zu Haus, von Wand zu Wand reicht – von Wohnzimmer zu Wohnzimmer. Deshalb wohl auch der behördliche Begriff von der „Wohnstraße".

Sowas musste auch noch „gefeiert" werden? So wie jede andere Großtat in Harburg? Es muss wohl so sein.

Die Heimfelder SPD-Bezirksabgeordnete Helga Weise beispielsweise resümiert also in einer „Festschrift zur Übergabe der verkehrsberuhigten Zone", von sich und der Verwaltungshöchstleistung ergriffen, dass „99,14 % der befragten Bürger" der „Wohnstraße" vor ihrer Tür den „Vorzug gegeben" hätten.

Sie sagt nicht, wie viele „Bürger" denn da befragt wurden und was denn eine Alternative gewesen wäre, der sie den „Vorzug" gegeben hätten.

Diese Art, sich selbst zu bestätigen und zu feiern, passt andererseits zur Wortwahl. Denn bis dahin lag „die Zone" nach landläufigem Verständnis jenseits des „Eisernen Vorhanges": in der – in westdeutschen Medien in Tüttelchen gekennzeichneten – „DDR", der „Deutschen Demokratischen Republik". Die *Heimfelder Straße* war weit, weit weg.

Die DDR gab sich „sozialistisch". Wegen langer Wartelisten für deren Volkswagen „Trabant" war sie so gut wie „verkehrsberuhigt". Ihre Bürger stimmten allerdings grundsätzlich immer allem mit Neunundneunzigkommaprozent zu. Alternativen gab es angeblich nicht.

In dieser „Zone", in 21 Hamburg 90, war es etwas anders. „Es lohnt sich, sich für seine Forderungen und Ziele einzusetzen", schreibt die Abgeordnete Weise den 99,14 % hiesigen Zonenbewohnern ins Hausaufgabenheft.

Das „Bürgerengagement", das sich da gelohnt haben soll, muss wohl recht dezent gewesen sein. Was sollte man auch laut als „Ziele" gefordert haben? Beispielsweise: Jawoll, bittesehr, haut uns bloß schnell die Balkone weg? Macht uns gefälligst die Gärten platt wie Flundern? Oder auch: Bitte buddelt und rammt jahrein, jahraus, damit wir ja nicht mehr gemütlich in unser Haus gelangen? Gehört hatte solchen Freudenausbrüche niemand in der Straße. Aber genau so war es auch ohne solche Ausrufe gekommen. Also hatten wohl alle es genau so gewollt. Und was zählte schon, wie was geschehen war? Warum denn, wenn es hernach so schön war?

Welch Einsatz! Nach einem halben Jahrzehnt quälenden Baulärms, Dreck und Zerstörung durfte also endlich kreuz und quer geparkt werden. Es gab Würstchen beim „Übergabe"-Fest der „Wohnstraße", mit Senf drauf.

Frau Weise lobt wie selbstverständlich dabei auch ihre Partei, wie es sich überhaupt immer dort gehört, wo neunundneunzig Prozent irgendetwas „den Vorzug geben". Die SPD habe bei den Bürgern „offene Tore eingerannt".

Da hatten die Häuser im *Alten Postweg* also keine mickrigen Türen, sondern unbemerkt geradezu schlosshafte „Tore"? Und die wurden von jener tapferen Partei und ihrer aufrechten Genossin Weise „eingerannt"? Etwa gegen den energischen Widerstand einer begeisterten Zustimmung?

Um die Bürger noch mehr aufzuklären, wem sie denn all die Wohltaten zu verdanken haben – nämlich jenen, die sie obendrein im Staatsdienst bezahlen – gab es eine mit Steuergeldern finanzierte Broschüre. Darin lobte die Abgeordnete Weise insofern auch den bereits stattlich pensionierten Bauamtsleiter Ehrenfried Haase. Sie habe ihn als wahrhaften Demokraten erlebt, obwohl die Verwaltung sich „Kritik anhören musste".

Es ist aber auch unerhört in diesem Staat! Da müssen seine Beamten auch noch Demokraten sein. Da müssen sich seine hoch bezahlten Bediensteten sogar noch „Kritik" gefallen lassen von denen, die sie bezahlen – und die sie schon deshalb konsequent gering achten. Haase habe den „protestierenden Anwohnern" seinerzeit „versichert", dass „die Meinungsbildung im kommunalpolitischen Raum noch nicht begonnen" habe.

Schön, dass selbst 0,86 Prozent der Bürger in einer Straße mit bloß ein paar hundert Haushalten solcher Trost zuteil wurde. Denn mehr konnten ja rechnerisch bei so viel Zustimmung nicht protestiert haben.

Eigenartig war nur, dass, wenn eine „Meinungsbildung" noch nicht einmal „begonnen" hatte, die Verwaltung doch schon mal damit begonnen hatte, die halbe Stadt Harburg abzureißen – um bis zum *Alten Postweg* im Stadtteil Heimfeld vorzudringen. Wie könnte sich wohl nachträglich noch eine andere „Meinung" bilden, nachdem die Bagger bereits an der Straßenecke schaufelten? Mal abgesehen davon, dass „Meinungsbildung" keineswegs die originäre Aufgabe einer Verwaltung ist.

Frau Weise lobt noch viele andere, die die „Wohnstraße" ermöglicht hätten. Die Bundesbahn beispielsweise. Sie führt nun darunter eine S-Bahn entlang.

Doch Frau Weise verschweigt, warum sie denn dafür ausgerechnet den *Alten Postweg* einreißen musste. Der Schacht war nämlich trotz des Aufwandes noch kostengünstig für die Bahn: Weil er als Atombunker konzipiert und vom Bund teilfinanziert war.

Nun können Atombomben einschlagen und die Bewohner sind dort sicher.

Bis dahin müssen sie sich allerdings daran gewöhnen, dass Tassen regelmäßig im Schrank scheppern, wenn ein S-Bahn-Zug unterirdisch vorüberbraust.

Die Trasse mitten durch die Stadt hätte der Bahn ansonsten egal sein können. Denn es bestand bereits eine nahe Bahnlinie mit zahlreichen gut genutzten Bahnhöfen, die nun – mit Bundes- und Landesmitteln – stillgelegt wurden.

Sodann lobt die Sozialdemokratin Weise die Bauarbeiter: Sie hätten „jahrelang zum gewohnten Stadtbild" gehört. Das war aber mal richtig schön für die Anwohner! Die hatten ja jahrzehntelang spielende Kinder, Vorgartenidylle und Nachbarschaftsplausch als „Stadtbild" ertragen müssen. Man gewöhnt sich zu schnell an so etwas Unnatürliches, wenn man nicht weiß, dass Bauarbeiter schon mal in fünf Jahren eine schöne „Wohnstraße" bauen können.

Schließlich lobt Frau Weise den Senat, den ihre Partei stellt. Er habe die Pläne „bürgernah" mit einem leibhaftigen Architekten, Wolf Pohl, „erörtern" lassen, um in der zurückgelassenen Bauwüste irgendwann einmal mit Steuergeldern aus den Etatmitteln für „Grün am Bau" wieder etwas Wohnliches mit Blättern hinzubekommen.

Die „Garten- und Friedhofsabteilung" des Bezirks Harburg fehlt nicht in der aus Steuergeldern finanzierten Lobrede an die Bürger. Jene stünde nun auch noch vor der schwierigen Aufgabe, für den geplanten Kinderspielplatz erst das Gelände planungsrechtlich „umwidmen" zu müssen. Das sei nämlich alles „Wohngebiet" erfährt der Leser der Wohnstraßen-Festschrift – und da könne nicht mal einfach so losgebaut werden. Das müsse alles seinen Verwaltungsgang gehen.

Eines steht nicht in der „Festschrift": Dass diejenigen, die das alles aushalten durften, auch noch die Kosten dafür tragen. Nur gut, dass die nun wenigstens schwarz auf weiß wissen, was „Anlieger setzten sich durch" für Lokalpolitiker im Alltag heißt. Selber schuld, wenn man schon auf jeden vernehmbaren Widerspruch verzichtet hat.

Und gut zu wissen, warum es laut Broschüre „Mut zu mehr Grün an Häusern" braucht – wo gerade alles Grün vor der Nase eingeebnet wurde.

Dafür hat die Harburger SPD aus Steuermitteln zehntausend Mark ausgegeben, für Festschrift mit Wurst. Da kann gefeiert werden!

Man wohnt im Zwanzigsten Jahrhundert eben gerne in einer Straße, wo einem aus abgezwackten Steuermitteln auch schon mal ein Würstchen und eine Aufklärungsschrift spendiert wird. In einer Straße, wo nebenher das Zuhause irgendwo in einer selbstgefälligen Parteibuchdemokratie abhanden gekommen ist, und in der die Kinder nicht mehr am Straßenrand mit Papierschiffchen spielen müssen.

Anmerkungen

Diese Festwürdigung war in Teilen nachzulesen in der *tageszeitung* (taz) vom 6. September 1983 (Rubrik: Aktuelles, Seite 15).

Helga Weise wurde später Hamburgische Bürgerschaftsabgeordnete. An der „S-Bahn-Station Heimfeld", am Eingang zur „verkehrsberuhigten Zone", sammeln sich täglich Gescheiterte des „verkehrsberuhigten" Stadtteils und ertränken sich in Dosenbier und Schnäpsen aus dem großen neuen Supermarkt am verwahrlosten S-Bahn-Ausgang.

Am Ende des *Alten Postwegs* ist in den Neunzigerjahren tatsächlich doch noch ein Kinderspielplatz errichtet worden. Er wird kaum genutzt. Daneben ist eine riesige Baustelle entstanden, unter der letzte Wildnis und der halbe Park einer „Altenwohnanlage", die zuvor unschwer erkennbar eine Kaserne war, für Reihenhäuslein verschwanden.

In einer Parallelstraße des *Alten Postwegs*, der *Friedrich-Naumann-Straße*, hat sich in einem der vielen, inzwischen leer stehenden Ladenhäuschen die Stadtteilinitiative „Alles wird schön" angesiedelt. Sie kann ihrs Versprechen nicht einlösen, macht aber viele kulturelle Angebote.

In einer Verbindungsstraße vom *Alten Postweg* zur *Heimfelder Straße*, der *Woellmerstraße*, wurde in der ehemaligen „Volksschule für Knaben" der Stadtbaubereich der *Technischen Universität Harburg* kurzzeitig einquartiert. Hier studierten Mohammed Atta und seine Weggefährten, wie schön Städte zu gestalten seien.

Fahrerfluchten

Alles läuft wie geplant. Alles ist wie immer. Ein Samstag in der endlich total „sanierten" Innenstadt Harburgs: Bepackte Menschen hasten aus den Kaufhäusern. Geht man hinein, wundert man sich, woher sie wohl kamen. Nicht einmal Verkäufer sind drinnen zu finden.

Es ist still, eine Oase der Ruhe. Draußen reihen sich indessen Autos auf dem „Innenstadtring" rundum. Stoßstange an Stoßstange rund um die Innenstadt. Sie fahren Schritt-Tempo.

Sie scheinen keine Richtung zu haben, es ist ja ein „Ring". Man hat es darauf scheinbar auch nicht sehr eilig, aber hupt schon mal.

Alle wollen anscheinend bloß weg aus jenem „Einkaufsparadies" in der Mitte. Aber „der Ring" führt sie nur im Kreis drum herum. Und wohin auch, wenn sie dem Ring entkommen sind? Da ist nichts mehr ...

Wie eine Wagenburg schotten die Wagen die „Fußgängerzone" mit den fliehenden Käufern ab. Niemand kommt zu Fuß hinein oder hinaus, der nicht erst die Treppe zum Atombunker hinter sich gebracht hat und so das, einstweilen als „Fußgängertunnel" friedlich „zwischengenutzte" Betonrohr unter der Straße durchquerte. Das haben sich Planer ausgedacht: eine „Zwischennutzung" für Fußgänger, wie sie es nennen. Wenn mal kein Krieg ist und die Menschen dazwischen, im Frieden, unbedingt einkaufen müssen.

Doch die dunklen, cremefarben gekachelten Tunnels dorthin scheuen die meisten. Sie quetschen sich lieber auf dem „Innenstadtring" halsbrecherisch zwischen die Stoßstangen. Das stete Hupen erschrickt sowieso niemanden mehr. Es ist die Kakophonie der Großstadt, die ihren Klang an dies fortgesetzte Kreiseln verloren hat.

Es ist da kaum noch ein Durchkommen in der Enge, zumal mit Plastiktüten und Jutetaschen in der Hand. Jeder, der ein Gefährt hat, hat sich in den Kopf gesetzt, es just hier und jetzt zu stauen. Obwohl S-Bahn und Bus nahe sind. Obwohl die Stadt nicht groß ist und schnell zu Fuß zu durchqueren wäre.

Zumindest rasen die Autos an diesem Wochenende nicht auf dem überbreiten Asphaltamazonas.

Diesmal, an einem Sonnabend im August, hält noch etwas anderes merklicher auf als bloß die eigene Schwerfälligkeit und die Autolawine : Die *Grün-Alternative Liste* (GAL), die in der Hansestadt sonst stets devot für Autofahrers Wünsche stimmte, gibt sich so rebellisch wie jene *Grünen*, die in den Siebzigerjahren auch mal mit Kritik am „Autowahnsinn" begannen. Die lokale SPD hingegen, die den drei- bis fünfspurigen „Innenstadtring" als Einbahnstraße ohne Ampeln begeistert – auch gegen alle Proteste denkender Bürger – durchgezogen hat, fehlt verständlicherweise.

Ein Häuflein von dreißig Menschen stemmt sich nun gegen den Strom aus kreisendem Blech. Und der steht dann fast still, für eine plötzlich sehr lange Viertelstunde. Diese Menschen kaufen mal nicht ein, sie quetschen sich nirgends durch. Sie sind traurig und wütend, da, mitten auf der Straße.

Denn allein vom Jahresanfang 1983 bis zu diesem Spätsommertag hat es 57 Verkehrsunfälle gegeben auf dem „Harburger Innenstadtring", einer kleinstädtischen Ausgabe des „Nürburgringes", Testparcours für die Niki Laudas des Vororts. Drei Tote gab es in den letzten drei Monaten. Laut Polizeibericht wurden zwölf Menschen „zum Teil schwer verletzt".

Das stört die fliehenden Einkaufslustigen und die kreisenden Autofahrer nicht weiter. So ist ihr Leben – auch wenn mal der eine oder andere Einkäufer unter die Räder kommt.

Stören tun doch nur die, die so etwas unschön oder vermeidbar finden. Jenes Häuflein Demonstranten ist deshalb einem ganz eigenen Hupkonzert ausgesetzt. Es ist rhythmischer als sonst. Nun gibt es keine Pausen oder Phrasierung mehr, keine Luftlücken.

Passanten ermuntern die Autofahrer, indem sie die wenigen Demonstranten vom Fußweg aus anschreien. Sie übertönen sogar die Hupen. Sie rufen in Rage: „Euch müsste man den Arsch abfahren". Oder: „Ihr könnt bloß demonstrieren". Oder: „Geht doch in die Zone!" Sie machen sich lauthals die Luft, die ihnen die Autos nehmen. Sie rasen, weil alles still steht.

Die „Fußgängerzone" meinen sie mit dem Zuruf „Zone" jedenfalls nicht, sondern die „Ostzone", in der „Trabanten" durch verfallende Geisterstädte knattern. Als Wegempfehlung ist der Hinweis auf die „Zone" jedoch nicht gemeint, sondern weil es dort einen offenbaren Mangel an Autos und Bananen gibt.

Das wäre mutmaßlich Himmel und Hölle für jene affigen Demonstranten. So denken wohl die Beladenen voll Wut über sie. Jedenfalls ist also nicht die „Fußgängerzone" gemeint, jenes geheiligte Ufer, wo ein ordentlicher, anti-sozialistischer Einkaufsfußgänger noch demonstrativ ausschreiten darf – sofern umherkurvende Anlieferwagen und motorisierte Ladeninhaber ihn dort nicht erledigen.

Die einhellige Meinung am Bordstein ist: „Wer auf die Straße geht, hat selber Schuld, wenn er totgefahren wird!" Fairer geht's kaum im Verkehr zu.

Warum also da auf der Straße auch noch lebensmüde demonstrieren? Und alle anderen aufhalten in ihrem samstäglichen Kreisen? Schlimm genug, wenn es mal Alte und Gebrechliche erwischt hat. So ist das Leben: ein Kommen und Gehen. Was müssen die Omas und trotteligen Rentner auch unbedingt über eine Straße laufen? Wo doch für Millionen von Mark Tunnels unter die rasante Einbahnstraßenstrecke um die Harburger Innenstadt gebaut wurden! So ist das Gesetz der freien Wildbahn.

Es gibt da auch Autofahrer, die konsequent dazu stehen, die sich nicht einschüchtern lassen von Krachmachern und Randalierern! Sie nehmen die Aktion des *Hamburger Abendblatts* für Verkehrskavaliere mit dem Aufkleber „Ich mach mit!" ernst und wörtlich. Einer fährt einem Demonstranten behände in die Knie und nimmt ihn so auf die Kühlerhaube, fährt ein Stück mit ihm, damit er am eigenen Leibe erfährt, wie schön Autofahren ist: Der „macht" nun auch mit. Verschreckt fällt der Mann beim scharfen Bremsen mit lang gezogenem Hupen seitlich vom Kühler auf das Pflaster.

Die Polizei sieht vom Straßenrand, aus den Fenstern der „Revierwache 72" gegenüber der *Marienstraße*, lachend zu. Der „Demonstrationseinsatzleiter" auf der Straße fühlt sich nicht berechtigt, seinen Kollegen in der Wache solchen Spaß zu verderben. Er quittiert die Zurufe der Demonstranten, warum er nicht „seines Amtes walte" und die Demonstration schütze, mit unverhohlener Schadenfreude. Er weigert sich einfach, trotz dieser Körperverletzung eine Anzeige gegen den amüsierten Verkehrssünder aufzunehmen. Warum auch? Man muss ja nicht auf der Straße herumlaufen oder herumliegen. Dies ist ein freies Land.

Es bleibt kein Einzelfall. Der grundgesetzliche Schutz von Demonstranten gilt eben nicht für jeden Bürger. Ein blonder Anzugträger in einem dunkelblau-metallic *Mercedes 500* mit dem Kennzeichen HH-UW 41 kommt mit aufmunterndem Handschlag eines Polizisten davon, als er bei den *Salzburger Häusern* einem Demonstranten fast die Hacken abfährt und dann leider vor einem anderen Menschen doch noch halten muss.

Eine Ecke weiter, in dem Teil des Ringes, der früher einmal nur schlicht *Knoopstraße* hieß, rammte er einfach mal ein paar Transparentträger, um dann gleich auszusteigen und die Angefahrenen auch noch anzupöbeln. Der Polizei-Einsatzleiter weigert sich wiederum, eine Anzeige aufzunehmen oder gar den Fahrer dingfest zu machen. Der begeht unter seinen Augen und mit seiner Hilfe Fahrerflucht.

Im nahen Polizeirevier finden es die Beamten hingegen gar nicht mehr witzig, dass aufgebrachte Demonstranten nun auch noch eine „Dienstaufsichtsbeschwerde" wegen dieser „Beihilfe des Beamten" aufgeben wollen: „Sie wollen den Herrn anzeigen?! Na, dann versuchen Sie's doch!"

Der Polizei-Einsatzleiter hat allerdings von sich aus ein politisches Einsehen mit den Demonstranten: „Ich bin ja voll auf ihre Unterstützung angewiesen. Ich will doch auch, dass es auf dem Ring nicht mehr zu Unfällen kommt."

Für die Harburger Polizei gibt es dann endlich doch noch Grund zum beherzten Einschreiten: Unter den Verkehrsdemonstranten befinden sich auch einige „Nachrüstungs"-Raketengegner vom örtlichen „Friedenspolitischen Zentrum". Sie „scheren aus der Demonstration" aus, wie es hernach in Presseberichten heißt, und „beschmieren" am helllichten Tag das martialische Denkmal für „unsere" gefallenen Soldaten des *Ersten Weltkrieges* vor der *St.-Johannis-Kirche* in der ehemaligen *Bremer Straße*. In diesem Gotteshaus hatte sich der gescheiterte Kriegsdienstverweigerer Andreas Kobs ans Kreuz gekettet.

Aus allen Richtungen – teils sogar gegen die Fahrtrichtung des Einbahnringes – kommt im Höchsttempo Polizei mit Blaulicht in fünf Streifenwagen, einen so genannten Spür- und einen Greif-Trupp eingeschlossen. Mehr hätte man nicht aufzubieten, selbst wenn „der Russe" käme.

Und kurze Zeit später bricht der Samstagsverkehr dann endgültig ganz von selbst zusammen. Blech bleibt Blech. Und Recht bleibt Recht – nämlich das des Stärkeren, der stinkt und knattert.

Anmerkungen

Die Tagebuchnotizen zu einer kleinen Demonstration erschienen in gekürzter Fassung unter der Überschrift »Harburger Nürburgring – „Euch sollte man den Arsch abfahren!"« in der *tageszeitung* (taz) vom 29.08.83 (Aktuelles, Seite 16).

Der Innenstadtring ist inzwischen mit Millionenaufwand „zurückgebaut" worden: Ampeln wurden teuer installiert und Fußgängerüberwege „eingerichtet"; die Fußgängertunnel wurden zum großen Teil mit Millionenaufwand wieder zugeschüttet. Die noch bestehenden werden nach wie vor kaum benutzt. Die Kacheln fallen von den Wänden, die begehbaren Gruften faulen und stinken nach Urin und Modder.

Der Verkehr „fließt" wieder in beide Richtungen, wenn es denn vor lauter Autos möglich ist. Diese fahren die meiste Zeit auf und ab, weil der Weg in die dunklen Parkhäuser und auf gebührenpflichtige Parkplätze ebenso gescheut wird wie der Fußweg durch dunkle Tunnels.

Die alteingesessenen Geschäfte in der „Fußgängerzone" haben fast alle aufgegeben. Ein Teil der Läden steht leer. Das „sanierte" Gebiet verfällt zusehends. Die trostlose „Architektur" verwahrlost. Es wurde eine vermeintlich attraktive Shopping-Mall errichtet, die *Harburg-Arkaden*. Für sie mussten alte Gebäude wie die Hauptpost niedergerissen werden. Auch sie leerten sich ein Jahr später wieder, weil die Mieten und ständige Werbe- bzw. Veranstaltungskosten für manche kleine Läden nicht aufzubringen waren. Zudem zogen die Kundenmagneten der Ladenketten weiter zum neu gebauten *Phoenix-Center*.

Die Polizei setzt angeblich „zusätzliche Kräfte" gegen „Verkehrssünder" ein, worunter lediglich nicht zahlende Parker verstanden werden.

Ansonsten herrscht wie immer „Freie Fahrt für freie Bürger!"

In 2012 waren auch in der Bezirksverwaltung noch mehr Kacheln aus dem morschen Gebälk gefallen: Planer ließen kurzerhand ohne Bürgerbeteiligung einige Radwege komplett vernichten, die nach den Protesten und Diskussionen anhand eines mühselig verabredeten und noch kaum umgesetzten „Radwegekonzepts" gebaut worden waren. Sogar auf Kreuzungen gestrichelte Straßenmarkierungen wurden in einem ganz verwaltungseigenen Furor vom Asphalt gebrannt. Zurück blieben dort, wo Radfahrer, insbesondere Schulkinder zwei Jahrzehnte lang sicher fahren konnten, von Unkraut übersäte, aber teuer eingefasste Kackstreifen für Hunde. Es diene der Sicherheit der Radfahrer, wenn sie künftig auf der Straße zwischen Liefer- und Baustellenverkehr, Rasern und Falschparkern in die Pedale treten. Solche Beamten muss sich eine Gesellschaft erstmal leisten können.

Umgehen

Niemand mit politischer Verantwortlichkeit, aber offenbar fehlendem Verantwortungsgefühl wird 1984 und auch danach sagen können, er hätte von nichts gewusst: Die Senatoren Volker Lange und Wolfgang Curilla, der Bürgermeister Ulrich Klose sowie die Harburger und Hamburger SPD sind über mehrere Jahre von der „Bürgerinitiative gegen die Stadtautobahn Harburg" sachkundig und detailliert gewarnt worden.

Zudem hatte ein SPD-Parteitag schon 1972 beschlossen, in Hamburg „keine Stadtautobahnen" zu bauen. Die machten bereits in anderen Großstädten das Leben unerträglich.

Aber was zählen schon Parteiprogramme, nach denen Wähler sich entscheiden sollen? Die in Hamburg regierende SPD beschloss jedenfalls, zwischen 1980 und 1984 eine 276 Millionen Mark teure „Bundesfernstraßen-Trasse" mitten durch Harburgs Innenstadt, ein angrenzendes Vogelbrutgebiet und den nahen „Stadtpark am Außenmühlenteich" zu schlagen. Das Geld dazu kommt praktischerweise aus der Bundeskasse.

Die sozialdemokratischen Senatoren sind nicht von selber auf den tollen Plan gekommen, den Stadtteil um die Gummifabrik *Phoenix* mit einem Betonkoloss auf Stelzen zu zerschneiden und damit das „Naherholungsgebiet" zum „Straßenbegleitgrün" zu deklassieren. Die NSDAP mit ihrem Größenwahn hat ihnen diese „Idee" hinterlassen. Von Autobahnen verstand „Adolf" ja was, wie in Deutschland immer wieder gern auf die „auch guten Seiten" des Nationalsozialismus verwiesen wird.

Die Straßenpläne aus der Hitler-Zeit wurden gleich nach dem Krieg in den Auto-begeisterten Fünfzigerjahren vorurteilsfrei wieder aufgenommen.

In den „Stadtsanierungs"-begeisterten Sechzigerjahren reiften sie argumentativ heran, um schließlich in den „Fußgängerzonen"-begeisterten Siebzigerjahren euphorisch von der SPD entschieden und durchgepaukt zu werden. Beschlüsse gegen Autobahnen wurden vielerorts ignoriert.

Alle Schritte zur umweltbewussten Umkehr wurden für die ernüchterten und sparzwanghaften Achtzigerjahre versäumt.

Im Gegenteil: Trotz Energiekrise und aller ökologischer und städtebaulicher Gegenargumente haben Harburger Sozialdemokraten der von ihnen beharrlich „Ortsumgehung" genannten Trasse mitten durch den Ort im „3. Bauabschnitt" noch eine 40 Millionen Mark teure zusätzliche Brücke angefügt – man sieht auf dieser Elbhöhe schon das Wasser vor lauter Brücken nicht mehr.

Auch wird plötzlich ganz stolz von „erwarteten" 36.000 Autos „täglichem Verkehrsaufkommen" gesprochen, obwohl die Autobahn laut rechtlich bindender „Planfeststellung" nur „örtliche Bedeutung" haben dürfte.

Dass die Baubehörde unter Senator Volker Lange (SPD) ganz anderes im Sinn haben könnte als in jenen rechtsförmigen Plänen „festgestellt" wurde, prangerte die „Bürgerinitiative gegen die Stadtautobahn" immer wieder an. Das sei doch „Unfug", lehrmeisterte der verantwortliche Mehrheitsführer, der SPD-Fraktionschef in der Bezirksversammlung Michael Ulrich. Die Sprecherin der Bürgerinitiative, die Diplom-Politologin Barbara Simonsohn, bepöbelte er in der Lokalzeitung *Harburger Rundschau* als „stadtbekannte Querulantin".

Dabei hat die SPD inzwischen auch schon der so genannten „Ortsumgehung Veddel" zugestimmt, die die „Hannover-Autobahn" mit der bereits wie eine Autobahn ausgebauten „Wilhelmsburger Reichsstraße" verbindet. Zufällig endet dort auch die „Ortsumgehung Harburg", die an der *Bremer Straße* beginnt. Und günstigerweise führt genau bis zur *Bremer Straße* die gerade von der Hamburger SPD genehmigte Autobahn-„Eckverbindung": Jene durchpflügt die beiden Naturschutzgebiete „Rosengarten" und „Stuvenwald", von der Autobahnabfahrt Harburg-Marmstorf hin zur Bremer Autobahn.

Aus lauter Autobahn-Bruchstücken ist so unversehens ein engmaschiges Netz aus groben Betonschneisen geworden, die Stadt, Land und Wald zerschlitzen und sich auf wundersame Weise zu einer einzigen Autobahntrasse fügen. Sie hat nichts mehr von den schamhaften Wortverkleidungen wie „Umgehung", „Verbindung" oder „Teilstück".

Die Bürger, sogar jene Minderheit, die jetzt durch die zahlreichen Autobahnen ein paar Minuten Fahrtzeit „sparen" könnten, sind zudem genasweist, sofern sie an demokratisch planende Behörden glaubten.

Denn mit den drei einzelnen Planfeststellungsbeschlüssen zu den zwei „Ortsumgehungen" und einer „Eckverbindung" wird eine Trasse geschlagen werden, die insgesamt so teuer wird, dass sie in einer öffentlichen Debatte als „unbezahlbar" gegolten hätte: knapp eine halbe Milliarde Mark.

Das ist noch nicht alles. Denn in Deutschland wurde ja stets begeistert nach der totalen Autobahn gerufen.
In der niedersächsischen Gemeinde Meckelfeld, die an Harburg grenzt, wird ebenfalls gebaut: Eine aufwendige Autobahnauffahrt zur Hannover-Autobahn, die vorgeblich den Verkehr aus dem Harburger Raum fernhalten soll.
Genau dies war, allerdings in umgedrehter Wegrichtung, die einzige Begründung für die „Ortsumgehung Harburg": Den Verkehr aus dem „Meckelfelder Raum" fernzuhalten.
Da fragt sich also, welche Autobahn denn wohl welche Autofahrer besser von wem fernhalten wird? Und warum Autofahrer, wie es deren Art ist, nicht einfach dort umherbrausen sollten, wo für sie Straßen breit gebaut wurden.

Straßen halten nämlich keineswegs Verkehr „fern", selbst „Fernstraßen" nicht. Das wissen Verkehrsforscher längst: Sie ziehen Verkehr vielmehr an, statt ihn zu vermeiden. Sonst müssten sie auch gar nicht erst gebaut werden.
Aber was interessiert es Lokalmatadoren, die sich stolz wie Oskar dort ein dröhnendes Denk-Mal setzen, wo sie das Denken von Mal zu Mal, von „Teilstück" zu „Teilstück" aufgegeben haben?
Maße jenes Mahnmals der Mittelmäßigen: 4,5 Kilometer lang und 26 Meter breit soll der Ort Harburg umgangen werden. Besondere Kennzeichen: auf zehn bis zu fünfzehn Meter hohen Betonblöcken. Kosten: 61.333,- DM je Meter, also 613,33 DM pro Zentimeter automobiler Fortbewegung.
Das wird nicht zu umgehen sein.

Anmerkungen

Dieser Merkzettel zum willentlichen Versagen von Lokalpolitikern erschien als abschließender Kommentar unter dem unangemessenen, geschmacklosen Titel „Ökologischer Holocaust" in der SZENE-Hamburg, nachdem der Autor in dem Stadtmagazin zuvor die Proteste der Bürger journalistisch jahrelang begleitet hatte (Vgl. SZENE-Hamburg 12/78, 7/79, 11/79, 12/79). Diese Berichte über die Erfolglosigkeit von Engagement gegenüber dumpfen Partei-Interessen sind hier mit wenigen Sätzen eingeflossen.

Die „Harburger Stadtautobahn" ist darüber wie darunter eine karge Betonwüste geblieben. Im Juni 1996 gab sie sogar die außerirdisch anmutende Kulisse für eine Reportage über *Star-Trek*-Fans ab (in der Reihe »24 Stunden«: „Beam mich rauf, Scotty! Das Weltall fängt in Harburg an", Sat.1).

An der Grenze zum ehemals idyllischen „Stadtpark Außenmühle" wurden einige Eiszeit-Findlinge unter dem Betonviadukt der BAB aufgereiht wie an einem vorzeitlichen Thingplatz.

Dort werden Müll und Einkaufswagen aus nahen Supermärkten den Göttern dargebracht. Der Verkehr ist davon allerdings unbeeindruckt und in keiner Weise „entlastet". Er „fließt", wenn er nicht gerade staut, zu den an seinem Rand zufälligerweise neu geschaffenen Einkaufsgebieten mit Baumärkten und Supermärkten.

Die erwähnte SZENE-Hamburg wurde übrigens in 2003 von einer SPD-eigenen Presseholding aufgekauft. Das Magazin *Focus* berichtete im Juli 2004, dass die Redaktion keine Kritik an der SPD veröffentlichen dürfe. Auch die *Hamburger Morgenpost* wurde von derselben Presseholding aufgekauft. Sie war pikanterweise einst eine sozialdemokratische Boulevardzeitung, beispielsweise mit einem Chefredakteur wie Wolfgang Clement, der danach auf Parteiticket den Ministerpräsidenten in Nordrhein-Westfalen gab und später den „Superminister" im Kabinett Gerhard Schröder. Die unter anderem von ihm ruinierte Zeitung wurde verscherbelt und nach weiterer Verwahrlosung von seiner Partei zurückgekauft. Das machte deren Journalismus nicht besser.

Grüne Beule

Schon von Ferne ist eine riesige, grüne Beule zu sehen. Wer mit dem Wagen beispielsweise aus Hannover nach zermürbenden, monotonen Feldern und dann entlang des Siedlungsbreis langsam in Hamburg anzukommen meint, der sieht nahe der überbreit ausgebauten Autobahn jenen hohen Hubbel.

Aber was ist das bloß? Diese Beule kann doch nicht schon die Ankündigung der schleswig-holsteinischen Hügel sein? Zu hoch und zu einzig für eine Moränenlandschaft! Zu unbewachsen für Natur. Aber zu grün für einen künstlichen Klecks, selbst wenn die „Teletubbies" darauf hausten.

Auch langsamer zu fahren, hilft nicht zu erkennen, was denn da auf einen Autofahrer zukommt. Vielleicht ein „Stadt-Möbel", wie es Architekten sich ausdenken? Oder eine „Installation", mit der ein Künstler im Auftrag der Kultusbehörde auf irgendetwas hinweisen wollte? Aber wer wüsste, was es bloß sein könnte?

Ausfahrtsschilder an der Autobahn haben jedenfalls nach „Harburg-Hafen" eben noch den Weg nach „Wilhelmsburg" groß angezeigt. Nun weisen die nächsten schon auf den „Freihafen" hin. Das muss also irgendwie schon oder noch Hamburg sein! Aber was genau?

Es ist nicht erklärlich, was da zu sehen ist. Oben auf der riesigen Ausbuchtung brennt eine lodernde Flamme aus einem dürren Rohr. Ein ewiges, rauschendes Feuer, gleich einer Olympia-Fackel. Es ist ein eindrücklicher Anblick. Man denkt nach. Und kommt einfach zu keinem Ergebnis.

Dabei ist es ganz genial einfach: Gleich am Rande des Vororts Harburg hat wurde der *Hansestadt Hamburg* ein Denkmal für ihre sozialdemokratische Industriepolitik gesetzt, eine Art aktionskünstlerische Rauminstallation.

Demnächst wird hier zur Komplettierung des außergewöhnlichen Arrangements auch noch ein Zaun drumherum gezogen. Fertig ist ein Areal!

Ob Eintritt erhoben wird, kann noch nicht gesagt werden. Wenn überhaupt jemand hinein darf. Es wird jedenfalls eine Stange kosten! Das kann man schon jetzt sagen!

Allerdings wird jene geplante Einfriedung zwar Zaungäste von nah und fern, weniger aber das Eingezäunte abhalten können.

Jedenfalls, wenn es stimmt, was ein Ordentlicher Professor aus Kiel behauptet, der Herr Wassermann. Aber schon weil das gar nicht stimmen kann, baut die *Hansestadt Hamburg* erstmal jenen Zaun drumherum. Man weiß ja nie! Auch wenn man es jedenfalls besser weiß als solch hergelaufener Wissenschaftler. Der soll sich lieber um das kümmern, was er vor der eigenen Nase hat, beispielsweise Endmoränen.

Der Kieler an sich versteht ja, weil da bis vor kurzem noch Gletscher waren, nichts von Geologie. Nicht halb so viel jedenfalls wie ein ordentlicher Hamburger Landespolitiker. Und jener eine Kieler beispielsweise ist vielmehr auch noch bloß Toxikologe. Der weiß noch nicht einmal, welche Gifte Hamburger Landespolitiker da am Autobahnrand zu einem riesigen Hubbel angehäuft haben! Aber schlau reden!

Der vom Gras seicht bedeckte Müllberg in Georgswerder, gleich hinter Wilhelmsburg, könnte explodieren. Sagt der Giftkundler aus Kiel.

Wer die unheimliche grüne Blase von der Autobahn sieht, mag das wohl leicht glauben. Auch wenn er weder den mahnenden Kieler noch die Hanseaten kennt, die vor solcherlei explosiven Annahmen die Augen schließen.

Der Professor Otmar Wassermann leitet in Kiel ein „Institut für Umweltgifte". Er hat methodisch und akribisch analysiert, was da im Boden des Harburger Berges so alles zu finden ist.

Was soll's? Solche Details mit so irren Formeln interessieren Landespolitiker schon mal gar nicht! Sie können sich mit knapper Not ausrechnen, welche Chancen sie auf einen Parlamentssitz bei der nächsten Wahl haben – wenn die Chemie in ihrer Partei stimmt.

Was Otmar Wassermann da in der Erde von Georgswerder an merkwürdigen Stoffen gefunden hat, dürfte sowieso gar nicht dort zu finden sein. Schon gar nicht in dieser Zusammensetzung. Schon gar nicht auf der Erde. Erst recht nicht darunter.

So kam Herr Wassermann denn zu seiner explosiven These: Chemische Reaktionen im Innern der ehemaligen Mülldeponie in Harburg-Wilhelmsburg könnten den grünen Giftberg in die Luft sprengen. Dann würde es den Hügel über Harburg regnen. Bei schlechtem Wind würden die Gifte in einer Wolke auch über Hamburg treiben.

Es würde die Stadt, nach Kriterien von Toxikologen, „unbewohnbar" machen. Das kann ja wohl nicht sein! Nieselregen in Hamburg – gut und schön. Aber Giftregen?

Der zuständige Hamburger „Umweltsenator" Wolfgang Curilla und der „Entsorgungssenator" Jörg Kuhbier, beide SPD, reagierten prompt. Das erwartet man ja von Politikern in einer so ernsten Lage, besonders wenn sie voll „entsorgen" sollen und die „Umwelt" ganz unter sich haben, ressortmäßig.

Sie reagierten zudem mit kostengünstigstem Aufwand, nämlich mit einer Presseschelte: Es sei alles bloß „unverantwortliche Panikmache" und „keine seriöse Wissenschaft".

Curilla und Kuhbier beriefen sich auf ihren Senatskollegen, den – wie sie betonten – „parteilosen Wissenschaftssenator" Jörg Sinn. Der sei dadurch sowieso schon mal „unparteiisch" und überhaupt „schließlich Chemiker". Na, und der habe ihnen jedenfalls erzählt, es fehle in der Deponie doch an Sauerstoff für eine Explosion. Na also! Geht doch alles gar nicht.

Wie gut, wenn man Bekannte hat, die alles besser wissen, sogar aus der Ferne und aus alten Studientagen. Die wissen es besser als jene, die sich als Fachmänner und am Ort mit der Sachlage und dem Material genau vertraut gemacht haben. So verfährt seriöse Politik, im Unterschied zur blanken „Panikmache"! Und Panik machen gilt nicht.

Zum Jahreswechsel 1984 war Professor Wassermann bereits von der ebenfalls sozial-demokratischen Landesregierung Schleswig-Holsteins als Leiter der „Untersuchungsstelle für Toxikologie" entlassen worden. Er hatte wiederholt Umweltminister, auch über Ländergrenzen hinweg, unverblümt für ihr Tun, ihr Nicht-Tun und ihr hemmungsloses Schönreden kritisiert.

Er gehört keiner Partei an, gilt aber eben nicht als „unparteiisch". Er hat kein Amt mehr, kritisiert aber immer an Ämtern herum. So etwas geht gar nicht.

Nun gab er auch noch den Hamburgern Nachhilfe abseits des Haus-Baukastens für kleine Chemiker: Bei der reichlichen Feuchtigkeit im Müllberg seien Sauerstoffatome schnell mal abgespalten. Sagt er. Verschiedener hochaktiver Chemiemüll reagiere zudem auch ohne Sauerstoff.

Schließlich bestünde auch noch die Gefahr, dass sich unbekannte, neue „Supergifte" bildeten.

Unter Umständen gelangten solche bereits in die Wilhelmsburger Luft: Täglich entströmen nämlich 70.000 Kubikmeter Gas aus der Deponie. Das würde nur teils in der Fackel über dem Berg abgebrannt. Lediglich sechzig Prozent dieses Gases seien als „problemloses Methan" identifiziert. Was da schon allein an weiteren Schäden durch unsachgemäße Verfeuerung weitergetragen werde, sei nicht absehbar. Die ständige Hitzeentwicklung durch „Rottung" und andere chemische Zerfallsprozesse liege im Berg bei durchschnittlich sechzig Grad Celsius.

Eine Explosion könnte allerdings auch noch viel einfacher ausgelöst werden: Im Zweiten Weltkrieg gingen reichlich Bomben auf dem heutigen Deponiegelände nieder, weil daneben eine Flak-Stellung lag. Die Polizei bestätigte inzwischen aufgrund britischer Aufzeichnungen, dass nur zwölf Blindgänger im fraglichen Gebiet entschärft wurden. Inmitten der früheren Hausmülldeponie oder im weichen Kleieboden der inzwischen 45 Hektar großen Fläche könnten noch weitere Bomben liegen.

Der „Entsorgungssenator" Jörg Kuhbier (SPD) sprach entsorgend von einer „hypothetischen Gefahrenaufbauschung". Die Bomben würden, wenn es sie überhaupt gebe, im Deponiekörper ganz ruhig liegen bleiben: Eine „Entzündung" sei nämlich „erst bei Temperaturen ab 300 Grad denkbar".

Der Chemieprofessor Otmar Wassermann zuckt die Achseln: „Es kann lokal durchaus schnell zu solchen Temperaturen kommen, wenn chemische Kettenreaktionen ablaufen."

Was soll's! Kettenreaktion ist die Sache von Behörden nicht. Während sich der Umweltsenator Curilla noch am Jahresbeginn 1984 leidlich „überrascht" gab wegen einiger „Funde" des Sevesogiftes TCDD im öligen Abwasser der Deponie, bestätigte Senatspressesprecher Thomas Mirow (SPD) kurz darauf, dass bereits am 2. Februar 1979 vom „Amt für Hygiene" bei einer Probe eine Konzentration von zehn Mikrogramm des Dioxins OCDD entdeckt wurde.

Es gilt als Regel unter Chemikern, dass OCDD und TCDD gemeinsam „auftreten". Insofern hätte dem Amt klar sein müssen, dass dort auch TCDD zu finden sein dürfte – wenn man es nur suchen wollen würde. Wollte man aber nicht.

So etwas will letztlich Weile haben. Am 20. November 1980, also nach gut zwanzig Monaten, wurde der Fund überhaupt erst dem Leiter der Anstalt mitgeteilt. Angekommen war die Brisanz des Messergebnisses bei den politisch Verantwortlichen anscheinend noch immer nicht. Der Umwelt- und der Bausenator, Herr Eugen Wagner (SPD), duldeten stattdessen, dass Gas aus dem Berg einfach abgefackelt wurde. Die Temperaturen bei der Verbrennung durch eine private Müllfirma sind jedoch nicht hoch genug, um das Sevesogift TCDD thermisch zu vernichten: Zudem werden überhaupt nur fünf Prozent der 70.000 Kubikmeter täglich ausströmenden Gases verbrannt.

Der Hamburger Senat gibt sich unwissend. Kommende Generationen werden unter Erbschäden und Krebserkrankungen infolge der großflächigen Verteilung von aggressivsten Giften über die ganze Stadt noch leiden – selbst dann, wenn Senatoren längst ihre üppigen Pensionen für solcherlei schwere „Verantwortung" verzehrt haben und sie vergessen sind.
Otmar Wassermann ärgert das: „Politiker verharmlosen mit der ständigen Rede von der angeblich nicht existierenden akuten Gefährdung. Sie können nicht in Generationen denken, sondern nur von Wahl zu Wahl. Solange wir Wissenschaftler Argumente gegen Bürgerängste haben, sind wir gefragt – anderenfalls schimpft man uns ´Panikmacher´." Der Professor Wassermann hält die „Ausgasung" in Wilhelmsburg für „akut gesundheitsgefährdend". In der Nähe der Giftmülldeponie Gerolsheim beispielsweise würden seit langem Krankheitsbilder in der Bevölkerung beobachtet, die jedoch bisher nur die örtlichen Krankenkassen zur Anhebung der Beitragssätze veranlasst hätten. Hier würde mit ständig geröteten Augen, Hautausschlägen und Husten beginnen, was sich auch bei einer ähnlichen Deponie nahe Detroit als weitere Folge unverkennbar abzeichne: Bei einer Stichprobenuntersuchung hatten dort 45 von 55 Personen Krebs. In Hamburg steigt die Krebsrate jährlich bereits um ein Prozent. Inzwischen wurde bekannt, dass sich auf dem Hamburger Stadtgebiet vermutlich mindestens sechs Deponien mit dem Sevesogift Dioxin befinden. „Die Familie der Dioxine kennt achtzig Verbindungen, von denen zwanzig hochtoxisch sind", warnt der nicht arbeits-, aber anstellungslose Otmar Wassermann.

Der Hamburger Senat hat unterdessen „erste Maßnahmen zum Schutz der Bevölkerung" auf den langen Verwaltungsweg gebracht: In einer Vorlage an den Bürgerausschuss bittet er um die „Bewilligung von Restmitteln aus 1983". Für je 2.500 Mark sollen 25 „Ölproben" auf der Deponie Georgswerder „entnommen" werden. Und: Die Deponie soll für 250.000 Mark in einer Länge von 2.600 m mit einem Zaun gegen die böse Umwelt geschützt werden.

Möglicherweise hat der Zaun noch mehr Lücken als die Argumente und die Abwehrhaltung von Politikern, deren letzter Ausweg immer der Bau von Zäunen und Mauern um das ihnen Unheimliche ist – und sei es um sich selbst.

Im Auftrag des Hamburger Senats konnte die Firma *Boehringer* bei Proben jedenfalls gar keine TCDD-Werte in der Nähe der Deponie Georgswerder feststellen. Sie muss es wohl ganz gut wissen. Denn bei ihrer täglichen Produktion fällt das Gift TCDD an. Und mutmaßlich stammen viele der Abfälle auf der Deponie eben von dort. Das Gift TCDD ist also aus der Deponie Georgswerder verschwunden? Keiner wird der Firma einen Vorwurf machen können, wenn nicht da ist, was gerade sie dort womöglich illegal „abgeladen" hat. Der Fall ist doch so gut wie in Luft aufgelöst. Das Problem ist weg – noch ehe es der Hamburger Senat so richtig hatte anpacken können.

Auch Proben östlich der angrenzenden Autobahn und aus der Flugasche der Hamburger Müllverbrennungsanlagen erbrachten plötzlich überhaupt keine TCDD-Werte mehr. So schnell, so einfach kann es gehen, wenn man nicht ständig Panik macht!

Noch im Dezember 1983 freilich hatte das *Umweltbundesamt* 52 Mikrogramm des Sevesogiftes in der Asche konzentriert gefunden. Im Sickerwasser der Deponie waren es bis zu 100 Mikrogramm. Seit dem Vietnamkrieg gilt bereits ein Tausendstel dieser Menge als „krebsauslösend" und „erbschädigend".

Man lernt dazu. Statt der Bonner Amtskollegen hatte der Senat diesmal daher lieber eine Tochterfirma des *Unilever*-Konzerns und eben *Boehringer* mit der Analyse befasst: Beide sind namhafte Experten – allerdings bis dahin weniger im Nachweis als vielmehr vor allem bei der Herstellung chlorierter Kohlenwasserstoffe wie TCDD.

Noch warten beispielsweise im Hamburger *Boehringer*-Werk drei Kesselwaggons mit 150 Tonnen so genannter T-Säure-Abfälle, darunter 750 Gramm TCDD, auf eine Transportgenehmigung des Hamburger Senats nach Irgendwohin, dorthin, wo es keine unverantwortliche „Panikmache" gibt.

Das Kölner Fernsehmagazin *Monitor* misstraute dem so plötzlichen Verschwinden des Giftes, das doch gerade erst „entdeckt" worden war. *Monitor* gab Analysen bei der *Freien Universität Berlin* in Auftrag. Deren Untersuchungen ergaben allerdings keine so beruhigenden Werte, vielmehr bloß solche „wie im Randgebiet von Seveso".

Im Ort Seveso in Oberitalien, der wenige Kilometer nördlich von Mailand liegt, war am 10. Juli 1976 im Chemiewerk der Firma ICMESA ein Reaktor zur Herstellung von Trichlorphenol überhitzt worden. Ein Gemisch aus verschiedenen Chemikalien verteilte sich als Staubwolke über die gesamte Region.

Es war einfach weitergearbeitet worden. Erst Tage danach starben Vögel und Kleintiere in der Umgebung. Menschen gingen mit plötzlichen Anzeichen von Hautverätzungen zum Arzt. In zweihundert Fällen lautete die Diagnose „Chlorakne".

Erst daraufhin veranlasste man erste Inhaltsuntersuchungen der vermeintlichen „Staubwolke". Es wurde ermittelt, dass durch unvollständige Verbrennungsvorgänge, bei denen chlorhaltiges und organisches Material beteiligt gewesen seien, die hochgiftige Substanz 2,3,7,8-Tetrachlordibenzo-4-dioxin (TCDD) „entstanden" war. Die italienischen Behörden ordneten die „Stilllegung der Anlage" an – allerdings erst eine Woche nach dem „Unfall". Nur keine Panik! Erst nach 17 Tagen leitete man die „Evakuierung der Bevölkerung" aus der am stärksten verseuchten Zone in unmittelbarer Nähe der Chemiefabrik ein.

In Hamburg interessiert auch das nicht. Obwohl die Berliner Uni bereits das Gift gleich jenseits der Deponie gefunden hatte, gelöst in Säureteer.

Mitte Januar 1984 präsentierte der Entsorgungssenator Kuhbier überraschend einen „Vorschlag" einer privaten Beraterfirma als „realistische Form der Sanierung": Eine 2.500 m lange und 27 m tiefe Spezial-Beton-Mauer um den Berg zu ziehen.

Allerdings wiesen Behördenpläne ausgerechnet an dieser Stelle immer noch ein „Naherholungsgebiet" aus: mit Skiabfahrt vom Hügel bis fast direkt auf die Autobahn. Man hatte sich das eben ein bisschen anders gedacht mit dem Müll der Großstadt. Inhaber der schlauen Mauerbau-Ratgeber-Firma ist übrigens Bodo Fischer, hauptberuflich ansonsten Geschäftsführer bei der SPD-eigenen Bildungsorganisation *Neue Gesellschaft* in Hamburg. Er war auch mal „Umweltpolitischer Sprecher der SPD-Bürgerschaftsfraktion", bis er bei den Wahlen im Juni 1982 an einem unerwartet schlechten Listenplatz scheiterte. Die Chemie stimmte einfach nicht.

Den katastrophalen Zustand der Deponie kennt der Genosse Bodo sogar noch aus seiner Zeit im Bürgerschaftsuntersuchungsausschuss von 1981, in dem die kriminelle Beseitigung der irrwitzigsten Gifte unter den Augen der Behörden öffentlich gemacht worden war.

Die „Grün-Alternative Liste" (GAL) erstattete indessen Anzeige gegen Umweltsenator Curilla (SPD), den Entsorgungssenator Kuhbier (SPD) und den Innensenator Alfons Pawelcyk (SPD), weil nach einer Hamburger Verordnung seit dem 27. Mai 1983 keine TCDD-haltigen Abfälle transportiert werden dürfen, aber dioxinhaltige Abwasser aus Georgswerder erst zur Müllverbrennungsanlage und dann als dioxinhaltige „Flugasche" in die schleswig-holsteinische Deponie Rondeshagen verfrachtet worden waren. Dorthin hat es ein Kieler Professor näher.

Ein Gutes hat solches Hickhack für die Harburger: Die „Probleme mit der Deponie" hätten die Entscheidung im Senat „beschleunigt, weitere Umweltbelastungen in Hamburgs Süden zu vermeiden", hieß es aus dem Rathaus.

Die „Entlastung von Umweltproblemen" gar verkündete Bürgermeister Klaus von Dohnanyi höchstselbst in seinem Harburger Wahlkreis: In Wilhelmsburg wird nun doch kein vierzig Meter hoher Schlammberg mit giftigen Schwermetallen zusätzlich aufgeschüttet. Auf eine Hausmüll- und Bauschuttdeponie wird gleichfalls „verzichtet". Und der Bau einer Autobahn durch den von Verkehrsadern bereits durchschnittenen Stadtteil wird „auf unbestimmte Zeit vertagt".

Aber wie vertagt man TCDD?

Anmerkungen

Diese Bergbesichtigung geht zurück auf die Beiträge „Umweltdreck messen und liegenlassen – Daten über die Umweltbelastung liegen teils vor, aber es ändert sich nichts" (*vorwärts* vom 12. Mai 1983, Nr. 20, Seite 20, Rubrik: Arbeit und Kapital") und „Bei wieviel Grad Hitze explodiert ein Müllberg?" (*vorwärts* vom 19. Januar 1984, Nr. 4, Seite 20). Dann intervenierte der Genosse „Entsorgungssenator" bei der *vorwärts*-Redaktion so, dass ein „klarstellendes" Interview in das Blatt fand: „Ich fühle mich für die Deponie Georgswerder verantwortlich" (*vorwärts* vom 2. Februar 1984, Nr. 6, Seite 20). Der Autor ergänzte dann „Das Gift ist „weggemessen" – Messungen mit und ohne TCDD-Befund in Hamburg" (*vorwärts* vom 9. Februar 1984, Nr. 7, Seite 20).

Die Senatoren Curilla, Kuhbier, Wagner, Pawelcyck überstanden die Amtszeiten ganz prima, wenn man von vereinzelten Verkehrsunfällen im trunkenen Zustand absieht. Dohnanyi verstand sich später als Experte im „Aufbau Ost", wo auch genügend Giftmüll aus West und Ost offen liegt. In Georgswerder brennt der Berg sich immer noch aus. Aber auf ihm tummeln sich immer noch keine Touristen.

Im April 2005 gewann der Entwurf eines Aussichtsturms in Pfeilform für den Berg einen Architektenpreis. Bis zu dessen Bau demonstrieren Windräder dort das enorme ökologische Bewusstsein der weltoffenen Hansestadt.

Die angrenzenden Ortsteile Veddel und Wilhelmsburg sind inzwischen überwiegend von Ausländern bewohnt, die entweder vom Sozialamt mit Wohnungsbezugsscheinen dorthin gelotst wurden oder die sich nicht über die günstigen Mieten wunderten.

Ein Krebsregister wird noch immer nicht geführt. Es wäre zudem sinnlos. Viele der jahrzehntelang vergifteten Bewohner sind, wie auch das Gift, in alle Winde zerstreut.

Minuten für Milliarden

Ein „Jahrhundertbauwerk" nennt es der Sprecher der *Deutschen Bundesbahn* (DB). Einen „historischen Tag" für die 450.000 Menschen im Süderelberaum sieht der *Hamburger Verkehrsverbund* (HVV) heranbrechen. Das „Schnellbahnzeitalter" habe im Hamburger Süden begonnen.

Das gelobte neue Zeitalter gibt allerdings nur einen Unterschied von zwei Minuten her: Bisher fuhr die Bahn vom Hamburger Hauptbahnhof nach Harburg in 15 Minuten, jetzt in 13. Na wenn schon. Die „neue" Bahn ist immerhin fertig.

Aber die Stadt ist weg. 62 Gebäude mit 265 Wohnungen wurden abgerissen, damit die Bahn direkt zu *Karstadt* und zum Rathaus fahren kann. Dort, gleich über der atombombensicheren S-Bahn-Station „Harburg-Rathaus" entstand der „Innenstadtring", eine mit Einfädelstrecken teils siebenspurige Einbahnstraße, die um die City führt.

Mit einem halben Hektar Asphalt nämlich wurden die Wunden vernarbt, die Stadtplaner in den letzten zehn Jahren in Harburg gerissen haben, wo trotz der Bombenangriffe der Briten die Stadt stehen geblieben war. Blech an Blech parken heute Autos, wo früher Wohnhäuser standen. „Seeve-Viertel" – nach dem Namen des vorbeifließenden, von den *Phoenix*-Gummiwerken als Kloake benutzten Bachs – nennen die Planer jenes erst halbfertige Bauareal über der S-Bahn.

Vom Dach des am Rand des neuen Viertels liegenden Parkhauses, des vorerst dritten in Harburg, sieht man die künftige Stadt vor lauter Beton nicht mehr. Der Hamburger Senat hatte nämlich 1979 gleichzeitig mit dem S-Bahn-Bau und dem Bau der Ringstraße, die jetzt eine Teststrecke für die Niki Laudas der Vorstadt ist, die „Sanierung" des Stadtkerns beschlossen.

Doch auf gesetzlich vorgeschriebene „vorbereitende Untersuchungen", die die „Notwendigkeit" und Umfang der Sanierung begründen sollten, wurde lieber gleich verzichtet.

So kann schon heute kein Planer mehr sagen, weshalb eigentlich die alte Harburger Kernstadt verschwand. Bis auf das „Milieugebiet Lämmertwieten-Viertel", einem Amüsiersträßchen mit fragwürdiger Gastronomie. Ob wegen des S-Bahn-Baus, der Sanierungsplanung oder des „Innenstadtrings"?

Abrissbirnen und Betonmischer regierten ein Jahrzehnt lang. Backsteinhäuser der Jahrhundertwende wurden planiert für Geschäfts- und Büroburgen. Zwischen ihnen liegt von guten Bürgern der Stadt und dem selbstherrlichen „Sanierungsbeauftragten", dem Regierungsdirektor Wolfgang Lüders, eigens ausgesuchtes Klinkerziegel-Pflaster. Aparte Betonkübel mit Krüppelkoniferen geben dem Harburger „Stadtkern" jene reinliche, bis zur Fuge sanierte Stadtlichkeit, die alle Verkaufslandschaften mit Fußgängergehege von Hintertupfingen bis Kappeln an der Schlei so originell verwechselbar macht.

Wie allerorten hieß auch in Harburg das Planer-Simsalabim der Siebzigerjahre „Verkehrsberuhigung": In der „Einkaufszone" sollen die Autos in fünf Parkhäuser verbannt werden. Im „Wohngebiet" dann, knapp fünfhundert Meter weiter, wird zur Beruhigung die „Ortsumgehung Harburg" auf Betonpfeilern errichtet. Ein „Zubringer" zur Autobahn nach Hannover und Bremen wird zurzeit neben „Innenstadtring" und „Ortsumgehung" als dritte Schnellstraße gebaut. „In einem wirtschaftlichen Ballungszentrum wie Hamburg gilt es insbesondere, den Berufsverkehr zufriedenstellend abzuwickeln", schreibt Wirtschaftssenator Volker Lange (SPD) in der „Festschrift" zur Einweihung der neuen S-Bahn-Trasse. Hamburg und Harburg seien sich „ein weiteres und wichtiges Stück nähergekommen".

Tatsächlich ist die Entfernung von knapp 13 Kilometern vom Hamburger Hauptbahnhof zum Harburger S-Bahnhof allerdings gleich geblieben. Die zwei Minuten „Annäherung" per Bahn aber kosteten 1,25 Milliarden Mark.

Eine gewaltige Summe in einer Zeit, in der die Politiker inzwischen mehr von der „Sanierung der Haushalte" als von der „Sanierung" der Städte reden.

Aber nicht nur finanzpolitisch, sondern auch verkehrspolitisch sind die „entscheidenden Impulse für den gesamten Süderelberaum" (Wirtschaftssenator Volker Lange) reichlich fragwürdig. Die bisherigen Haltepunkte „Unterelbe", „Tempowerk" und „Hausbruch" werden 1984 aufgehoben.

Nichts „kommt" also näher. Ausgerechnet hier liegen die Großbetriebe am Harburger Hafen, *Daimler-Benz*, *Beiersdorf* und andere, die Trabantenstadt Neuwiedenthal sowie das vielbesuchte „Naherholungsgebiet Schwarze Berge".

Zudem können Pendler aus den umliegenden Gemeinden Cuxhaven, Stade, Buxtehude, Lüneburg, Hittfeld, Meckelfeld oder Maschen künftig nur noch mit wenigen Zügen während der „Verkehrsspitzenzeiten" bis Hamburg „durchfahren". Ansonsten müssen sie meist in Neugaben oder Harburg wieder in die S-Bahn umsteigen. Zumindest für diese abertausende Pendler wird der Weg nach Hamburg nicht kürzer. Er wird zeitlich gewollt, geplant und teuer bezuschusst weit länger und unbequemer. Einfache Fahrplanänderungen der Bahn, beispielsweise mehr Züge einzusetzen, hätten mehr erreicht.

Anmerkungen

Eine kurze Zusammenfassung einer langen, systematischen Stadtzerstörung erschien zuerst im *stern* Nr. 40/1983 unter dem Titel: „Minuten, die über eine Milliarde kosteten". Ausführlicher waren Bericht und Kommentar „Harburg – ein Stadtteil feiert seinen Abriss. Der große S-Bahn-Schwindel" in der *tageszeitung* vom 26. September 1983, Seite 15.
Inzwischen wurde die S-Bahn-Strecke bis Stade verlängert. Die Bahnen sind ständig überfüllt – aber die Fahrtzeit ist mit über einer Stunde unattraktiv lang. Denn die Strecke führt durch Harburg statt durch eine der Elbtunnelröhren erheblich kürzer nach Hamburg. Diese wurden lediglich für den tumben Laster- und Autoverkehr „erweitert". Der staut sich täglich.
Was interessieren denn schon die Bedürfnisse von Bewohnern und Pendlern?

Kleinod Technologiezentrum

Es war wunderlich: „Die Harburger", so behaupteten Lokal-politiker und Ortspresse unisono, „wollten" eine Technische Universität in Harburg. Allerdings wollten sie sie offenbar nicht dort, wo sie die Hamburger Stadtverwaltung plante.

Dortige Mieter fürchteten nämlich, dass die Betonmassen ein in Jahrzehnten gewachsenes Wohnviertel durch den wenigen und kurzen Tagesbetrieb sowie lange Semesterferien entvöl-kern und „kaputtmachen" könnten.

So prallten „Wunsch" und Wirklichkeit aufeinander.

Aber es waren keineswegs die Planer oder die „Betroffenen", die den „Schlusspunkt" der Bonner Hochschul- und Wissen-schaftspolitik zur Lachnummer machten: Schon lange vor „Baubeginn" wurde die „letzte Universitätsneugründung" als „das Technologiezentrum des Nordens" gerühmt, so beispiels-weise im Lokalblatt *Harburger Anzeigen und Nachrichten*.

Der Hamburger Wissenschaftssenator Hans-Jörg Sinn weissag-te, es werde ein „Schmuckstück" und „Kleinod".

Die *Technische Universität Hamburg-Harburg* (TU) werde ab 1983 „Impulse" in den „kulturell unterversorgten" Hamburger Stadtteil Harburg bringen, so dessen Bezirksamtsleiter Helmut Raloff. Dreitausend, teils ausländische Studierende und der hochkarätige Lehrkörper würden schon dafür sorgen.

Kurz gedacht, aber lang „geplant". Das „Konzept" einer pul-sierenden Forschungsuniversität jenseits der Hochschulel-fenbeintürme, praxisnah und nicht auf der grünen Wiese, war im Juli 1979 vom Hamburger Senat auf Wunsch des Bonner Wissenschaftsrates beschlossen worden.

Zu spät und zu plötzlich, meinten die überraschten, künftigen Nachbarn: Denn eine „Integration" der TU in ihren Stadtteil konnten sie sich nur mit ihrer „Partizipation" vorstellen – aber nicht gegen ihren erklärten Willen. Seit 1972 hatte der Ham-burger Senat zudem seine Auffassung über künftige Größe und Standort der Universität häufiger gewechselt als die Bür-germeister und Senatoren. Eine „erweiterungsfähige Fläche" war in der städtischen „Bauplanung" jahrelang freigehalten worden.

Aber 1979 wurde sie plötzlich ausgerechnet wegen ihres Vorzuges vom Senat gegen den Willen der zuständigen Harburger Bezirksversammlung aufgegeben: Sie lag zu verkehrsgünstig. Studenten und Professoren sollten nicht in die Versuchung kommen, den von einer Flächensanierung total zerfurchten und brachliegenden Stadtteil nach Feierabend fluchtartig zu verlassen. Harburg, als „hässliches Entchen" Norddeutschlands verschrien, solle sich nach einem Jahrzehnt „Sanierung" dank der Universitätsbauten zum „Schwan" wandeln.

Dazu plusterten sich zunächst die Parteien auf. „Die FDP wähl' ich jedenfalls nicht wieder", kommentierte ein Vorstandsmitglied der „Interessengemeinschaft gegen den TU-Standort". Die „Liberalen" hätten verdeutlicht, dass für sie nur die Hochschule „Priorität" habe. Auch die „Zusicherung" der lokalen SPD, das Wohnquartier zu „erhalten", vergrößerte die Zweifel der künftigen Anwohner. Die CDU mache schon mal Wahlkampf: Sie wollte den Senat auf den „ursprünglichen Ansiedlungsplatz" in Elbnähe einschwören – was für eine Oppositionsleistung!

In der Bürgerinitiative verursachten diese Politikerstandpunkte Kopfschütteln. Denn ausgerechnet in ihr fanden sich überwiegend Mitglieder und Wähler jener Parteien zusammen.

Aber „der Politik" trauten die Betroffenen nicht mehr. Lieber wollten die enttäuschten Wahlbürger sich über alle Parteigrenzen hinweg juristisch helfen lassen. Ihr Rechtsfonds konnten binnen kurzer Frist mit Spenden gefüllt werden. Der Hamburger Staranwalt Gert Benoit wurde davon engagiert. Er hatte bereits die „Hafenerweiterungspläne" des Senats gebremst. Ihm gelang es denn auch gleich, die erste Baugenehmigung für die *Technische Universität Harburg* aufzuhalten.

Das Verfahren war, daher wohl das Wort, so verfahren wie kein anderes der zahlreichen unglücklichen Hamburger Bauprojekte: Die TU wurde also „gewollt". Aber am „Standort" Heimfeld schieden sich die Geister. Für die einen war nur so eine Integration in den Stadtteil möglich, für die anderen nur dessen Zerstörung absehbar. Der Senat hoffte, die Uni mitten im Problemstadtteil bauen zu können – und gefährdete damit die gesamte Planung der letzten Neugründung. Die protestierenden Bürger wünschten sich die TU zweihundert Meter weiter vom Stadtzentrum entfernt, um Eißendorf und Heimfeld zu schonen – den Politikern galt dies schon als verkürzter Fluchtweg.

Viele Harburger erinnerte es an Schilda: Erst sollte Harburg durch mächtige Verkehrsadern, neue Brücken und Autobahnen in die Hansestadt-Hälfte nördlich der Elbe „integriert" werden. Dann sollte die Uni so „integriert" werden, dass die künftigen Akademiker und Studenten in Harburg erst gar keinen Hang zum Ausweichen in die Hamburger Innenstadt verspürten und die frischen Wege dorthin möglichst mieden? „Ich will hier aber nicht mehr weg für den Uni-Neubau", beklagte sich eine 72-jährige Frau auf einer Bürgerversammlung vor dem Wissenschaftssenator Sinn, „ich musste doch schon wegen der Sanierung umziehen."

Die Aktivisten der „Interessengemeinschaft betroffener Bürger der TU Hamburg" befürchteten nicht nur Abrisse und Umsiedlungen, sondern auch steigende Mieten im Viertel, sobald Professoren für die Jahrhundertwende-Wohnungen in Heimfeld mehr zahlen könnten oder Studenten in die noch preiswerten Häuser in Eißendorf drängten. Sie rechneten dem Senat nachvollziehbar vor, dass die ursprünglich favorisierte, freigehaltene Fläche einen zügigen und kostengünstigen Baubeginn der TU verspräche. Hingegen sollten auf den dafür zu kleinen Freiflächen mitten im Wohnviertel doch lieber Studentenwohnheime entstehen, die an die Wohnumgebung baulich angepasst werden könnten. So wäre eine „Integration" am ehesten zu erreichen, durch Zusammenleben.

Doch die Planer bleiben unbeirrt. Teils 25 Meter hoch und mit einer im Viertel nie gekannten Bautiefe würden die wuchtigen Forschungs- und Lehrgebäude ins Quartier geklotzt. Die Folgeeinrichtungen wie Studentenwohnheime, Sportplätze und Mensen waren hingegen kaum bedacht worden.

Das noch „intakte Wohngebiet Heimfeld", so befürchtete die Bürgerinitiative, werde Stück für Stück zerstört. Zehntausend Harburger bekundeten mittlerweile per Unterschrift, dass sie die städtebauliche Logik der Hochschulplaner in der Praxis nicht nachvollziehen könnten. Erstmals in ihrem Leben verbrachten die Mitglieder der Bürgerinitiative, im Durchschnitt 40-65 Jahre alte Arbeiter, Angestellte, Hausfrauen und Rentner, mehr freie Zeit in der Politik als bei der Arbeit. Ihr leidenschaftliches Engagement wurde schnell professionell und selbstbewusst. Im Gespräch mit Parteiengrößen fiel allerdings bald nicht mehr auf, dass sie früher mal deren Stammwähler waren.

Anmerkungen

Der Bericht „Keine Uni in Harburg? Bürgerinitiativen stoppen den Hochschulbau" erschien am 11. September 1980. Die sozialdemokratische Wochenzeitung *vorwärts* machte damit ihren Kulturteil auf (Nr. 38, Seite 24).

Welche „Impulse" von Universitäten auch ausgehen können, wurde in dem Artikel „Keine Uni in Harburg? Bürgerinitiativen stoppen den Hochschulbau" durch einen einmontierten Hinweis auf einen anderen Bericht weiter hinten im Blatt unbeabsichtigt deutlich: „Studenten in Israel: Konfrontation um jeden Preis. Rechte Studentengruppen haben verstärkten Zulauf in Israel. Die Konfrontation nimmt zu – bis hin zu militanten Auseinandersetzungen".

Die versprochenen Studentenwohnungen wurden nicht gebaut; die meisten Studierenden verlassen den Studienort so oft und so schnell sie können. Es gibt zwar keine eigene S-Bahn-Haltestelle, obwohl diese statt der Station „Heimfeld" leicht hätte eingeplant werden können, wenn denn ernsthaft geplant worden wäre.

Später studierten an der Technischen Universität mitten in Heimfeld, unter anderem im Fachbereich Städtebau, Studenten aus Saudi-Arabien und Algerien, die weder in Harburg noch in die freiheitliche Grundordnung Deutschlands „integriert" waren. So wurde die TU „weltweit bedeutsam", allerdings anders als von deutschen Politikern angekündigt – weil sich Studenten mit zwei gekaperten Flugzeugen am 11. September 2001 ins *World Trade Center* stürzten.

Trümmer feiern

Es war ein Wochenende mit Tschingderassa. Es galt wieder mal zu feiern, Ende September 1983. Da zogen Spielmanns-züge und Würstchenbuden auf. Es wurde gefeiert, wie so oft. Großer Bahnhof diesmal für die „Einweihung" der S-Bahn-Tras-se von Harburg nach Neugraben! Der Harburger Bezirksamts-leiter Helmut Raloff fand güldene Worte: „In einer Zeit, in der kaum ein größeres Bauvorhaben verwirklicht werden kann, ohne irgendwo auf öffentliche Proteste zu stoßen, grenzt es fast an ein Wunder: Niemand hatte etwas gegen die S-Bahn. Nun haben wir sie, und nach der vielen Mühe und dem vielen Geld, die die S-Bahn uns gekostet hat, wollen wir uns an ihr freuen." Ganz so voller „Wunder" war es eigentlich nicht. Aber warum sollte sich ein Verwaltungschef auch an die Realität hal-ten, wenn ihm „Wunder" winkten?

Die Planungsbehörden und die Bundesbahn hatten mit ihrer S-Bahn-Planung im Gegenteil einen wenig erfreulichen, wenig wunderlichen Rekord erreicht : Es gab mehr als dreitausend Einsprüche. Andere Proteste erschöpften sich in materialrei-chen „Informationsveranstaltungen" und „Bürgerfesten". Hatte also „niemand" etwas gegen die Bahn-Planung?

Weil wohl noch Schlimmeres erwartet worden war, hatte die *Bundesbahn* zehn Jahre zuvor, schon am 23. August 1973, ihre rechtliche Planungszuständigkeit für 6,8 km der Trasse an die *Hansestadt Hamburg* gewissermaßen „abgetreten" – genau für jene Kilometer, auf denen damals noch weit über dreitausend Menschen in der Harburger Innenstadt wohnten und wo noch zahlreiche Familien- und andere Kleinbetriebe ihre auskömm-liche Existenz hatten. Einen Monat davor hatte die Hamburger Bürgerschaft schon der „Entsperrung" von einer Million Mark aus dem Haushalt der Hansestadt für die abzusehenden Bau-maßnahmen zugestimmt.

Dabei gab es noch gar keinen Vertrag darüber. Der Bau war rechtlich zu diesem Zeitpunkt alles andere als gesichert. Erst nach langer Prüfung der Planung mussten später dann, nach dem *Gemeindeverkehrsfinanzierungsgesetz,* der Bund und die Bundesbahn für die Finanzierung aufkommen, die die Ham-burger SPD-Politiker schon mal vorab getätigt hatten.

Die Voreiligkeit hatte Gründe, wenn auch keine rechtlich vertretbaren. Schon Jahre zuvor, am 30. Juli 1968, war beim ersten Treffen der Planungsstäbe in der Senatskanzlei beschlossen worden, die Kaufhäuser *Hertie* und *Kaufhof* künftig zur „Zurückhaltung" bei ihren – bislang arg laut vorgetragenen – Investitionswünschen zu veranlassen.

Bereits 1961 hatte nämlich der vormalige Harburger Bezirksamtsleiter, Hans Dewitz, ein „vertrauliches Abkommen" mit einem Makler geschlossen, der bis 1969 unauffällig Grundstücke im Auftrag der Hansestadt, aber in fremdem Namen kaufen sollte. Er täuschte die Bewohner des Viertels doppelt.

Denn die Besitzer wurden beim Verkauf nicht über die spätere Verwendung informiert. Hätten sie direkt an die Kaufhauskonzerne verkauft, wären für die Immobilien vermutlich andere Preise zu erzielen gewesen.

Und nicht nur das: Die Eigner verkauften zudem weit unter Preis, weil sie auch die „Sanierungspläne" der Stadt noch nicht kannten.

So gingen auf diskrete Weise achtzig Prozent der Harburger Kernstadt in den verheimlichten Besitz der Hansestadt über. Die Gemeinde kaufte ihren Bürgern mit deren Steuergeld Haus und Hof ab, um sie so zu vertreiben.

Ein Vertreter der Finanzbehörde kritisierte am 5. August 1968 in ebenso „vertraulicher Sitzung" der „Koordinierungskonferenz" der Behörden, dass „so viele kleine Geschäfte" von solcher „Geheimdiplomatie" der Verwaltung gegen ihre Bürger betroffen seien: „Sollen viele Kleine den Großen weichen?"

Ein Jahr später, am 21. August 1969, wurde in der „Koordinierungskonferenz" sogar kritisiert, dass die S-Bahn-Trasse mitten durch die Harburger Innenstadt geschlagen werden solle.

Zu diesem Zeitpunkt waren der betroffenen Öffentlichkeit noch nicht einmal erste Überlegungen dieser Art bekannt gemacht worden.

Im Gegenteil: Noch galt gesetzlich der öffentlich einsehbare „Aufbauplan für die Hansestadt" von 1960, der lediglich eine „Elektrifizierung" der bereits vorhandenen S-Bahn-Linie nach Harburg-Neugraben vorsah.

Erst am 12. Juni 1970 stimmte die *Bundesbahn* gemeinsam mit dem *Hamburger Verkehrsverbund* (HVV) überhaupt erst ganz anderen „Planvorbereitungen" zu.

Da hatten sich die Harburger und Hamburger Beamten längst ihre Gedanken darüber gemacht, dass sie mit 98,2 Millionen Mark für die vorgebliche „Sanierung" der Harburger Kernstadt nicht auskommen würden.

Da war schon längst klar, dass dreitausend Wohnungen weggerissen werden sollten und danach höhere Mieten „eine Umschichtung größeren Umfangs erforderlich" machen würden. So vermerkte es das geheime Protokoll der Koordinierungssitzung am 21. August 1969.

Das war Klassenkampf von oben – der geheimbündelnde Beamtenklüngel gegen seine Bürger.

Der vom Hamburger Senat zwischenzeitlich eingesetzte „Sanierungsbeauftragte" Wolfgang Lüders (SPD) kommentierte am 21. März 1973 ganz ungeniert: „Manche Geschäftsleute sind einfach nicht umsichtig genug, um die wirtschaftliche Umstrukturierung zu überstehen. Und wer heute nicht imstande ist, die üblichen Mietpreise zu bezahlen, der wird das auch in zehn Jahren nicht sein."

Das allerdings sollten die abgezockten und diskret beschissenen Harburger Bürger, ein Jahrzehnt später, an jenem Wochenende noch immer nicht erfahren. Nein, sie sollten das ja lieber „feiern". Ihnen wurde vom Chef ihrer Verwaltung stattdessen von „Wundern" vorgeschwärmt, die in Wirklichkeit Betrug und Mauschelei seiner Verwaltung gewesen waren, um einseitig Kaufhauskonzernen dienstbar zu sein.

Auch brauchten sie nicht zu wissen, dass die Verwaltung mit ihrer hinter verschlossenen Türen ausgeheckten, vorgeblichen „Sanierungsplanung" gegen geltende Gesetze verstieß: Das „Städtebauförderungsgesetz" von 1971, ganzer Stolz „sozialdemokratischer Reformpolitik", hätte nämlich eine „Vorbereitende Untersuchung" erfordert, die „Notwendigkeit" und „Umfang" der Sanierung unter anderem durch eine „Befragung der Betroffenen" hätte ermitteln müssen.

Darauf hatte der Hamburger Senat am 11. Juli 1972 lieber großzügig verzichtet. Seine Begründung für die Nichtbeachtung geltender Gesetze: Die „Sanierung" habe schon mit dem Ankauf von Grundstücken in den Sechzigerjahren begonnen.

Nur dass die Betroffenen da noch nichts von ihrem Glück wussten … Sie konnten und durften sich nur wundern!

Allerdings galten die Ausnahmen vom *Städtebauförderungs-gesetz*, auf die sich der Senat da berief, sowieso nicht für bereits ältere Vorhaben. Denn auch die hätten eine gesetzliche, baurechtliche Grundlage haben müssen.

Tatsächlich aber waren die Grundstücke eben ohne rechtsgültigen Plan heimlich gekauft worden – mit der nachträglichen Haushaltsbegründung, sie würden für eine Straßentrasse benötigt – neben Kaufhäusern, die noch gar nicht gebaut waren. Zudem sollten sie ja „für den S-Bahn-Bau" verwandt werden – der noch nicht einmal mit der *Bundesbahn* vereinbart war.

Auch war anfangs mitnichten klar, dass die S-Bahn-Trasse tief unter der Straßendecke des „Innenstadtringes" nach Heimfeld führen sollte. So tief, dass bei dieser Gelegenheit auch gleich ein „Atomschutzbunker" für dreitausend Menschen entstehen konnte.

So erschlich sich der Hamburger Senat auch noch Bundeszuschüsse aus „Zivilschutzmitteln", um die eigene Stadt, die Wohnungen und eingesessenen Geschäftshäuser, zertrümmern zu können. Befreundete Bauunternehmer verdienten daran gut. Der angebliche „Städtebau" war von langer Hand als Kahlschlag gegen das Kleingewerbe, die Mieter und das Gewachsene heimtückisch geplant, verlogen und voller Lügen umgesetzt worden.

Einzig das Rechtsamt der Hamburger Baubehörde hatte den damaligen Bausenator Cäsar Meister (SPD) vor diesen ganzen fiesen Tricksereien gewarnt. Allein für die S-Bahn-Trasse und die spätere „Ringstraße" wurden 62 Häuser mit 265 Wohnungen niedergerissen: „Sanierung"? Wohl kaum. Der Asphalt für den „Innenstadtring" brauchte zudem zusätzliche 4.000 qm Fläche; es mussten noch mehr Wohnungen weg. „Sanierung"? Während der neue S-Bahnhof „Harburg-Rathaus" mit einem weitläufigen, verzweigten Fußgängertunnel alptraumhafte Dimensionen annahm, wurde mit einem Federstrich ein ursprünglich geplanter S-Bahnanschluss in Wilhelmsburg-West, einem Wohngebiet mit immerhin dreißigtausend Menschen und vielen Arbeitsplätzen, schlicht „eingespart". „Sanierung"? Es kostete immerhin 1,6 Milliarden DM und viele Gesetzesumgehungen, eine S-Bahn-Trasse solcherart durchzusetzen, die einmal als Wunsch eines Bahnanschlusses für *Karstadt* begann. Nun sieht Harburg wie der Kaufhausklotz aus.

Nach diesen Mauscheleien also stellte sich der Chef der Verwaltung, Helmut Raloff, vor die Bürger und Steuerzahler, um „zur Feier des Tages" sich und seine Genossen sowie „seine" Beamten zu loben: Damit sei nun endlich der „Anschluss an Hamburg" erreicht. Es seien 45 Jahre vergangen, seit ein Gesetz in Kraft getreten sei, das dies vorsah.

Der „Spitzenbeamte" Helmut Raloff sprach damit – ohne es namentlich zu nennen – das „Groß-Hamburg-Gesetz" der Nazi-Regierung an, das 1937 die selbständige Stadt Harburg sowie andere umliegende Orte, beispielsweise Altona und Bergedorf, in die Hansestadt eingemeindete: sie „anschloss", wie es nun auch der Chef einer demokratischen Verwaltung wortgleich im Nazitonfall formulierte.

Dass dieses Gesetz, wie auch das „Groß-Berlin-Gesetz", nicht bloß zur Steigerung der Machtfülle nationalsozialistischer Gau-Leiter gedacht war, sondern vielmehr den Bau von S-Bahn-Trassen und die anschließende sozialdemokratische Stadtsanierung zum Ziel gehabt haben könnte, war deutschen Historikern bis zu jenem Wochenende im September 1983 jedenfalls nicht geläufig.

Vielleicht verfügten sie einfach über zu wenig Ortskunde.

Anmerkungen

Die Bilanz zur baulichen Vernichtung eines Stadtteils erschien unter der Überschrift „Harburg: Ein Stadtteil feiert seinen Abriss – Der große S-Bahn-Schwindel" in der *tageszeitung* (Montag, 26. September 1983, Aktuelles, Seite 15).

Die Einzelheiten der vorgeblich sozialdemokratischen Stadtplanung, die ihre Bürger auf einem Altar der Eitelkeiten opferte, waren in den geheim gehaltenen Akten des Bezirks nachzulesen, die zum großen Teil in dem Buch „Bürgerbeteiligung an der Stadtplanung. Untersuchung zur Bürgerinitiativenbewegung und Legitimationskrise" (Frankfurt/M., New York, Bern 1984; ISBN 3-8204-5351-2) ausgewertet wurden.

Die meisten Familienbetriebe in der Harburger Innenstadt gaben in den Folgejahren der „Sanierung" auf. Ein Teil der neu errichteten „Einkaufspassagen" mit hohen Mieten steht inzwischen leer und verwahrlost. Im April 2005 erwog die kurzzeitige christdemokratische Bezirksamtsmehrheit ein Gesetz zur Mietsenkung für das Viertel, um den Leerstand zu beenden. Für weitere, neuere Einkaufszentren sprangen die willfährigen Behörden mit Steuergeld als „Mieter" ein. Deren teils gerade zuvor gebauten Dienstgebäude standen dann wiederum lange leer oder sie wurden teils „umgenutzt", beispielsweise die ehemalige „Öffentliche Bücherei" als erweiternde Räume für das *Harburgische Museum für Frühgeschichte*.

Diese indirekte Subventionierung und Verschwendung verschlingt allein in Harburg alljährlich hohe Millionenbeträge.

Das fehlt für den sozialen Wohnungsbau oder Instandsetzungen von Schulen oder um weiterhin öffentliche Schwimm- und Badeanstalten zu unterhalten.

Im September 2004 offenbarte der *Karstadt*-Konzern eine Krise seiner Kaufhauskette: Ein Großteil der Filialen müsste bundesweit geschlossen, Mitarbeiter sollten entlassen werden. Ob der „Standort" Harburg zu halten sei, fragten ausgerechnet jene Lokalpolitiker laut, die bis heute mit ihrem Füllsel vom „Standort" Konzerne und Kommunen nicht auseinander halten können oder mögen.

Zu der Zeit, 1983, als all das Geschilderte in Harburg geschah, kritisierten übrigens die *Jungsozialisten* um Uwe Benneter und Gerhard Schröder einen „Staatsmonopolistischen Kapitalismus" (Stamokap), der klammheimlich, aber aus „Steuermitteln finanziert" eine „Konzentrationspolitik zugunsten des Kapitals" ermögliche, wie es damals auf Flugblättern hieß.

Blauer Planet

Abends, wenn die Sonne untergeht, steigt in Deutschland die Stimmung. Die *Tagesschau*, Selbstkasteiung der müden, wackeren Seelen, ist vorüber. Nun jodeln „lustige Musikanten", den Rest des Abends, den Rest der Woche, den Rest des Wochenendes. Allenfalls Mord und Totschlag wandeln sich zu einer Entspannungsübung von jener leidenschaftlichen, kräftezehrenden Fröhlichkeit: Der *Tatort* ist Pflicht und wird so oft wie möglich besucht. Es ist Feierabend in Deutschland.

Freitags, wenn die Woche untergeht im Einerlei der Wiederholungen im öffentlich-rechtlichen und „privaten" Fernsehen, steigt die Stimmung sogar noch höher. *Herzblatt*, Erbauungsprogramm der Einsamen, wird die darauf folgende *Tagesschau* mildern helfen. *Nur die Liebe zählt*. Die Welt ist schön. Es ist Feierabend, und es ist Wochenende!

An einem Freitagabend, im März 1996, steigt die Stimmung noch höher, vielleicht sogar am höchsten im Land der Denker Die *Tagesschau* war noch nicht einmal vorüber, da frohlockt deren Sprecher Jens Riewa ungewohnt hysterisch im Kontaktshow-Tonfall: „Wir hatten doch vereinbart, zu klatschen oder zu pfeifen!" Das Publikum vor ihm juchzt.

Denn es ist Feierabend und nicht bloß Fernsehen. Und Jens Riewa steht leibhaftig vor seinen Zuschauern, jedenfalls vor denen in der *Friedrich-Ebert-Halle* in Harburg-Heimfeld. Hinter ihm lodern noch die Flammen aus irgendeiner der Höllen der Welt: Menschen werden gemordet – eine Videoprojektion aus der gerade aktuell laufenden *Tagesschau*, ohne Ton.

Aber hier und heute kann keine Nachricht schlecht sein. Da braucht es keinen guten Ton. Es ist Wochenende, und der *Norddeutsche Rundfunk* hat auf Handzetteln und in der Programmankündigung „Ein bisschen Glück" versprochen – eine Stunde lang und auch noch live! Ein deutsches Vergnügen.

Glück, Glück, Glück. Es soll aus zehn Aspiranten ein „deutscher Teilnehmer" für den „Grand Prix Eurovision de la Chanson" ermittelt werden.

Aber erst einmal wollen das Klatschen, das Trampeln und das Pfeifen des Publikums geübt sein.

Denn der NDR hat „von dem Besucher ohne besondere Vergü-
tung die Berechtigung" gegen teuren Eintritt erhalten, „Bild-
aufnahmen des Besuchers zu senden".

Der wird sich nun mit „ein bisschen Glück" bald selbst im Fernsehen sehen. Dazu sind die Videowände im Saal ja da. Daheim
sind die Videorekorder schon programmiert. Es ist Feierabend,
es ist Wochenende, es ist Deutschland!

Im Rest Europas versteht dies niemand. Erst recht nicht, wenn
auch noch deutsch gesungen wird. Im vorausgegangenen
Jahr, 1995, hatte ausschließlich der Inselstaat Malta Verständnis
für deutsche Lebensart und gab einen Punkt der Milde für den
damaligen deutschen Chanson-Beitrag.

Doch davon unbeirrt knödelt in diesem Jahr Herr Enzo, ein
Barbier aus Hittfeld, vor den Toren Harburgs: „Wo bist du-
huhu?" André Stade aus Dresden schmachtet am Flügel „Jean-
ny wach auf". Und Angela Wiedl und die Panflötistin Dalila säu-
seln ein „Echo".

Alles klatscht, alles trampelt, keiner pfeift. Kann es vom Glück
überhaupt ein bisschen mehr geben? Schließlich gewinnt Herr
Leon aus Lippstadt. Wunderliches hat er da vom „blauen Plane-
ten" ins Mikrofon so geraunt, als stünde die erste Landung des
Menschen auf Erden kurz bevor. Die Musik wummerte dumpf.
Freunde der Volksmusik wussten: Das war mindestens Techno
und Trance oder irgendwie noch Moderneres! Auf keinen Fall
warn's die „Kastelruter Spatzen" oder die „Zillertaler Schürzen-
jäger". Das wussten sogar die Gegner der Volksmusik. Denen
in Oslo werden wir es schon zeigen. Danke Malta, danke *Tagesschau*, danke NDR!

Ja, es ließ sich nach dieser Harburger Nacht nicht länger leugnen: In Deutschland gibt es für den Schlager keinen Feierabend
– da mag die Stimmung noch so steigen.

Nachts traf sich die Schlagerprominenz vom blauen Plane-
ten noch in Heimfeld, in einem teils schwarz gebauten Hotel. Der in den Familienbetrieb eingeheiratete Eigner und ehemalige Lokaljournalist Gert Thies-Lembcke hatte den SPD-Lo-
kalpolitiker Niels Ulrich bei einer „bayerischen Brotzeit" noch
zünftig überzeugen können, dass es nur so zu einem Haus von
Bedeutung käme; was interessierten da Baugesetze.

Und so verspeisten nun Katja Epstein und andere Sanges-
musen mit Größen der geballten NDR-Unterhaltungsab-
teilung ein „italienisches Büfett". Davor aufgestellte, bekritzel-
te Papierschildchen gaben eine vage Ahnung, was das Ange-
botene hätte sein sollen.

Es wurde gegessen, als sei Hunger der Alltag der Abendgäste.
Keine Kameras mehr, keine Videowand, kein Inferno, kein Sinn.
Die Getränke gaben die rechte Bettschwere nach anstrengen-
dem Tun.

Dort, wo einmal Wald gleich neben einem der vielen Harburger
Kasernengelände begann, ging man zur wohl verdienten und
bezahlten Ruh. Da war mehr trunkener Blues als Chanson.

Anmerkungen

Der Stimmungsbericht geht zurück auf
die Konzertbesprechung „Grand Prix:
Der blaue Planet. Die heile Welt der Lieder
– Hochstimmung in Harburg" in *Deutsches
Allgemeines Sonntagsblatt* (Nr. 10 vom 8.
März 1996, Rubrik: „Perspektiven", S. 38).

Die Vorauswahl zum „Grand Prix" steigerte
sich geschmacklich in den folgenden Jahren
noch, beispielsweise mit der Nominierung
Guildo Horns und dessen Titel „Piep piep
piep – ich hab dich lieb". Die *Bild*-Zeitung
fragte die Nation besorgt, ob Herr Horn
„Deutschland vertreten" dürfe. Er durfte.
Im Jahr darauf kam Stefan Raab mit einem
infantilen „Waddehaddedudendna".
Schließlich wurde dem „Privat"-Sender-
Pennäler Stefan Raab gleich die Ausrich-
tung des „EuroVision Song Contest" von

den öffentlich-rechtlichen Anstalten der ARD angetragen; der zuvor zuständige NDR-Redakteur Jürgen Meier-Beer wurde weiter befördert.

Und tatsächlich war die Welt wieder in Ordnung. 2010 gewann die Gymnasiastin Lena aus
Hannover, ihr Titel: „Like a Satellite".

3

Alles wird schön um Harburg

Ein unerbetenes Grußwort

zur „internationalen gartenschau"
(igs 2013)
und zur „Internationalen Bauausstellung"
(IBA 2013),
beide bei Harburg

Wo man wohnt, da ist es nie komisch. Das ist schon ärgerlich: Immer lachen nur die Anderen. Die Anderen, das sind beispielsweise die Zugereisten oder die Durchreisenden. Und überhaupt lächeln ja alle Woanderswohnenden mitleidig über das Zuhause der für sie Anderen, deren Hier und Jetzt.

Da schämt man sich schnell mal. Besonders, wenn man auch noch stolz ist auf jenes kleine Stückchen Welt, das man womöglich sogar das „meine" nennt.

Fremde bemerken falsche Nähe leichter. Solch eine, die sich selbst zu gerne schön, gemütlich und unentbehrlich redet. Lieber spricht man erst gar nicht darüber.

Und umgedreht ist es auch nicht viel besser: In der Ferne wird das Naheliegende nur zu leicht verdrängt.

Manchmal erzählen nicht einmal diejenigen leidenschaftlich von ihrer Heimat, die eben dort wohnen, wo Andere zu gern noch mal hin möchten – manchmal nur, um dort zu urlauben.

So einer ist beispielsweise der genervte Römer: Von seiner korrupten und unfähigen Stadtverwaltung, dem zermürbenden Chaos auf den Straßen und der Tristesse einer quirligen Egozentrik, deren Überwindung nur in der Selbstaufgabe läge, spricht er gar nicht so gern.

Wo man wohnt, findet man es also oft nicht komisch. Die Bewohner fürchten nämlich auch, dass heimlich gelacht würde über womöglich längst offenbare Missstände der Stadt – während anderenorts vielleicht noch Bewunderung gehegt wird.

Von Fremden wird ja mancherlei Lüge und Selbstlüge glatt übersehen – so manches, was Einheimische bereits stört. Die können und wollen dann gar nicht glauben, dass es jenen anderen, die dort nicht wohnen, noch nicht aufgefallen ist. Beziehungsweise: nicht aufgefallen „sein will" ...

So ist das sowohl mit der unerbetenen wie auch der unwillentlichen Aufmerksamkeit: Stets kommt sie etwas ungelegen – und trifft sowieso die Falschen! Immer. Immer wieder. Überall.

Es wird nämlich öffentlich, was man sich im Alltag zu übersehen angewöhnt hat. Es wird etwas sensationell, was man gewohnt ist. Oder welches man vielleicht lieber unter der Decke wüsste – erst recht dann, wenn es „bekannt" wird.

So etwas nennen Medienkundler dann „Ökonomie der Aufmerksamkeit": Weil es den flüchtigen Blick lenkt auf das scheinbar Einmalige in einer fast unübersehbaren Gleichförmigkeit.

Was aber soll daran wohl „ökonomisch" sein, wenn aus-gerechnet etwas „öffentlich" wird, das längst mehr oder minder öffentlich war? Zwar nur im kleinen, eingeweihten Krei-se. Aber wird es „ökonomischer", wenn etwas im Medienrum-mel aufgeplustert wird, was eben diese Kreise stört?

Was man stattdessen am Ort lieber öffentlich machen möchte, um wenigstens ein Mal Aufmerksamkeit zu erregen, hat oft ge-nug schon auf einer Ansichtskarte Platz.

Das Lächerliche und das Heimatgefühl müssen ja nicht einmal etwas mit den Tatsachen zu tun haben! Sondern vielleicht ja nur mit Annahmen, für die es zwar ein Fünkchen Wahrheit gibt, dem aber erst Fremde ein Feuer einhauchen! Es wird plötzlich brenzlig. Dann ist es am wenigsten komisch.

Es kann beispielsweise passieren, dass plötzlich alle Welt über eine Gegend redet, der das gar nicht recht ist. Den „Ostfriesen-witz" beispielsweise mochten die damit verhöhnten „Ossis" nicht. Jedenfalls solange nur sie so genannt wurden. Eine Zeit lang, nach dem Fall der Mauer, lachten sie dann über die ande-ren, die vermeintlich neuen „Ossis".

Aber da der zwanghafte „Solidaritätsbeitrag" für die „neu" ent-deckten Länder wohl noch die nächsten Jahre selbst die an-geblich stoischen Ostfriesen beuteln wird, ist das vorbei.

Harburgwitze hingegen versteht sowieso wohl keiner so rich-tig. Allenfalls der Harburger, wenn er unter sich ist. Es ist die Ausnahme von der Regel: Hier am Ort ist es überhaupt nicht komisch – wie überall. Aber die Einheimischen, die dort Anwe-senden, lachen darüber – statt nur die kurz Zugereisten!

Beispielsweise über den hier: Fliegt ein Harburger in Urlaub. Fragt die Stewardess: „Möchten sie zur Begrüßung ein Ge-tränk? Whisky? Bier oder einen Wein?" Der Harburger schüt-telt freundlich den Kopf: „Nein, danke, ich muss nachher noch fliegen." Nicht-Harburger ahnen düster, dass ihnen diese Art Humor eines Tages nicht so wie die „Ostfriesenwitze" auf den Wecker, sondern auf den Kopf fallen könnte. Seit am 11. Sep-tember 2001 zwei Passagierflugzeuge in die beiden Türme des *World Trade Centers* (WTC) gelenkt wurden, von mindes-tens drei Attentätern, die in Harburg lebten, ist der Hamburger Stadtteil weltbekannt.

Aber wer kennt ihn schon wirklich? Wer würde ihn denn gern kennen lernen? Die Überflieger aller Länder?

Die Aufregung um jene „Terroristen" aus der kleinbürgerlichen *Marienstraße* in Harburg-Eißendorf hat sich jedenfalls längst gelegt. Die Journalisten, die dutzendweise nahe dem *Museum für Frühgeschichte* nach Spuren des „Anschlags auf die zivilisierte Welt" suchten, sind längst wieder daheim: im schnieken Hamburg-Eppendorf oder -Winterhude. Vielleicht waren sie sogar aus dem edlen München-Schwabing oder aus dem mal an-, mal totgesagten Berlin-Mitte angereist. Dort heißen wichtige Straßen wohl nicht *Milchgrund* oder *Pferdeweg*, so wie in „21 Hamburg 90", wie Harburgs Postleitzahl lange Zeit hieß. Es gibt in Eißendorf, einem Ortsteil Harburgs, mittags wieder freie Plätze in der Kneipe um die Ecke, nahe der *Marienstraße*. Das Schnellrestaurant *Schweinske* bekennt schon im Namen deutsche Lebensart und schreckt damit Moslems ab. Noch halten dort Reisebusse, auf der Suche nach dem „Terrornest", wie es in den Boulevardzeitungen knapp und anheimelnd genannt wurde. Die kurzzeitige Kultursenatorin Dana Horáková, ehemalige Mitarbeiterin der *Bild*-Zeitung und dann im rechten CDU-Ronald-Schill-FDP-Senat, hatte vergeblich die Einrichtung eines „Terrormuseums in Harburg" angeregt.

Es herrscht wieder bürgerliche Ruhe. Alles ist, wie es war. Obwohl doch alle Welt behauptet, dass „nichts mehr so ist, wie es war"! Vielleicht ist diese „Normalisierung", welche der US-Präsident Bush sogleich als beste Waffe gegen „den Terrorismus" empfahl, nur eine unsichere Beruhigung auf beiden Seiten?

Beruhigung bei denen, die eben dort wohnen, wohin die amerikanischen Bomber nicht flogen? Obwohl nach der ersten Reaktion des wieder aus seinem Bunker entlassenen US-Präsidenten doch „alle, die Terroristen Unterschlupf" gewährten, „keine Ruhe finden" sollten. Also auch die Harburger nicht?

Oder Beruhigung bei denen, deren Verwandte und Nachbarn getötet wurden in „uneingeschränkter Solidarität" der selbst ernannten Freiheitsverteidiger aus den USA, Großbritannien, Frankreich und dem Rest der so unheimlich zivilisierten Welt? Nach eher vorsichtigen Berechnungen amerikanischer Sozialwissenschaftler starben fünfzehntausend und mehr „Zivilisten" beim internationalen Afghanistanfeldzug nur im November 2001.

Das wären ebenso viele Menschen wie zuvor vor den Taliban und ihren nicht minder grausamen Vorgängern der (inzwischen verharmlosten) „Nordallianz" nach Hamburg geflohen waren. Zum Jahreswechsel „nach den Anschlägen", 2001/2002, wohnte ein knappes Zehntel dieser sechzehntausend Afghanen in Harburg, davon 53 in Eißendorf und 145 in Heimfeld.

Dort, unweit der berüchtigten *Marienstraße*, bummelt ein halbes Jahr „nach den Anschlägen", im März 2002, der ehemalige Bundesverteidigungsminister Volker Rühe (CDU) die *Heimfelder Straße* hinauf. Es ist wieder freitags, um die späte Mittagszeit. Rühe ist schon auf dem Weg von der „S-Bahn-Station Heimfeld" nach Hause, in den *Eißendorfer Pferdeweg*. Seine Frau hat ihn diesmal nicht mit dem Wagen abgeholt. Ohne einen Blick zur Seite schlendert er, wie seit vielen Jahren, missmutig am *Kabul-Basar* vorbei. Lediglich der neu eröffnete *Abidjan Afro Shop Heimfeld* lässt ihn verstohlen linsen. Wo kommen die denn nun wieder her, scheint er sich zu fragen.
Er weiß es wohl nicht, ebenso wenig wie es die Nachbarn jener früheren Metzgerei wissen. „In Harburg fängt der Balkan an", wird in Hamburg gewitzelt. Den Harburgern ist das schnurz.
Den Harburgern sind auch die Witzeleien egal, die „auf ihre Kosten" gerissen werden. Sie geben sich immer noch stolz einer Illusion hin, die in „ihrem" Stadtteil zum geflügelten Wort wurde: „Hier wird das Geld verdient, das in Hamburg ausgegeben wird!"

Nichts könnte falscher und eine gefährlichere Selbsttäuschung sein: Der Bezirk Harburg lag schon um die Jahrtausendwende mit einer Arbeitslosigkeit von im Schnitt über sieben Prozent und einer Sozialhilfeempfängerschaft von fast neun Prozent an der Statistik-Spitze der Stadtteile in Hamburg. Die über neunhundert Einkommensmillionäre, die den Ruf Hamburgs als eine der reichsten Städte Europas begründen, haben ihr Geld gewiss nicht dort verdient, erarbeitet schon gar nicht. Es ist vielmehr, wenn man von der allmorgendlichen Aufmerksamkeit der Staumeldung im *Deutschlandfunk* absieht, ein gottvergessener, längst abgestoßener Stadtteil zwischen bundesweit gefürchteten Harburger Autobahnauffahrten bis hin zum Elbtunnel. Dort endlich fängt Hamburg wirklich an!

Es ist ein Stadtteil, über den könnte die Sintflut kommen und keinen würde es so recht kümmern – wie beispielsweise 1962 jene Beamten, die nicht vor der „Großen Flut" warnten. Sie schliefen gut. Der verantwortliche Hamburger Innensenator Helmut Schmidt (SPD) spielte sich nachher in Deutschland als großer „Retter" auf – trotz Hunderten Toten in Harburg.

Dieses eigene Unbedeutendsein bis hin zur Daueropferrolle wird in Harburg kaum wahrgenommen. Dass über den trockenen Realismus des Verkehrsfunks hinaus immer wieder tagesaktuelle Medien den Bezirk heimsuchen, nährt den Irrglauben, irgendwie irgendetwas Besonderes auf der Welt zu sein.

Denn es war im September 2001 keineswegs das erste Mal, dass Harburg im Zentrum überlokalen Interesses stand. Die Abstände werden sogar kürzer, in denen über diesen alltags bedeutungslosen Ort berichtet wird. Die Berichtsanlässe und mithin die scheinbare Allgegenwart entrückten den Stadtteil immer weiter von seiner gern verdrängten Gegenwart.

Gerade ein Jahr vor den Anschlägen waren beispielsweise Fernsehkameras und Reporter nach Wilhelmsburg ausgeschwärmt – einem Ortsteil von Harburg bis zu einer Verwaltungsumstellung. Hier waren seinerzeit zehn Prozent der Bewohner arbeitslos gemeldet. Über zwölf Prozent waren als „Sozialhilfeempfänger" rubriziert. Es gab vierzig Prozent Sozialwohnungen.

Doch das war nicht das Medienthema. Es gab dort wesentlich Aufregenderes, jedenfalls für Außenstehende: Ein Kampfhund hatte auf einem Schulhof einen türkischen Jungen zerfleischt. Zwar war es nicht das erste Mal, dass in Deutschland Menschen unerwartet von spielfreudigen Haustieren zerrissen oder verstümmelt wurden. Doch diesmal stürzten sich die Medien Blut riechend auf den „Fall", als sei es ein einzelner. Denn der Hund gehörte deutschen Sozialhilfeempfänger. Es war unausgesprochen wie kurz zurückliegende der „Fall Joseph", bei dem 50 Skinheads ebenfalls einen „Knaben" getötet haben sollten. Wiederum nur ein halbes Jahr davor berichteten Fernsehmagazine und überlokale Zeitungen, darunter *Der Spiegel*, ausgiebig aus einem Harburger Ortsteil mit noch mehr Sozialwohnungen (über 45 Prozent), aus Neuwiedenthal: Dort hatte sich ein Junge vor die S-Bahn geworfen, die durch Heimfeld und Wilhelmsburg nach Hamburg führt.

Er war es leid gewesen, ständig von Altersgenossen „abgezo-
gen" zu werden (wie die Form dort gängiger Jugend-Kriminali-
tät waidmännisch genannt wird). Auch zuvor hätte es bundesweit durchaus schon ähnliche Fälle zu berichten gegeben.
Ende der Achtzigerjahre waren Jugendliche dieses Stadtteils
aus bunt bemalten Betonplatten schon einmal von allen möglichen Reportern verfolgt, befragt, ausgeleuchtet und abgelich-
tet worden: Sie rasten auf den Dächern der S-Bahn durch den
Bezirk Harburg. Es hatte Tote und Schwerverletzte bei jenem
Sport der jungen Lebensmüden, dem „S-Bahn-Surfen", gegeben. Das war was Besonderes!
Wo es keinen Strand und keine Wellen und nur selten Sonne
gibt, da fühlte sich das „Surfen" auf dem schrill quietschenden
und auf dieser Strecke stets verdreckten Blech der *Bundesbahn*-
Züge angeblich befreiend an. Auch wenn es selbstmörderisch
war – mit ihrem sinnlosen Leben vermochten die Jungen nicht
mehr anzufangen. Und nicht noch weniger ...
Noch früher, Mitte der Siebzigerjahre schon, suchte der ehemalige Bankräuber und spätere „Regisseur" Burkhard Driest
diesen Stadtteil heim, um Lehrlinge, Jungarbeiter und Rocker
für eine möglichst authentische Vorabendfernsehserie vor die
Kamera zu kriegen: richtig „Ausgeflippte" mit „echten" Proble-
men. Es war die erste „reality soap" Deutschlands.

Schlechte Zeiten sind gute Zeiten. Jedenfalls für die Medien.
So war es immer. Aber so wird es immer mehr. Und wenn
die Schlagzeilen noch so herbeigedacht werden müssen.
Am 19. Dezember 2002 meinte beispielsweise die *Hamburger
Morgenpost* (MoPo), den „türkischstämmigen Jungrapper"
Maskoe vorgeblich verteidigen zu müssen – ein ebenso wenig
symptomatischer „Fall" wie all jene Vorgeführten vor, während
und nach Driest. Es ärgerte die *MoPo*, dass sich Stefan Raab,
als dessen Berufsbezeichnung in vielen Zeitungen „TV-Läster-
maul" angegeben wird, in seiner pubertären Show „TV-Total"
(PRO 7) ausgerechnet über den „scheinbar begrenzten Wort-
schatz" des Harburgers „lustig gemacht" hatte. Der 19-jährige
aus Harburg-Neugraben habe am Vorabend in einem kurzen
Interview des Videoabspielkanals *Viva* laut Raab ganze 19-mal
„So" und 12-mal „Weissu" gestammelt, sowie „10-mal seine
Herkunft betont", fasste die *MoPo* zusammen.

Maskoe habe Harburg ebenso verschämt wie penetrant als „Hamburg Süd" benannt. Stefan Raab erklärte dem bundesweiten Publikum, was es angeblich mit jenem Stadtteil auf sich habe, worüber nun laut der *MoPo* „ganz Deutschland lacht": „Nach Steilshoop traut sich kein Polizeiwagen, nach Hamburg Süd kein Büchereibus."

War das ein für Medien interessantes Ghetto? Andererseits wurden zwei Bücher Harburger Autoren unverhofft im gehobenen Feuilleton gepriesen. Literaturkritiker lobten Frank Lehmanns «Morbus fonticuli oder Die Sehnsucht des Laien» (2001) – ohne im Mindesten darauf zu sehen, wie darin Harburg zur Spielstätte für Skurrilitäten in Szene gesetzt wurde. Und Unterhaltungsjournalisten freuten sich später an Heinz Strunks «Fleisch ist mein Gemüse» (2004). Diese Moritaten eines Tanzmusikers wurden zum Lacherfolg, seine Bühne Harburg zum Synonym für „Loser" und Geschmacksverirrungen.

So weit, so unvollständig. So fern, so unterhaltsam. So komisch, so tragisch. Dies waren gewiss nicht die ganz großen Katastrophen. Es waren eher der kleine Terror und die falsch gepflegten Tugenden des Alltags. Sie wurden bunt und groß aufgemacht für den Boulevard anderenorts.

Die Geschichten folgten einem „journalistischen Blick", mit medialem „Interesse" und mehr noch mit Verkaufslust. Das war deutlich nicht ein nachbarschaftlicher Blickwinkel.

Auf der anderen Seite entstand bei Medienkonsumenten dadurch nicht gerade Anteilnahme. Der Voyeurismus kribbelte viel mehr, bei gleichzeitiger Gewissheit, verschont worden zu sein von solchen Nachbarn wie den zur Schau gestellten Harburgern.

Wenn es einmal etwas anders war mit jenen medialen Augen-Blicken, so half auch dies wenig zum Verständnis eines Lebens am ständigen Rand, das sich eben gerade noch in der Mitte und auf der Höhe von allem wähnte.

Als 1972 beispielsweise der damals noch sehr junge NDR-Redakteur Horst Königstein die „jugendliche Subkultur" in dreizehn Folgen lehrbuchhaft vorführen wollte, porträtierte er verstörte Kinder des frühen, ausklingenden Wirtschaftswunders, unter ihnen den Harburger Joachim Bartels. Ein rauhes Frühwerk des Infotainment, ganz schematisch bis zur Schemenhaftigkeit, unterbrochen von Rock- und Bluesmusik, die seinerzeit noch kaum im deutschen Fernsehen zu sehen und zu hören war.

Warum aber bloß über pubertierende Jugendliche in einem vergessenen Vorort berichten? Warum sollten die stammelnden Darsteller solch vermeintlich soziologischer Medieninszenierung diese dann auch noch ernst nehmen können?

Und warum sollten wir Zuschauer, ob Harburger oder Nicht-Harburger, wissen, wie arm man dort dran war?

Das Leben ist schon schwer genug. Man lacht nicht darüber, wenn man nicht muss. Und zum Heulen ist es zu ernst. Es ist ja bloß „Heimat", allerdings überall. Man kann nicht anders, nirgends. Glaubt man jedenfalls.

Die zwar großen, aber noch rascher vergessenen Geschichten aus Harburg sahen allerdings dramatischer als die bisher aufgeführten aus – so wie klassische Tragödien: Da waren Feuer, Sturm, Dunkelheit, Tod, Gift und Gas, eigenartige tödliche Verzweiflung, die sonderbar umschlug in Lethargie.

Es waren Apokalypsen für den Hausgebrauch, die von Ferne mit sanftem Kopfschütteln registriert wurden, gerade so wie leichte Erdbeben in San Francisco über der dräuenden St.-Andreas-Spalte. Ein Leben immer am Abgrund und doch auf der Höhe der Zeit. Spannend wie tektonische Platten.

Da brannte beispielsweise in den Achtzigern tagelang ein Kühlhaus im Hafenviertel „auf der Veddel", das direkt an Wilhelmsburg angrenzt; inzwischen wird es „Ballin-Stadt" genannt. Der Himmel wurde schwarz. Gerinnendes, stinkendes Fett drohte die städtische Kanalisation zu vergiften. Über dem Brand aber schwebte schwer wie die düsteren Wolken die behördliche Gewissheit, dass diesmal ausnahmsweise „keine gefährlichen Substanzen" die Bevölkerung unter ihnen angreifen würden.

So ähnlich, aber angsteinflößender war es auch, als eines Tages in den Siebzigern ein Teil der *Phoenix-Gummiwerke* brennend den Nachmittag zur Nacht machte. Danach wurde zuversichtlich, aber dezent in der Lokalpresse berichtet, dass einige völkerrechtlich verbotene Giftgase wie Lost und Tabun dort „sicher gelagert" worden waren, um ab und an die Dichte von Gasmasken für die *Bundeswehr* zu prüfen. Dies hätte „die Bevölkerung" aber „nicht bedroht". Wieso wohl?

So feurig, ohne sich zu verbrennen, verlief es immer wieder. Beispielsweise als in den Sechzigern ab und an einige Tanks der nahen Raffinerien bei Harburg-Moorburg aschereich verglühten. Keine Gefahr! Ein Einzelfall. Und noch einer. Die Harburger zuckten stets mit den Achseln: „Das war ja nich' schlimm." Jedes Mal mussten brave Ehemänner und abkommandierte Kinder tagelang mit weichen Lappen die mit Ruß bedeckten Autos an Harburgs Straßen wienern: Nicht hart aufdrücken wegen des Lacks! Nicht zu lange warten, weil er sonst geränderte Flecken bekam ...

Kein Einzelfall. Steppkes starrten fassungslos auf die höllischen Spektakel. Die Gewalt der Zerstörung wurde ihnen so zur Gewohnheit wie das Autoputzen.

Viele starben „zu früh" an Krebs. Da war der Lack längst ab.

Was waren das für „einzelne" Ereignisse? Beispielsweise im Februar 1962, als zur Abwechslung mal nicht Flammen aufschossen, sondern das Meer durch die Raffinerien spülte!

Die Flut schwemmte plötzlich tote Menschen und Rinder aus Wilhelmsburg, Moorburg und Veddel bis nach Heimfeld.

Kinder warteten damals, dass einer der über ihren Schulen kreisenden, riesigen „Libellen"-Hubschrauber der *US-Air-Force* auf einem Pausenhof landen würde, vielleicht neben der *Woellmerstraße* oder dem *Alten Postweg*, beim *Gymnasium für Jungen Harburg*.

Sie sollten „Korinthen mitbringen"; diese, so fabulierten Volksschullehrer, die sich noch auf den Rohrstock als pädagogischem Instrument verstanden, würden gegen die „Vitaminverlustgefahr" und womöglich „aufkeimende Seuchen" vorsorglich eingeflogen.

Gut, wenn ein Land solche „Freunde" mit schwerem Gerät hat, die sich vordem allerdings nur mit Waffengewalt und später mit „Rosinenbombern" in „die Herzen" der Deutschen hatten kämpfen müssen.

Familien spazierten sonntags an den unerwarteten Küstenrand und sahen sich verwirrt und irgendwie erleichtert die abgesoffene Heimat der Nachbarn an.

Einige konnten es abends auch noch im Fernsehen sehen, das noch kaum verbreitet war. Es gab ja nur einen Kanal, sah man wörtlich vom „Ostfernsehen" ab.

Und wenn sie ein bisschen Glück hatten, sahen sie dann auch noch sich, wie sie da zusahen.

Über dreihundert Tote waren damals in den wenigen, quälend langen Tagen zu beklagen, in denen tumbe Beamte sich wegduckten und ein Lokalpolitiker „den Schneid" des ehemaligen *Reichswehr*-Offiziers hatte, vielmehr die *Bundeswehr* zur Hilfe zu rufen, der erste „Einsatz" für die Truppe.

Aus den Zeitungsschlagzeilen verschwanden die Toten schnell. Stattdessen wurden immer mehr Vorwürfe über fehlende Warnungen und verspätete Hilfe erhoben. Die Bezirksverwaltung aber „sah" – trotz offenkundiger Unfähigkeit – keine eigene Verantwortung. Die Sturmflut sei doch schließlich ein „Naturereignis". „Die Elbe" war halt über die zu niedrigen und maroden Deiche getreten.

Man baute in den Folgejahren also einfach höhere und festere Deiche. Nichts sollte mehr so sein, wie es war. Und doch blieb alles so, wie es war. Denn die Deiche reichten schon längst nicht mehr. Der Fluss wurde immer tiefer und damit reißender.

In Harburg-Georgswerder, zwischen Wilhelmsburg und Veddel, häufte man neben neuen Deichen auch gleich noch einen riesigen Hügel an – aus Abfall. Darüber sollte Gras wachsen. Später, so sahen es Landesplaner vor, könnten dort Parkanlagen und kleine Skipisten den „Freizeitwert" des Stadtteils steigern. Er wäre ein Aussichtspunkt über dem sonst flachen Hamburg. Käme nun noch eine Flut: Man stünde dort wie auf einer Hallig in der Hansestadt!

Doch dieser Berg begann bald zu bluten. Aus seinem Inneren quoll übel stinkende Flüssigkeit. Hier und da entwichen Dämpfe, die Brechreiz auslösten. Untersuchungen ergaben nicht nur hoch konzentrierte Fäulnisbildung, wie sie bei „Tiefdeponien" anderenorts längst bekannt war. Es fanden sich viel mehr und reichlich unaussprechliche „Substanzen" in der Brühe.

Kaum einer kannte sie. Am wenigsten die Harburger. Es waren Dioxine und andere toxikologisch kaum noch auseinander zu haltende „Super-Gifte", die allmählich in das Grundwasser Harburgs sickerten.

Es wurden Dränagen gelegt, um diese Giftgülle zu kanalisieren und aufzufangen. Es wurden Abgasrohre eingebracht, sodass alsbald lodernde Fackelriesen bei Tag und Nacht einen Teil der Gase grell verbrannten. Da war das Klempnerlatein am Ende ...

Später belieferte die Hansestadt die nahe *Norddeutsche Affinerie* mit dieser unverhofften „Energie": ausgerechnet jene industrielle Dreckschleuder, die ganze Hafenbecken in Harburg-Veddel mit teils giftigen Metallen verschlickt hatte.

Bei solcherlei Anlässen war es schon nahe liegender, dass die Medien den unbekannten Stadtteil Hamburg-Harburg besuchten als bei einer Kampfhundattacke unter vielen oder einem toten S-Bahn-"Surfer".

Sollten die sich doch wenigstens noch wundern und lauthals berichten – während die Heimischen betreten resignierten und schwiegen, als wäre nichts gewesen! Als wäre es wie immer: Die „Flutkatastrophe", der „Giftberg von Georgswerder" und der kaum zu löschende Kühlhausbrand standen wochenlang in Lokal- und überregionalen Zeitungen. Es gab gesonderte Fernsehsendungen und später sogar Fernsehspiele, die diese eingehämmerten Bilder aufnahmen: vom großen Wasser, das alles verschlingt, vom großen Feuer, das alles frisst, und vom großen Müll, der als Zivilisationsleistung das erstickt, was die beiden Elemente nicht längst mitgerissen hatten. Na und?

Horst Königstein, der inzwischen im NDR als Regisseur auftrat, inszenierte nun die Leiden eines Laubenpiepers am Fuß des Müllbergs: Der geht an Aussatz und moderner Pest ein. Er vegetiert mit „Dioxin-Akne" und erstickt an den Lungen fressenden Resten des „Entlaubungsmittels" Agent Orange, das während des Vietnamkrieges der Firma *Boehringer* in Hamburg und der Hansestadt zu reichen Einnahmen verhalf. Die Abfälle jener Produktion waren in Harburg verscharrt worden. Die Welt ist klein. Und manchmal stürzt alles an einem Punkt zusammen, wie ins Nichts. In diesem Nirwana hilft nur ein Mantra: Alles bleibt, wie es ist.

Die ruhig schlafenden Bewohner ahnten ja nicht, welche Katastrophen ihnen zugedacht waren: Wirtschaftsführer und Beamte fliegen keine Flugzeuge in Gebäude. Sie sitzen in Vorstandsetagen und Amtsstuben. Sie landen weich, ohne sich zu töten. Ihre Geiseln ahnen nicht einmal, dass sie solche sind.

Es sind Schläfer der schlichten Art, die ab und an gesichtslos Katastrophen auslösen. Die Banalität des Bösen kennen sie nicht. Die Banalität des Guten achten sie nicht. „Das Böse" und „das Gute" unterscheiden sie in allen Festtagsreden sehr wohl.

Die kaum zu schildernden Dimensionen des Schrecklichen wirkten allerdings nicht nur in jenen Medien, die auf Sensationssuche den Stadtteil immer wieder streiften; sie waren zwar nach ein paar Tagen vergessen. Sie wirken aber auf die Seelen wie eine ständig nässende Wunde auf den Körper.

Denn die ständigen Verwüstungen in Harburg waren großflächiger als Stadtgrenzen und nicht so flach wie die Machart ihrer punktuellen Medienausschlachtung. Die Zeit wurde in den Einzelberichten mit ihrer häufigen Sensationsgier kaum je erfasst: Allenfalls wie eine Schrecksekunde schien überstanden zu sein, was die Zeitungen längst beiseite gelegt hatten oder lediglich wie vertraute Wiederholungen auswickelten.

Dabei waren es mitnichten exemplarische Schicksale, so wie sie in Schlagzeilen vorgeschoben wurden.

Es war alles andere als schicksalhaft. Wer dem Zweiten Weltkrieg nur mit nackter Haut entkommen war, dessen „behelfsmäßige" Flüchtlingsunterkünfte wurden womöglich siebzehn Jahre später von der Flut platt gemacht. Was in Harburg die Bomben der Briten und Amerikaner stehen gelassen hatten, fiel 27 Jahre nach der Befreiung einer sozialdemokratischen „Stadtsanierung" zum Opfer. Viele, die noch oder wieder ein kleines Geschäft oder ein preiswertes Zuhause hatten, mussten dem Bau des größten Atombunkers Hamburgs weichen. Über dreißig Jahre nach Kriegsende wurde mit Bundesverteidigungsmitteln eine „Mehrzweckanlage" finanziert, die zugleich im Alltag die S-Bahnstation „Harburg-Rathaus" ist.

Der Bau schlug eine breite Schneise durch den Stadtteil zwischen Eißendorf und Heimfeld. Jahrelang war er Bauwüste. Wieder wurden allmorgendlich und abends Autos gewienert.

Der Staub zertrümmerter Häuser drang in jede Ritze. Er legte sich auf jede Lunge. Die Harburger husteten ihre Stadt noch über ein Jahrzehnt später in Bröckchen aus. Sie werden vermutlich an den Stäuben ihres pulverisierten Seins früher sterben als andere Hamburger. Wer in Harburg keinen Krebs bekommt, ist vielleicht nicht lange genug dort gewesen.

Bis heute kreisen Kräne über dem Kern des Quartiers wie Geier überm Aas, weil die einst billig, aber keineswegs preiswert errichteten Bauten bereits wieder verfallen oder neue Einkaufszentren, Ladenpassagen und „One-Stop-Shops-Zonen" die letzten maroden, stinkenden Fabriken schleifen.

Es soll dort wenigstens reichlich gekauft werden, wo kaum noch Arbeit ist. Wo noch Natur verblieben war, planierte der Hamburger SPD-Senat (unter tätiger Hilfe grüner Koalitionäre) die vom Flächenbombardement der Briten verschonten Obst- und Fischerdörfer Harburg-Altenwerder und -Moorburg mit Spülsand aus der Elbe, jenem Sediment der Abwässer einer bis heute kaum gezügelten, systematischen Industrievergiftung.

Bewohner, deren Familien mit Landbau hier teils hunderte Jahre für sich und die Stadt gesorgt hatten, wurden in den Achtzigern in Plattenbauten oder normierte Reihenhäuser in Neuwiedenthal und Harburg-Neugraben „umgesiedelt".

Die aus Moorburg stammende ehemalige Spitzenpolitikerin der *Grünen,* die Sportlehrerin Thea Bock, heiratete noch im dortigen „Dorfkrug" – mit der *tagesthemen*-Moderatorin Sabine Christiansen und ihrem Freund Theo Baltz, einem TV-Produzenten, als Gratulanten.

Später zog Frau Bock, die als Bürgerschaftsabgeordnete in einem Untersuchungsausschuss die verbrecherische Müllentsorgung der Firma *Boehringer* aufdeckte, „nach Hamburg"; sie war zur SPD übergetreten und wurde mit einem Behördenjob gut versorgt. Versorgt wie Viele in Hamburg, die nicht gerne lesen, aber es immerhin zu einem Partei-Buch gebracht haben.

Wer in Harburg dauernd lebt, hat über die Jahrzehnte durch vermeintliche „Schicksalsschläge" und menschliche Enttäuschung bis hin zum dramenhaften „Verratensein" einen solchen Vorrat Selbstmitleid angehäufelt, dass Trauer beispielsweise über die Toten von New York fast zur Routine gehört.

Dies ist keine Verrohung der Gefühle. Die Art der Wahrnehmung ist allerdings roh – vor allem die der regelmäßig in ihre Leben einfallenden Medien. Denn Gefühle verrohen auch dadurch, dass sie von anderen so falsch wie forsch besehen werden.

Der Regisseur Michael Batz, Autor einer Hoffmannsthal-Variation von einem «Hamburger Jedermann», strandet auf dem Weg zu seinem Wochenendhäuschen im Landkreis oft in Harburg. Der Zug steht still im Bahnhof. Er steigt dann und wann für eine halbe Stunde aus. In einem strophenreichen Gedicht umschreibt Batz Harburg als „architektonisch geschundene Schweigeminute": als „Europas größte Sandkiste ohne Sand".

Aber zum Spielen reizte die Sandkiste offenbar nur kindische Lokalpolitiker. Jene schilderten der frühere NDR-Moderator und Kabarettist der *Lach- und Schießgesellschaft*, Henning Venske, und der beste *stern*-Rechercheur der Nannen-Ära, Günter Handlögten, beißend in ihrem Enthüllungsbuch über kommunale Korruption, «Dreckiger Sumpf»: Gegen eine zünftige Brotzeit ging es durch, dass das Luxushotel *Lindtner* in Heimfeld, in dem Rotarier, Tennisfreunde, ehemalige Minister und andere Hof halten, teils als Schwarzbau errichtet wurde.

Zum spielerischen Betrachten von Ereignissen, die in einem Leben oder in einem Land besser nicht vorkommen sollten, aber alle Verschonten zu „interessieren" scheinen, ist die „Sandkiste" zu klein; die „Schicksale" sind zu traurig. Die eben erst begonnene Aufzählung der Ausnahmesituationen und des Außergewöhnlichen, welche Medienkonsumenten landauf, landab, mal in kurzen Meldungen, mal in ausführlichen Reportagen achselzuckend als „Neues" aus Harburg hörten, ließe sich zudem sehr umfänglich fortsetzen, leider.

Da war beispielsweise Anfang der Siebziger der junge Schüler Andreas Kobs, der sich tagelang an das Kreuz in der *Johanniskirche* kettete, weil er die Prüfung als „Kriegsdienstverweigerer" (KdV) nicht bestanden hatte. Da war Ende der Siebziger der Fensterputzer Thomas E., der monatelang vor Gericht vernommen wurde, weil Polizisten behaupteten, er habe rohe Eier gegen NPD-Redner geworfen – und so die Harburger Fußgängerzone fatal beschmutzt und obendrein damit „Landfriedensbruch" begangen. Da sprengte in den Neunzigern Arno Funke als „Dagobert" zum Auftakt einer Bundesbahnerpressung ein Schließfach, im Fernbahnhof Harburg. Da wurde der Bundesbahnchef Hartmut Mehdorn im Jahr 2000 erster „Ehrendoktor" der *Technischen Universität* (an der mutmaßlich einige Attentäter studierten) – eine Ehrung für seine Verdienste um die bei Harburg angesiedelte *Airbusindustrie* (bei der ein Verdächtiger vom «Nine-Eleven» hospitierte). Dort sollen demnächst jene Transportflugzeuge montiert werden, die europäische Truppen beispielsweise in ferne Einsatzgebiete wie Afghanistan verfrachten.

Unter Verletzung des geltenden Baurechts sollten 2004 in Finkenwerder mit einem Sondergesetz Bauern enteignet werden; Obsthaine wurden zur Startbahn asphaltiert. Ein Süßwasserreservoir inmitten der Elbe wurde mit Giftschlamm „verfüllt". Und, und, und.

Dies ist gewiss keine Chronologie, allenfalls eine nur unvollständige Chronik des Irrwitzes. Sie erzählt andeutungsweise vom Amoklauf der Realitätssüchtigen, die die „Abweichungen" vom Alltag stets dort gierig ausmachten, wo sie am wenigsten erwartet wurden. Und doch waren sie eben deshalb eben dort am ehesten zu erwarten. Genau dort soll das Unerwartete, wenn es denn hereinbricht, möglichst auch bleiben. Wo immer der schlimmste aller nicht erwarteten und doch erahnten Fälle wieder auftritt, ob mit Donner, Pech und Schwefel – da muss es doch zugleich so sein wie nebenan: so nah, so fern. So „anteilnehmend", so weit weg von der Seele. So vertraut, so fremd. Da ist Harburg gewissermaßen als wörtlich genommener *locus communis* schon nicht so schlecht.
Andere Orte und Anlässe hatten es da offenbar schwerer. Was störte es in Deutschland beispielsweise, dass in Holland eine Flut – ein Jahr vor jener in Harburg – tausend Tote gekostet hatte? Wen kümmerte die Rentnerin im Ruhrpott, die eine Woche vor dem Jungen in Harburg zerbissen wurde – wenn doch die Jugend ohnehin Probleme hat, die Alten durchzubringen?

Die Muster der Horrorerzählungen aus dem so schrecklich normalen und normal schrecklichen Harburg sind zu einfach, als dass sie nicht medial funktionieren könnten.
Dort finden sich nicht strahlende Helden, sondern das alltägliche Scheitern gibt dem Alltag wenn schon nicht einen letzten Rest Würde, so doch zumindest fades „Mitgefühl". Es erhebt die ewigen Verlierer über ihren Alltag und den der anderen, die sich für einen Augenblick zu interessieren scheinen.
Das Personal stimmt. Die Frisuren sitzen nicht. Es stinkt am Ort zum Himmel.
Aber man braucht es im Fernsehen oder der Illustrierten ja nicht zu riechen. Man kommt darüber ins Gespräch, irgendwie, irgendwo: mit all dem gespieltem, geheucheltem oder antrainiertem Kummer, jener medial geheiligten „Emotion", welche

für Stunden, Tage und Wochen Schock gefrorene Gefühle „bewegt", solche wie beispielsweise nach dem „Autotunneltod" einer gar unglücklichen Prinzessin aus scheinbar ebenso kleinen Verhältnissen, eine Harburgerin in den Herzen derer, die sie als eine der ihren phantasierten.

Der bereits gängige, passende Slogan „powered by emotion" ist von den Harburgern dummerweise nicht rechtzeitig als Copyright und Fremdenverkehrsmotto eingetragen worden. Auch wieder so ein Versagen, das ihnen keiner verübeln kann.

Der Witz – im Sinne von Originalität – kommt in Harburg eben lieber ver- als gestohlen daher: So nennt beispielsweise das Harburger Branchentelefonbuch *Gelbe Seiten* in der Rubrik „Kultur und Freizeit" gleich an erster Stelle: „Akademische Fliegergruppe Hamburg e. V.". Sie ist am „Arbeitsbereich Flugzeug-Systemtechnik" der TU Harburg zu Hause.

Aber wer findet das noch anderswo komisch – im Sinne von merkwürdig?

Dabei gehen all die erwähnten Geschichten – die kleinen wie die großen – weit tiefer. Über die geläufigen Muster aus Sympathie, Sensation und sentimentaler Gefühlsduselei eines gängigen Emotainments hinaus ist zu erkennen, warum das abseits Liegende immer gleich als Ort des Abseitigen allseitig akzeptiert wird, ob es nun Ostfriesland, „neue" Bundesländer oder Harburg sei.

Denn in der Provinz ist weniger die vermutete Langsamkeit zu Hause und auch nicht eine geradezu unerschütterliche Änderungslosigkeit.

Im Gegenteil: Hier trifft „man" unerwartet auf eine explosiv verdichtete Zeit, in der mutmaßliche Veränderungen der allzu gewohnten Normalitäten auf einmal, scheinbar im Nu „passieren".

Sie sind allerdings nur insoweit „schnell", als sie so krass kaum am Ort selber, sondern erst draußen erschrocken vernommen werden. Fernab, von außen.

Innen ist alles ruhig wie im Auge des Orkans. Es ist wie ein irrwitziges Kreisen, das kollabiert.

Michael Batz notiert in seiner Elegie «Harburg Poem» amüsiert, dass Harburg die „Entropie der schwarzen Löcher" verkörpere.

Harburg tauchte in all den, oft sogar bemüht sozialkritischen Berichten, deren Anlässe hier nur unvollständig aufgereiht wurden, bezeichnenderweise stets als konturloses Nirgendwo auf, das so aber gleich die mediale Qualität eines „Überall" bekam. Das war nicht nur der oft hektischen, wichtigtuerischen Berichtssprache geschuldet.

Denn ausgerechnet durch das verbreitete, mediale Aufplustern sogar kleiner Anlässe zum geradezu Beispielhaften wird der Alltag, von dem keiner hören wollen würde, auf eine annehmbare Restgröße für die „Rezipienten" verkleinert.

Das Schrille wird damit zum Maßstab, warum sich die Aufmerksamkeit gleichwohl ausgerechnet hierhin wandte. Wenn auch nur kurz. Es interessiert, was da geschieht – und doch auch wieder nicht. Es kann einem jeden Falls, von Mal zu Mal, egal sein. Die gängige Globalisierung von Vorurteilen und Geschehnissen in solch lauten Berichten, an die sich die Harburger wie an den Nieselregen und die stinkende Luft der gehätschelten Industrien im Ort gewöhnten, hatte oft nichts mit der Sache zu tun, die scheinbar zum Anlass genommen worden war.

Hunde werden ja nicht weniger bissig, wenn in Wilhelmsburg ein Kind zerfleischt wird. Die Umweltvergiftung wird nicht kleiner, wenn nun Windräder auf dem Gifthügel von Georgswerder Runden drehen.

Die „Achse des Terrors" wird nicht schneller rotieren, wenn in der Mensa der *Technischen Universität Harburg*, der „letzten deutschen Universitätsneugründung" vor der Wende, mehr Schweinefleisch serviert würde.

Am Beispiel des unbekannten und doch irgendwie weltbekannten Stadtteils Harburg lässt sich allerdings eines herauslesen: Die Abfolge, wann aus Anlässen in einer Alltagsumgebung Aktualitäten gepresst wird, wurde immer schneller. Und immer rascher vergessbar statt als Lehrstück erinnerbar.

Die demokratische Öffentlichkeit wird so im Alltäglichen des „Sensationellen" zermahlen.

Das nachbarschaftliche Achtgeben aufeinander in einer offenen Gesellschaft wurde zum Infotainment und schließlich zum Emotainment medial verformt. Menschen werden zu begafften Opfern, zu Sozial- oder Todesstatisten. Tod wurde zur Unterhaltung. Gefühle verkamen und verkommen zu „Emotionen".

Heutzutage würde es Gelächter in dieser Bedeutsamkeitsbranche geben, wenn beispielsweise Klaus Bednarz plötzlich nicht aus Moskau, sondern aus „seinem" Harburg berichtete, aus dem nahen Alltag. Oder sich der Ex-*stern*-Chefredakteur Michael Jürgs nicht Romy Schneiders, sondern eines jener Junkies in seinem Heimfeld annähme, die die Schill-Beust-Regierung aus der Stadtmitte an den Rand, nach Harburg, vertrieb. Große Journalisten müssen eben „große" Geschichten „machen". Erst recht, wenn jene Journalisten aus Harburg kamen. Es wäre sogar schon die Nase gerümpft worden, wenn man bei Dagmar Berghoffs gewichtigem Nachrichtenverlesen an ihren jugendlichen Flirt mit Volker Rühe hätte denken müssen. Oder bei der Harburgerin Heidrun von Goessel an den Schützenvereinsmief der Vorstadt.

Solch eine ständische Ordnung – das zeigen im Kontrast dazu die erwähnten „Stories" – ist allerdings weniger professionell als vielmehr tragisch für die Medienbranche. Der unaufgeregte und genaue Blick, der sich nicht erst im Katastrophischen weitet, fehlt. Einer, der – auch ohne Lupe – im Kleinen eine Spur erkennt. Dort, im vorerst scheinbar Unbedeutenden. Stattdessen wird mit einem Brennglas eine „Sensation" angefacht, die sonst kaum auszumachen gewesen wäre.

So ein Blick, mit dem beispielsweise der herausragende Fernseh-Dokumentarist Klaus Wildenhahn 1970/71 die *Johannisgemeinde* im Harburger Kerngebiet beobachtete – fein, profan und dabei doppelbödig. Er protokollierte langsam, aber nicht langatmig, wie der Protestantismus in seinem Bemühen scheiterte, ausgerechnet in dieser immer rasender faselnden Welt das gemeinsame Gespräch nicht aufzugeben.

Wildenhahn zeigte dies quälende Suchen nach einem Weg zu einer Gemeinsamkeit – vor allem bei Themen, die das Leben von Nachbarn prägten, beispielsweise den alltäglichen „Niedergang" der Industrie und damit verbunden den Zynismus der politisch und wirtschaftlich Verantwortlichen.

Ein Anlass für Wildenhahns Schwarz-Weiß-Film «Harburg bis Ostern» war unter anderem die Fusion der *Phoenix-Gummiwerke* mit *Continental* gewesen – eine sehr frühe „Transaktion", der allerorten die ungezählten Konzentrationskäufe auf dem schnellen Weg zu einer „Globalisierung" folgten.

Wie viele Arbeitsplätze würden verloren gehen, fragte Wildenhahn in seiner Alltagsschilderung, von Weihnachten bis zur Kreuzigung und Auferstehung. Wie viele Familien würden daran zerbrechen? Wie viel würde Harburg verlieren?

Und wie viel würde die Welt denn wirklich damit „gewinnen"? Wäre seine Geschichte weitererzählt worden, so müsste zunächst Unspektakuläres erwähnt werden, das aber doch auf Dauer von Belang war: Nur wenige Jahre später, als um die Fabrik herum und mitten durch die Stadt eine Autobahntrasse auf Betonstelzen geschlagen werden sollte, protestierten einige Bürger bei „ihrem" Bundestagsabgeordneten, dem SPD-Fraktionsvorsitzenden Herbert Wehner: weil seine sozialdemokratische Partei sich im Wahlprogramm doch unmissverständlich gegen Autobahnen in Städten ausgesprochen habe.

Wehner beschied den Menschen, die sich insbesondere um den Erhalt eines Erholungsgebietes sorgten und denen schon die Abgase der *Phoenix* reichten, Harburg sei schließlich „kein Luftkurort". Arbeitsplätze gingen ihm vor; darüber wollte er nicht diskutieren. Er konnte es vermutlich auch nicht.

Heinrich Breloer verfilmte später (redaktionell von Horst Königstein betreut) «Wehner – die unerzählte Geschichte». Doch eine Geschichte wie die von den außerparlamentarischen Autobahngegnern blieb, bei dem klassisch-konservativen Politikverständnis dieser Medienmacher, „unerzählt".

Dieses „Dokudrama" war stattdessen vermischt mit regenbogenblättriger, emotionalisierender Sensationslust: Was mochten die sexuellen Leidenschaften des ehemaligen „Anarchisten" und späteren „Kommunisten" Wehner gewesen sein? Wie geplagt war er im Kriegsexil in Moskau, als seine „Genossen" ausgerechnet vom stalinistischen Geheimdienst liquidiert wurden, möglicherweise sogar mit seinem Zutun? Wie hatte jener später als SPD-Bundestagsfraktionschef „seinen" Bundeskanzler Willy Brandt – wiederum in Moskau – der „Warmbaderei" geziehen? Und damit auch dessen Entspannungspolitik verhöhnt?

Mit Geschichte freilich hatten auch diese teuer inszenierten Fernseh-Geschichtchen nichts zu tun – mit Politik, die Zukunft gestaltete, schon gar nicht. Und auch nicht mit der Gegenwart, am wenigsten mit dem Alltag der Wähler in Harburg.

Heute ist in einem, inzwischen denkmalgeschützten, Teil der *Phoenix*-Fabrik die private Kunstsammlung des reichen Rechtsanwaltes Harald Falkenberg untergebracht. Ein großes Areal des riesigen Industrie-Komplexes war 2003 niedergerissen und 2004 dort eine gigantische Shopping-Mall aufbetoniert worden, das *Phoenix-Center*. Es hat den Nachteil des Zuspätkommens gegenüber den anderen „Einkaufsparadiesen" der Vorjahre, aber den Vorteil einer Autobahnauffahrt.
Ist das nun der von Wehner befürchtete „Luftkurort"? Im Frühjahr 2004 wurden die *Phoenix*-Gummiwerke endgültig von *Continental* gekauft und filetiert. Ist dies am Ende eine gestaltende Politik, wie sie sich der Abgeordnete Wehner anmaßte? Herbert Wehner ist lange tot. Ein schäbiger Vorplatz des konkursreifen *Karstadt*-Kaufhauses wurde nach ihm benannt. War das Geschichte oder Ironie? War es „seine" Geschichte? Im September 2004 forderte die *Junge Union*, den Platz umzubenennen, weil bekannt wurde, dass auch Wehner in Moskau aus Angst vor Andersdenkenden einige „seiner" Genossen ans Messer geliefert hatte.

Man könnte am Beispiel Harburg, stiege man in die Archive der Rundfunkanstalten und Zeitungen, wohl eine geschlossene, aber markant andere Historie der Bundesrepublik Deutschland erzählen – eine, die Wunden und Risse genau so lebensnah zeigen müsste, wie sie diese unvollständigen Chroniksplitter bereits andeuteten.
Als vereinzelte Reportagen mögen sie kaum bedeutsam sein, schildern sie doch „lediglich" den Alltag. Ihre „Bedeutung" misst sich nämlich nicht am „Nachrichten-Wert". Den geben sich die Medien täglich selbst vor. Im „Dokudrama" als Machart, die ihre Zuschauer beim angeblichen Dokumentieren inszenierend „teilhaben" lässt, wird augenfällig, dass es da allenfalls um Deutungen geht, sowohl im Sinne von Interpretation als auch von Ideologie.
Die tatsächliche Bedeutung beispielsweise eines Berichtes stellt sich erst nach Jahren im Kontext mit anderen Nachrichten ein.
Dann beispielsweise, wenn die Realität endlich die Realitätssüchtigen Lügen gestraft hat. Wenn deren Prämissen und Prognosen sich vielleicht als eitle Ablenkungen herausstellten.

Es macht auch nichts, wenn solche Dekuvrierungen zunächst in „kleinen" Zeitungen erschienen. Denn nicht die Nachrichten aus der Provinz sind provinziell, sondern, was aus ihnen danach medial oder grob kategorisierend gemacht wird.

Und oft sind auch nur die Verursacher von solch kleinen, vermeintlich unbedeutenden Nachrichten provinziell. Wie kleingeistig und perspektivlos manche „Politiker" wie Wehner agierten, wird oft schon am Tag, nachdem sie etwas „durchsetzten", deutlich.

Generationen, die noch Jahrzehnte nach ihnen an solchen Eintagsentscheidungen leiden, haben allerdings die „unbedeutenden" Medienstücke, die sie begleiteten, zelebrierten oder auslösten, längst vergessen – sowohl die kleinen Alltagsberichte als auch die hysterischen Eintagssensationen.

Sie werden ungerechterweise scheinbar geschichtslos, aus Achtungslosigkeit der Medien, die sich oft genug als moderne Geschichtsschreiber aufspielen und doch nur Geschichten abliefern, die eher deren sehr eigene Redaktionsrealität und ihre Lebensentwürfe als vermeintlich aufklärende Journalisten widerspiegeln.

So eine bislang unerzählte Geschichte der Bundesrepublik würde am Beispiel des Stadtteils Harburg – sofern das jedenfalls der erste Überblick der erreichbaren Archive vermuten lässt – wohl keine solch gründlich gearbeitete Dokumentation wie «Die Kinder von Golzow» ergeben, mit der Winfried und Barbara Junge liebevoll und sorgsam den Alltag mehrerer Menschen in der DDR-Provinz zwischen 1961 und 1993 beleuchteten.

Es könnte allenfalls eine brutale Brikolage sein. Sie würde gleichwohl mehr erzählen als die einzelnen Ereignisse, die kurzzeitig ein „Thema" in überlokalen Medien wurden. Für diese Vermutung gibt die Zusammenstellung der Geschichten in diesem Band einige Anlässe.

Das wiederholte, vernetzende Nachhaken, was ein scheinbar unbedeutender Beamter wie Helmut Raloff vorgeblich pflichtbewusst anrichteten, lässt dies dunkel erahnen.

Für eine solche Geschichte der Bundesrepublik, gewissermaßen „von unten", finden sich hier erste Notizen. Einige Eckpunkte sind überdies erkennbar.

Sie markieren das Terrain für eine medial anteilnehmende statt einer höhnischen Ortskunde, zu einer präzisierenden Verortung scheinbar übergeordneter oder gar abstrakter Probleme. Es wurden zunächst vermeintlich unscheinbar Geschichten erzählt, die ineinander verwoben und im doppelten Sinne übergreifend sind. Sie berichteten aus einer unbeachteten Periode, in der beispielsweise am anderen Ende der Welt gerade die UdSSR das kleine Afghanistan besetzte und Saddam Hussein mit US-Hilfe im Irak die Macht übernahm.

Was nur hält all die wohlbekannten rasenden Reporter noch in dem wichtigtuerischen Irrglauben, sie würden mit ihrem sporadischen Tun vor TV-Kameras oder in Leitartikeln irgendetwas zur Wahrheitsfindung oder zur „realistischen" Abbildung der Wirklichkeit beitragen?
Was nur, wenn man mit ein wenig Abstand zurückdenkt an das, über das sie „berichteten"? Was ist erinnerlich, außer dass sie etwas oder sich zelebriert hatten?
Wer denn erinnert noch auch nur das Gesicht einer verstörten Schülerin des „Gutenberg-Gymnasiums", die gerade eben ein Massaker überlebte – und dann gleich, am 26.4.2002 Johannes B. Kerner bloß irgendwas ins ZDF-Mikrofon sagen sollte? Wie sehr haben sich Zuschauer an solcherart widerliche Shows gewöhnt, die in vermeintlicher Betroffenheit medial Amok liefen? Und dadurch einen nahezu beliebig werdenden Nachrichtenanlass mittels schamlosen Reportergehabes so garnierten und gewissermaßen als Live-Dokudrama inszenierten, dass er schnell in Erfurt zum Event mutierte, an dem dann auch andere Medienmacher nicht vorbeisehen mochten?
So war es beispielsweise in Sebnitz: Ehrenwerte und auch schurkische Journalisten der „großen" bundesrepublikanischen Medien hatten kurz vor Weihnachten 2000 schamlos die Story verbreitet, fünfzig Skinheads hätten einen kleinen Jungen in einem „Spaßbad" zu Tode gequält. Die „Bild"-Zeitung war dafür vom *Deutschen Presserat* ebenso gerügt worden wie die „tageszeitung".
Ein Jahr später waren solch ausgehungerte, brechsatte Sensationssucher dann auch in Harburg! Nach dem Elften-Neunten. Mancher war auch vorher schon dort gewesen. Und es gab ein paar Schlagzeilen. Das war´s dann – bis zum nächsten Mal.

Mehr war nicht? Mehr war nicht. Für solch vorgeblich professionelle Abspalten einer teilhaftigen Betroffenheit, das Rezipienten allenfalls als Emotionen-Hopping wahrnehmen können, gab der *RTL-News*-Moderator Peter Kloeppel ein eindringliches Beispiel. Er war von Kollegen „wegen seiner ruhigen Art" am «11. 9.» bewundert worden. Er erläuterte sein „professionell nüchternes" Tun scheinbar schüchtern ausgerechnet im Zusammenhang seines „privaten" Denkens: Es sei erst nach der Live-Sendung ein komisches Gefühl für ihn gewesen, gestand er in einer der vielen Talkshows, die immer nur um jene Selbste kreisen, die sich für Höheres als die Nichtse halten. Die Bilder vom Aufprall der Flugzeuge habe er sich „nie wieder angesehen"; denn er habe doch so oft neben den Türmen des *WTC* gestanden und sich und seine Frau dort fotografieren lassen.

Diese Andenkenfotos waren offenbar mehr als personalisierte Ansichtskarten? Abscheinend, zumal wenn sie Journalisten der eiligen umherreisend flüchtigen Medien aus vielen Anlässen fertigen, bis daraus Ansichten werden.

Und manchmal ist weg, woran sie sich einst erinnern wollten. Aber *sie* waren dort. Immerhin.

Harburg ist nicht weg. Die Reisebusse kommen inzwischen seltener. Damals hatten sie die Übertragungswagen und geleasten Limousinen mit der Fotoausrüstung im Kofferraum lediglich abgelöst. Die Fernsehzuschauer und Zeitungsleser wollten selber sehen, was es mit diesem unheimlichen Ort auf sich hatte. Zu sehen war dort aber nichts: Ein spießiges Haus nur, in der *Marienstraße*, die stets zugeparkt ist.

Da waren also mal eben bloß einige Reporter ohne Grenzen, aber mit vielen Beschränkungen. Es war – das sahen alle am Ort, eine ziel- und haltlose Schar, „Emotionen" suchende Scouts sich weltläufig gebender Medien.

Sie haben in Harburg wohl – sieht man auf die Fülle der schreierischen Berichte und Filme (bis hin zu Spielfilmen) aus dem Stadtteil – ihren ebenso verdienten wie offenbar unvermutet steten Zwischenstopp gefunden. Sie schickten knappe Ansichtskarten von dort in alle Welt. Aber sie wussten wohl kaum, wo sie waren und wer die waren, die sie da vorfanden und die dort blieben.

Dabei sind sie wie sie, nicht besser, nur besserwisserisch. Harburg ist womöglich – bezieht man es mal auf die eifrigen Auftritte der Medien-Welt an diesem Ort – so etwas wie eine Flughafenlounge, in der man Getränke und Mitreisende verabscheut, aber die Vorfreude auf den großen Trip nach irgendwohin hat. Bloß rasch weg von hier!
Es ist es dort allerdings unvermutet besser als jeder viel versprechende Trip oder jeder andere Durchreiseort: In Harburg spuckt das Leben wenigstens auf mediale Nutzenlogiken und vermeintlich guten Geschmack, auch auf das Getriebensein mitsamt des Durchtriebenen, andere vorzuführen, statt sich selber und die anderen ernst zu nehmen.

Hier entstehen noch weitere „große" Geschichten, allerdings solche, die kein Harburger straffrei erfinden dürfte. Niemand würde ihm glauben, bis sie geschehen sind. Und selbst dann wurde beispielsweise nach dem «11. 9.» bei hilflosen Straßenbefragungen und Telefoninterviews, in Statements und Talkshows statt der benötigten Information rundheraus gebrabbelt: Es wirkte „alles wie Science-Fiction", man habe „sich einfach nicht vorstellen können", was man dann doch gesehen habe – den Furor gegen die „Freie" Welt.
Harburg ist also demnach wie Science-Fiction?
Vielleicht hat die Zukunft auch schon begonnen, nicht wirklich, aber wirkend. Nur dass keine Science-Fiction sie vorhersah – anders als beispielsweise den oft zuvor fiktiv verfilmten Brand und den Einsturz des WTC. Vielleicht zeigt ein Blick zurück vielmehr die Zukunft?
War die Vergangenheit schon die Zukunft?

Das „Globale Dorf", von dem Marshall McLuhan in «The Medium Is the Message: An Inventory of Effects» (1967) sprach, nimmt anscheinend allmählich Gestalt an. Harburg könnte solch ein globales Dorf sein. Aber wer von den teuer bezahlten und hoch geschätzten Journalisten will schon in ein Dorf reisen oder hinfliegen? Egal, ob freiwillig oder gezwungen von Terroristen oder Chefredakteuren? Und dann auch noch der Welt davon berichten?
McLuhan begründete seine Theorie vom Medium, das selbst schon die alleinige Botschaft sei, anthropologisch.

Der Einfluss der elektronischen Medien – insbesondere der des „heißen", d. h. vom Empfänger nicht mehr kontrollierbaren Mediums Fernsehen – gehe weit über die Bedeutung als Vermittler hinaus und wandle die menschliche Natur grundlegend.

In den Sechzigerjahren stießen McLuhans kulturpessimistische Schlussfolgerungen noch auf offene Ohren: Es wurde ein allgemeiner „Niedergang der Kultur" durch die erkennbaren Veränderungen innerhalb der Alltagskultur vermutet, ob sie nun von den elektronischen Medien ausgelöst wären oder nicht.

Bekannt geworden war McLuhan 1962 durch seine Studie «The Gutenberg Galaxy: The Making of Typographic Man» (Die Gutenberg Galaxis: Das Ende des Buchzeitalters), in der er den Untergang des Buches ausmalte – und das neue, mediale Zeitalter halb anheimelnd dörflich, halb kleingeistig ländlich aufschien.

Allerdings haben sich die Umstände und Formen seither anders und schlichter entwickelt als von den nachfolgenden, oft versponnenen und manchmal auch reichlich verstockten Medienwissenschaftlern erwartet: Denn nicht die Welt wird durch die Medien zum „Dorf". Sondern das Dorf wird durch die Medien und ihr Emotainment zur „Welt". Harburg liegt am Arsch der Welt. Die meisten kennen ihn inzwischen.

Die allerorten und in allen Zusammenhängen beschworene „Globalisierung" erweist sich zumindest im Fall unserer Mediennutzung bei näherem Hinsehen, im Gegenteil, als eine weltweite Provinzialisierung, eine globale Verdörflichung: Nichts ist mehr Mittelpunkt seit alles überall zugleich hergestellt und umgesetzt werden soll, auch medial. Keiner ist mehr berühmt, sobald die Unberühmten in den Medien für kurze Zeit „berühmt" gemacht werden. Demokratie ist das nicht.

Wer die Gesetze des Mediendschungels kennt, muss also „aufs Dorf". Dort regieren nur scheinbar noch Lokalzeitungen, Schützenvereine, Sparkassendirektoren und Provinzpolitiker. Sie sind längst Opfer ihrer eigen Hybris als hemmungslose Täter; sie zerstören das, was sie groß gemacht hat, weil sie es im Grunde verachten.

Provinz ist nun mal komisch, die Vorstadt oft peinlich. Versager sind lustige Typen für andere, Dumme erst recht. Wer darüber lacht oder berichtet, erhebt sich darüber: Er ist nicht mehr provinziell, nicht komisch für andere und sogar mächtig schlau.

Doch nichts hat mehr eine eigene Bedeutung, seit die Deutungen ganz global „kommuniziert" und lokal nicht mehr verstanden werden. Überall ist Harburg. Es will nur keiner zugeben. Übrigens wird es nicht damit erträglicher, dass eine „architektonisch geschundene Schweigeminute" als „Internationale Bausaustellung" 2013 aufgehübscht und Giftgruben bei der „internationalen gartenschau" 2013 mit Rabatten umkastelt werden. Auch darüber wird wieder viel berichtet werden. Es ist ein Witz.

Nur lachen kann darüber keiner, der dort wohnt.

Anmerkungen

Dieser medienkritische Essay wurde erstmals in «Nirwana der Nichtse. Ortkunde» (Nachttischbuch-Verlag, Berlin 2005, ISBN-13: 978-3-937550-02-2, S. 13 ff.) veröffentlicht. Weitere Biographien, Reportagen und Kommentare aus und zu Harburg wurden in jenem ersten Band aus der „Reihe *Hermes´ Wege*" zu einer Collage verdichtet, die nach dem „11.9." das „Terrornest Harburg" anschaulich machen sollte. Für diese Veröffentlichung wurde der Essay stark gekürzt, umfänglich bearbeitet und mit einer medien- und gesellschaftspolitischen Fragestellung fokussiert auf die geschilderten Begebenheiten und Begegnungen. Wichtige Ergänzungen finden sich in «Von der Geographie des Gewöhnlichen. Ein Gedankengang durch einen unbedeutenden, weltweit bekannten Stadtteil» (http://www.jogschies.info/essay.html#Essay_Geographie_des_Gewoehnlichen).

2013 wird der Bezirk an der Süderelbe erneut aus aller Welt besehen. Anlass ist die „Internationale Gartenschau" (igs) und die „Internationale Bauaustellung" (IBA) in Wilhelmsburg, einem früheren Ortsteil Harburgs. Medienwirksam wird ein Spektakel abgefeiert. Die Bewohner des Ghettos leben plötzlich, laut Presseerklärungen, in „attraktiven Erlebniswelten", eilig angelegtes Grün wird als „lauschiges Paradies" verkauft. Soziale und ökologische Probleme dieser Kommune sind mit zynischen Werbetexten jedenfalls nicht zu lösen.

Bildhinweise

Die Abbildungen der Zeitungsausrisse entstammen den jeweils im Text angegebenen Veröffentlichungen, von Wochenzeitungen und -zeitschriften bis hin zu Büchern.
Sie wurden leider größtenteils nicht archiviert, da die Medien entweder nach erfolgreichen Jahrzehnten pleite gingen, „eingestellt" oder „relauncht" wurden oder sie meinten, sich die Dokumentation der eigenen oder gar fremder Berichterstattung nicht „leisten" zu können.

Der Autor

Rainer Jogschies ist seit 1982 freiberuflicher Publizist. Er arbeitete
u. a. als Journalist für das *Deutsche
Allgemeine Sonntagsblatt*, TWEN,
den *stern*, den *Spiegel* und den *vorwärts*.

Seine Drehbücher wurden im NDR
und ZDF verfilmt. 1992 bekam er
den *Glashaus*-Preis für das medien-
kritische Fernsehspiel «Vier Wände»
verliehen.

Seit 1984 schreibt er auch Sach-
und Fachbücher sowie Belletristik,
unter anderem für Rowohlt, C. H.
Beck, Eichborn, Rasch & Röhring
und Ullstein.

Sein amüsanter Roman «Der Buchmesser» über einen jungen Autor und
die Tücken der Buchbranche war 2004 die erste Veröffentlichung des
Nachttischbuch-Verlags.

Einige der in diesem Buch verwendeten Begriffe wie „Seelenpolaroids"
oder „Emotainment" entwickelte er in der Medienpraxis und -kritik.

2013 erscheint seine Fallstudien-Analyse «›Emotainment – Der „Fall Sebnitz"
und seine Folgen für den Journalismus» (ISBN: 978-3-937550-21-3).

Der promovierte Politologe lehrte an einigen Hochschulen. Seit mehreren Jahren hat er sich wegen des Verfalls der Standards, fehlender
Grundlagen der „Medienwissenschaftler" und angesichts einer, wie er
meint, „Studentengeneration aus Medienanalphabeten" zurückgezogen.

Von Rainer Jogschies erschienen bislang im Nachttischbuch-Verlag:
• der medien-kritische Essay «Nirwana der Nichtse. Ortskunde» (ISBN-13: 978-3-937550-02-2)
  zur Berichterstattung um den „11. 9." und zur Wirklichkeit des „Terrornests" in Harburg sowie
• der zeit-kritische Essay «Die Non-Stop-Gesellschaft» (ISBN-13: 978-3-937550-01-5) und
• der Roman «Der Buchmesser» (ISBN-13: 978-3-937550-00-8) sowie
• als Band 1 der *Reihe |: Reprints* «Der Buchmesser. Reloaded» (ISBN-13: 978-3-937550-16-9).

Die erwähnten Bücher sind bequem ganztägig und portofrei zu kaufen bei
• www.shop.nachttischbuch.de
Nähere Informationen erhalten Sie auch unter www.nachttischbuch.de/rainer_b_jogschies.phtml

Weitere Autorinnen und Autoren

**Roland T. Prakken
ist Jazz- und Weltmusiker.**

Für den Nachttischbuch-Verlag schrieb
er mit Witz und Herz seine Konzerter-
lebnisse quer durch Deutschland und
die Türkei auf: «Treulose Tomate ist
nicht mein Gemüse».

**Franz C. Schiermeyer
ist Aphoristiker.
Norbert Gräf ist Grafiker.**

Für den Nachttischbuch-Verlag schrieben und zeichneten sie ein ungewöhn-
liches Buch – eine zeitlose und doch
aktuelle Kombination aus Aphorismen
und Cartoons: «Bitte wenden!».

**Johannes Goettsche
ist Kulissendekuvrierer**

Johannes Goettsche arbeitet tags in
einem Ministerium als Verwaltungsju-
rist. Abends bringt er zu Papier, wie es
hinter den Kulissen der Politik zugeht:
«Kanzlerbonus» heißt sein Roman.

**Ina Bruchlos
ist Malerin.**

Für den Nachttischbuch-Verlag schrieb
sie Erzählungen aus einem bizarren
deutschen Alltag, voller schräger Typen: «Nennt mich nicht Polke!» und
«Mittwochskartoffeln».

**Nikola Anne Mehlhorn
ist Musikerin.**

Für den Nachttischbuch-Verlag schrieb
sie eine kurze, poetische Erzählung
über eine Pastorin am Rande ihrer Re-
ligion und voller Selbstzweifel – wenn
die «Salzflut» kommt.

**Paul Heinrich arbeitet in einem
sozialen Projekt.**

Für den Nachttischbuch-Verlag dich-
tete er die Trilogie «inne halten»
und «tellerrandwärts» sowie «nach
Tisch» und zuletzt die Hommage
«Hauser» zum 200. Geburtstag des
berühmtesten und wohl doch unbe-
kanntesten „Findelkindes" der Welt.

Der Nachttischbuch-Verlag freut sich über Manuskripte, sofern sie
sorgsam vorbereitet sind und mit einem frankierten Rückumschlag
zugesandt werden. Näheres dazu und zu den hier vorgestellten
Autorinnen und Autoren ist auf unseren Webseiten nachzulesen:
www.nachttischbuch.de.

**Michael Hasenfuß
ist Schauspieler.**

Für den Nachttischbuch-Verlag reimte
er Tragisches wie Komisches, Alltägli-
ches wie Absonderliches, Verse zum
Lachen und Lächeln: «Schrabbelgereimte Balladen vom Scheitern».

Weitere Bücher im Nachttischbuch-Verlag

Diese Bücher unterhalten im besten Sinne. Sie offenbaren das Leerlaufen der Gespräche und Formen, die wir im Alltag zu ertragen gewohnt sind. Darüber lachen zu können befreit.

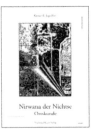

Aber der Nachttischbuch-Verlag bietet nicht nur wunderbare Geschichten, komische und nachdenkliche Gedichte aus dem deutschen Alltag, sondern auch Romane sowie Analysen zu Trends, Entwürfe und Diskussionsbeiträge. Alle Bücher können Sie bequem rund um die Uhr und versandkostenfrei bestellen unter: http://www.shop.nachttischbuch.de

Bislang erschienen:

Treulose Tomate ist nicht mein Gemüse! _ ISBN 978-3-937550-15-2
Schrabbelgereimte Balladen vom Scheitern _ ISBN 978-3-937550-04-6
Wo, bitte, geht´s zu meinem Bunker? _ ISBN 978-3-937550-19-0
Der Buchmesser. Reloaded _ ISBN 978-3-937550-16-9
Salzflut _ ISBN 978-3-937550-12-1
Kanzlerbonus _ ISBN 978-3-937550-13-8
Der Buchmesser _ ISBN 978-3-937550-00-8
Bitte wenden! _ ISBN 978-3-937550-15-2
Die Non-Stop-Gesellschaft _ ISBN 978-3-937550-01-5
Nirwana der Nichtse _ ISBN 978-3-937550-02-2
Nennt mich nicht Polke! _ ISBN 978-3-937550-05-3
Mittwochskartoffeln _ ISBN 978-3-937550-09-1
inne halten _ ISBN 9783-937550-10-7
tellerrandwärts _ ISBN 978-3-937550-14-5
nach Tisch _ ISBN 978-3-937550-14-5
Hauser _ ISBN 978-3-937550-20-6

Illustration: Norbert Gräf

Weitere Inhalte im Nachttischbuch-Verlag

Treulose Tomate ist nicht mein Gemüse! _ Der Roman des Jazz- und Popmusikers Roland T. Prakken schildert den deutschen Tour-Alltag voller Ironie und doch mit Liebe zur Live-Szene.

Schrabbelgereimte Balladen vom Scheitern _ Die wörtlich wundervollen Gedichte des Schauspielers Michael Hasenfuß erzählen von Perlhühnern und anderen Dümpelnden.

Wo, bitte, geht's zu meinem Bunker? _ Die Reportage von Rainer Jogschies offenbart den Irrsinn des (amtlichen) „Selbstschutzes" der Bürger in Kriegen und Katastrophen.

Salzflut _ Die Erzählung von Nikola A. Mehlhorn schildert augenzwinkernd das Schicksal einer Pastorin auf einem Eiland, die ihrer einzigen Liebe nachtrauert, ihrem Schwager.

Kanzlerbonus _ Der erste Roman von Johannes Goettsche lässt den Bundeskanzler in Thüringen stranden und dort die Bürgernähe entdecken – ein amüsantes Spektakel.

Der Buchmesser. Reloaded und **Der Buchmesser** _ Die Kurzerzählung von Rainer Jogschies lässt uns den Erfolgsweg eines Autors auf der Frankfurter Buchmesse verfolgen.

Bitte wenden! _ Das Kaleidoskop von Aphorismen (von F. C. Schiermeyer) und Cartoons (von Norbert Gräf) spiegelt die bundesrepublikanische Alltagskultur aus Anmaßung und Irrwitz.

Die Non-Stop-Gesellschaft _ Der Essay von Rainer Jogschies fragt, warum Burn-Out-Jammerer nicht mehr zwischen Hetze und Selbstüberforderung trennen können.

Nirwana der Nichtse _ Die Reportagen von Rainer Jogschies zeigen, warum womöglich drei der WTC-Attentäter, an ihrem Studienort Harburg, Demokratie nicht gerade schätzen lernten.

Nennt mich nicht Polke! und **Mittwochskartoffeln** _ Die amüsanten Kurzgeschichten der Malerin Ina Bruchlos treiben die deutschen Alltagstrotteleien auf die Spitze.

inne halten, tellerrandwärts und **nach Tisch** _ Die Gedichte-Trilogie Paul Heinrichs umfasst die Seelenzustände zwischen Nacht und Mittag, zwischen Alltag und Gin.

Hauser _ Paul Heinrichs poetische Hommage zu Kaspar Hausers 200. Geburtstag.

Der Nachttischbuch-Verlag bietet also nicht nur wunderbare Geschichten, komische und nachdenkliche Gedichte aus dem deutschen Alltag, sondern auch Romane sowie Analysen zu Trends, Entwürfe und Diskussionsbeiträge. Die Bücher halten sich dabei wenig an vorgefundene Formen. Mal sind kurze, heitere Erzählungen neben präzisen Beobachtungen zu lesen, mal Essays neben Reportagen und Textmontagen. Reales wird mit Fiktivem verknüpft.

Diese Mischung macht die Besonderheit der Bücher aus – und die ihrer Autorinnen und Autoren. Sie bringen ihre jeweiligen Berufs- und Lebenserfahrungen mit in die Texte ein und lassen uns so teilhaben an einem seltenen Spektrum des Kulturlebens.

In einer Zeit, in der viele meinen, das Buch habe sich überholt, zeigen diese Bücher, dass es im Leben und in den (sozialen?) Medien mehr geben muss als „posts" und „Anstupser".

Sie können diese Bücher am bequemsten gleich, rund um die Uhr, im Internet ansehen und versandkostenfrei bestellen: www.shop.nachttischbuch.de ...

Vorankündigung

Ein Buch über Macht und Ohnmacht bundesdeutscher Medien, ihre Hybris und den Hype, den sie vor sich her schwallen lassen. Die in diesem Buch detailliert ausgebreiteten Fallstudien sollen die Diskussion um einen Journalismus entfachen, der seinen Auftrag vergessen und seine Grenze längst überschritten hat.

In EMOTAINMENT rekapituliert Rainer Jogschies u. a. den Medienfall „Sebnitz": Der sechsjährige Joseph war, laut auffallend ähnlichen, ungezählten Medienberichten (von der oft milde belächelten „Bild"-Zeitung bis hin zur sich links und aufklärerisch gerierenden „tageszeitung"), von fünfzig Skinheads getötet worden ... Schon kurze Zeit später stellte sich diese Mordsgeschichte als halb- beziehungsweise unwahr heraus. Doch die Medienwelle rollte 2000/2001 weiter.

Was für Lehren für den Journalismus wären zu ziehen gewesen? Zwar wurden beispielsweise die „Bild und die „taz" vom *Deutschen Presserat* gerügt. Aber würde heute mit mehr Umsicht und Sorgfalt berichtet?

Die aktuellen Fallanalysen ermutigen nicht gerade: Die „Causa Wulff", der „einsame Wolf Breivik" und „Die Döner-Morde" sprechen eine deutliche andere Sprache. Es wurde von den meisten Medien nicht informiert, sondern es wurden wiederum – wie schon im „Fall Sebnitz" – Emotionen „bedient", die den Lesern, Zuschauern oder Zuhörern unterstellt werden. Der Politikwissenschaftler Rainer Jogschies stellt die Frage nach dem demokratischen Informationsauftrag der bundesdeutschen Medien und ihrem täglichen politischen Versagen, das bezeichnenderweise bislang von den modischen Medienwissenschaften kaum beachtet wird. Seine Sprach- und Methodenanalyse ist leicht verständlich geschrieben – und schwer verdaulich für uns Mediennutzer.

Rainer B. Jogschies: EMOTAINMENT – Der Medienfall „Sebnitz" und die Folgen für den Journalismus, ISBN 978-3-937550-21-3

Was Sie in diesem Buch erwartet ...

Eine Stadt, deren Zerstörung nach dem Zweiten Weltkrieg, mit einer „Sanierung" begann. Ein Hafen, unter dessen schadstoffhaltigem Schlick jahrhundertealte Elbdörfer begraben wurden. Ein hochgiftiger Müllberg, der zum Ausflugsziel umgebaut werden soll. Ein Kaufhaus, das mit dem größten Atombunkers Deutschlands zugleich einen Schnellbahnanschluss ins Basement bekam. Ein Nazigegner, der fünf Jahre lang von der Justiz wegen angeblichen Landfriedensbruchs verfolgt wurde. Ein Kriegsgegner, der nicht beweisen konnte, dass er nicht töten mochte.

Ich habe als Journalist in den letzten drei Jahrzehnten von diesen und ähnlichen Vorgängen aus dem Hamburger Stadtteil Harburg berichtet. Es sind unglaubliche, aber dennoch wahre Geschichten, bei denen man bestenfalls an Schilda, schlimmstenfalls an Palermo erinnert wird.

`21 ... 90` ist die frühere Postleitzahl der ehemals selbständigen Gemeinde Harburg: Es geht um einen Stadtteil am Rande Hamburgs – unbedeutend und doch seit dem „11.9." weltbekannt, da drei der mutmaßlichen Attentäter hier studierten.

2013 wird der Bezirk an der Süderelbe erneut aus aller Welt besehen. Anlass ist die „Internationale Gartenschau" (igs) und die „Internationale Bauausstellung" (IBA) in Wilhelmsburg, einem früheren Ortsteil Harburgs. Medienwirksam wird ein Spektakel abgefeiert. Die Bewohner des Ghettos leben plötzlich, laut Presseerklärungen, in „attraktiven Erlebniswelten", eilig angelegtes Grün wird als „lauschiges Paradies" verkauft..

Meine Reportagen sollen auch nach Jahren noch auf Geschehen gründlich eingehen, die sich der so genannten „Ökonomie der Aufmerksamkeit" in den klassischen Medien entzogen, jener zwanghaft kaschierten Flüchtigkeit.

Diese Notizen – mal bizarr, mal ungeheuerlich – aus meinem Stadtteil Harburg habe ich so zusammengestellt, bearbeitet und aktuell ergänzt, dass Verbindungen und Verstrickungen ebenso krass deutlich werden wie sie zuvor verborgen wurden.

Rainer Jogschies

Lightning Source UK Ltd.
Milton Keynes UK
UKHW020647250721
387740UK00007B/92

9 783937 550220